새로 읽는

『論語』- 심층분석

New understanding on Confucius 『Lun yu』

1

강성조(姜聲調) 편저

신아사

목차

제1편
「학이學而」

제2편
「위정爲政」

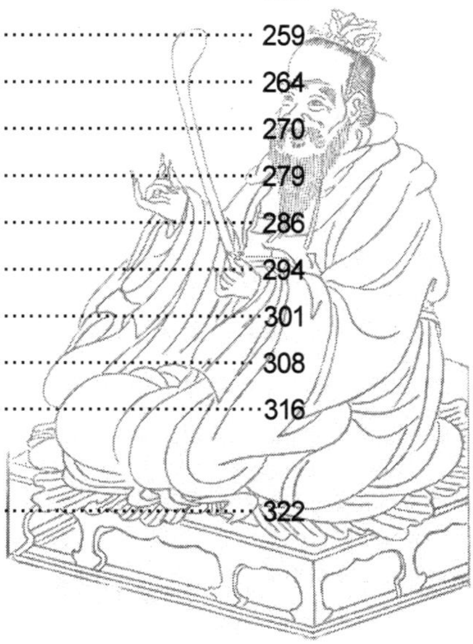

표 목차

제1편 학이學而

제2편 위정爲政

論語

Ⅰ. 머리말

『논어(論語)』라는 텍스트는 이른 시기 한자문화권에서 이성에 기초하여 인문학 사상을 구현한 철학정신의 결정체이다. 다만 서양 철학적 즉 철학 일반의 측면에서 보면 다소 견해를 달리할 여지는 있어 보인다. 그 대표적 사례는 명나라 때 이탈리아 사람 마테오리치(Matteo Ricci: 1522-1610)가 중국인들의 철학적 사유에 논리성을 결여한다는 사실을 처음 지적하여 일깨워준 것이다. 그는 중국에 도착한 후 중국인들이 세상에 논리가 존재한다는 것조차도 알지 못한다는 사실을 발견하고 놀랍게 여겼다. 이후 근현대에 들어 서양의 일부 학자들 사이에 중국철학이 그 자체에 내재한 구조체계, 논리부재의 문제점을 부각하며 일종의 선입견에 매몰된 수박 겉핥기식 이해를 통해 평가하는 어리석음을 범하기 일쑤였다. 그 대표적 사례로 1920년 버트런드 아서 윌리엄 러셀(Bertrand Arthur William Rus -sell: 1872 -1970)이 "중국강연협회" 초청으로 도라 블랙(1921-1935, 이혼)과 함께 중국을 방문하여 칭화아대학(青華大學)에서 강연할 때 『논어』라는 텍스트를 한 권의 '윤리서'로 평가절하한 점을 들 수 있다. 하지만 이러한 견해는 자칫 『논어』중에 구현된 철학정신에 대한 간과를 넘어 그 텍스트 원문 가운데 함축된 의미, 심오한 이치를 정확하게 이해하고 깨달아 체득하는 일을 대수롭지 않게 여기는 경솔함에서 비롯된 것이라 생각한다.

『논어』는 선진(先秦)시대 초기 철리(哲理) 산문이라는 문학 장르를 채택하여 공자의 어록(語錄)을 위주로 기술한 것이다. 공자의 어록은 그 문하의 학생들 사이에 구두로 서로 전해지다가 여러 제자들이 참여하여 내용을 수정 보완, 순서 배열한 후 책으로 엮어지며 전국시대부터 지금까지 오래토록 전해지고 있다. 『논어』라는 텍스트는 '유가(儒家)' 학술사상의 대표적 저술이다. 그 학술사상 체계는 인간 세상을 인식 범주로 삼아 학습하고 사고하며 다시 그 진전 단계에 걸맞게 학습, 사고하는 발전적 사유 방식을 통해 궁극적 '도리(道理)'와 '가치(仁德)' 즉 '도덕(道德: 도는 본체 즉 '체'이고 덕은 작용 즉 '용'에 해당)'을 추구하는 것이라 할 수 있다. 즉 사람들은 학습과 실행을 병행하고 끊임없이 수양하며 덕성 함양의 과정을 통해 최고 가치를 추구할 수도, 철학정신을 구현할 수도 있다는 것이다. 때문에 『논어』 중의 각 편장(篇章) 사이에 일정한 관련이 있고 의미가 서로 호응하며 철학적 이치가 연계된 내재적 관계가 엄밀할 뿐 아니라 그 중요한 취지 또한 분명하다. 해당 텍스트 원문의 의미, 이치 모두 '학(學)' 한 글자에 착안하여 전개하고 발전하며 충분히 드러나도록 한 것이다. 전체 문장이 '기수(起收)' 수사법을 활용하는데, '기(起)' 부분에 '학(學)'으로 시작하여 '독서지학(讀書誌學) - 정사지학(政事之學) – 덕성지학(德性之學)'의 전개과정을 거쳐 '수(收)'부분 '학(學)'으로 수습하는 방식의 구성이라 할 수 있다.[1]

---

1 「학이」편 제1장은 전체 『논어』책의 학술사상을 관통하는 "개종명의장(開宗明義章)" 즉 그 종지를 드러내 의의를 밝히는 장구이다. 필자의 「『論語·學而』篇」第一章析論」에 「학이」편 제1장이 전체 『논어』책 중에 지닌 가치의의를 밝힌 적이 있다. (「『孔孟月刊』第四十一卷 第十期, 2004. 7, p.12-21)

그런데 『논어』란 텍스트가 15,919자[2]로 기술된 '미언대의(微言大義)' 즉 미묘하고 정교한 말로 중대한 의의를 밝힌 문장인 까닭에 그 함축된 의미, 심오한 이치 쉽게 이해하거나 장악하기 어렵다. 부연하면 고문의 특성상 상투적 글자어휘, 문장성분 등의 중복을 피하기 위해 생략하는데 그 이외에 최소한의 문자로 의미전달에 필요한 문장구성이 이루어질 뿐만 아니라 여기에 수사기법을 활용한 의미심장(意味深長)한 효과를 꾀하였다. 이러한 『논어』를 과연 어떻게 바로 읽을 수 있을까? 『논어』를 바로 읽으려면 먼저 자구어휘, 문장성분, 문법구조 등에 대한 이해가 선행되고 이어서 어휘의미 항, 철학개념 및 논리전개에 대한 이해가 더해져야 한다. 그런 후 해당 텍스트에 치밀하게 주석을 붙이고 정교하게 교정을 진행한 판본 정주정교본(精注精校本) 즉 교정본의 해석을 참고할 필요가 있다. 왜냐하면 올바른 『논어』이해의 길잡이가 될 수 있기 때문이다. 그러나 길잡이는 단지 먼저 그 길을 걸어간 사람이 남긴 흔적일 뿐이다. 그것이 아무리 객관적이거나 합리적이어서 믿을 수 있는 훌륭한 해석, 해설이라 할지라도 본래 저자의 의미를 완전히 일치시킬 수도, 취지를 100퍼센트 살릴 수도 없다는 한계가 여전히 존재한다. 다른 사람의 해석과 해설 역시 객관적, 합리적 시각에서 기술한 또 다른 주관적 이해 및 장악의 산물인 것이다. 비록 철저히 주관이 배제된 객관을 추구한다지만 결국 적게나마 주관적 가치, 판단이 더해질 수밖에 없다. 예를 들면 역대 『논어』에 관한 수많은 주석서가 그 좋은 사례이다. 해당 시대 주석서들 마다 예외 없이 당시 시대정신(사상)과 정치이념 및 언어문자의 어휘의미 항 등을 반영한

2 황진호옹(黃錦鋐) 은사님 등, 『四書導讀』, 臺北: 文津出版社, 1987, p.89-91.

재해석이 시도되었다. 그 까닭에 대표저자인 공자께서 그 제자 및 당시 사람들에게 강론했거나 대화했었던 본래 의미, 의도와 취지에 반드시 부합한다고 보기 어렵다. 더욱이 불편한 진실은 원전 보다 역대 주석서들의 해석이 더욱 이해하기 어렵다는 점이다. 때문에 과연 주석서들이 원전을 해석한 것인지 아니면 원전이 주석서들을 해석한 것인지 의문이 들기 마련인데 개인적으로 주객전도의 느낌을 지울 수 없다. 이러한 점을 직시한다면 주희(朱熹)의 「觀書有感」시(詩)에 언급한 '원류의 살아 있는 물, 즉 사물발전의 원천이나 동력(源頭活水)'이나 육구연(陸九淵)의 『象山先生全集』에 언급한 '학문 추구는 가령 그 근본을 아는 것인데 경서들은 모두 자신들만의 주석이다. 즉 주석에 얽매이지 말아야 한다(學苟知本, 六經皆我注脚.)'라는 말의 의미를 깊이 되새길 필요가 있다. 이처럼 원전 문자에 대한 개연성, 합리성의 범위를 뛰어넘는 해석이나 이럴 것이라는 과도한 추측성 해설은 지양되어야 한다는 말이다. 설령 그것이 의도한 것이거나, 그렇지 않는 것이거나에 상관없이 결코 독자의 정신세계에 불필요한 영향력을 미쳐서는 안 된다. 오히려 고전의 정확한 이해, 장악에 기초한 확대해석 그리고 적절한 활용은 아무튼 독자의 몫으로 남겨야 한다는 생각이다. 이로부터 필자는 독자들의 『논어』라는 텍스트에 대한 올바른 이해, 장악에 일조하기 위해 『새로 읽는 「論語」 심층분석』의 저술을 계획하게 되었다. 졸저(拙著)를 길잡이로 독자들이 『논어』 속 공자의 말씀을 학습하고 정확하게 이해, 장악하며 사고력을 배양하여 그 활용 면을 확대해 갈 수 있도록 하는데 본 저술의 목적이 있다.

이른바 『새로 읽는 「論語」 심층분석』이라는 텍스트는 '올바른 해석(正解)'을 위해 해석 자체에 초점을 맞추어 '관련 편장(關聯篇章)', '주석(注

釋)', '석의(釋義)', '문법구조(文法構造)', '문장법 분석(章法分析)', '신역(新譯)', '달역(達譯)', '아역(雅譯)' , '함축의미(含蓄意味)', 생각열기 등 10부분으로 나누어 기술할 것이다.

첫째, '관련 편장'은 각 장구와 관련된 『논어』 전체 편장 중의 원문 제시이다.

둘째, '주석'은 글자 및 어휘의 해석이다.

셋째, '석의'는 이미 '주석'을 붙인 어휘 의미에 대한 보다 구체적, 심층적인 해석이다.

넷째, '문법구조'는 해당 편 장구의 문법구조 분석이다.

다섯째, '문장법 분석'은 해당 편 장구의 문장구조 속에 내재된 논리 전개 방법을 분석하고 도표로 정리한 것이다.

나머지 여섯째 '신역(新譯)', 일곱째 '달역(達譯)', 여덟째 '아역(雅譯)'의 개념은 초대 북경대학 총장을 역임하였던 예엔푸(嚴復: 1854-1921)가 제기한 고전 번역연구의 이론에서 차용한 것이다. 그는 "번역 일의 3가지 어려움은 '신', '달', '아'다"[3]라고 하였다. 이 3가지 번역을 구체적으로 정리하면 다음 <표-1>과 같다.

<표-1> 번역 일의 3가지 어려움

번역 일의 3가지 어려움(翻譯三難)	신(信)	'直信之譯'(초보적 번역 – 자구대로 번역하는 直譯)
	달(達)	'達義之譯'(객관적 번역 – 자구의미를 살리는 意譯)
	아(雅)	'雅韻之譯'(고도의 번역 – 고상하고 운치 있는 意譯)

3 "譯事三難, 信、達、雅。"(嚴復의 『譯例言』에 보임)

아홉째, '함축의미'는 해당 편 장구 중에 함축된 의미를 도표로 정리한 것이다.

열째, 해당 장구 관련해서 생각할 수 있는 접근 시각, 문제 의식을 제기한 것이다.

아무튼 필자의 "『새로 읽는「論語」- 심층분석』 1"이라는 저술은「학이」, 「위정」2편의 원문을 범위로 기술한 길잡이 도서이다. 본 저서가 독자들로 하여금 심층적으로『논어』라는 텍스트를 학습하고 이해, 장악하며 그 함축의미에 내포된 논리 및 이치(도리)를 깨달아 터득하여 철학정신으로 구현해가는 길잡이가 될 수 있길 바랍니다.

린연재(隣然齋)에서

강성조 씀

Ⅱ.『논어』 개관

1.『논어』의 대표 인물

1.1 공자(孔子)

공자라는 인물의 일생에 관한 발자취는 흔히 중국 한나라 때 역사가 사마천(司馬遷: 14 5-90)이 저술한『史記 · 孔子世家 』기록에 근거한 언급이 일반적이다. 그러나 공자와 사마천 두 역사적 인물들 사이에 334년의 시간적, 공간적 거리가 존재하는 까닭에 그 기술의 객관성, 합리성이 담보되었다 할지라도 간접적 서면, 구술방식의 접근에 따른 사실관계 일치에 대한 문제점이 여전히 존재한다는 한계를 배제할 수 없다. 어떻게 생각하면 그 한계가 당연한 일로 여겨질 수도 있다. 그렇더라도 단지 역사 기술의 한계를 인정하는데 그치지 말고 오히려 과거 사실에 대한 객관적, 합리적 그리고 종합적인 연구를 바탕으로 치밀한 고증작업이 이루어져야 한다는 생각이다.

唐 吳道子의『孔子像』[4]

南宋 馬遠의『孔子像』[5]

공자는 공(孔)이 성씨이고 구(丘)가 이름이며 중니(仲尼)가 자이다. 노나라 양공(襄公) 21(기원전 551)년에 태어나 애공(哀公) 16(기원전 441)년에 일생을 마쳤다. 공자는 스스로 "나는 은나라 사람이다"(『禮記·檀弓上』)[6] 라고 은상(殷商)나라의 후예를 자처하였다. 그 조상은 송(宋)나라 귀족이었던 공부가(孔父嘉)이며 자(字)인 공부(孔父), 이름(名)인 가(嘉)를 연계하여 일컬은 것인데 『左傳』에 언급된 공부(孔父)이다. 공부는 송나라 대사마(大司馬)를 역임하였으며 목공(穆公)이 아들과 왕비를 맡겨 목숨을 지키게 한 대신으로 지위가 매우 높았었다. 그 부인의 용모가 빼어나게 아름다워 사람들마다 고개 돌려 시선을 고정한 채 눈을 떼지 못할 정도였다.

---

4 https://www.sohu.com/a/198075747_100031265

5 https://www.nipic.com/show/18277318.html

6 "而丘也, 殷人也。"(『禮記』, 臺北: 藝文印書館, 1989, p.130)

하루는 길에서 송나라 재상(太宰) 화부독(華父督)의 눈에 띄었다. 화부독은 이름난 바람 꾼으로 "길에서 공부의 아내를 만났는데 눈을 거슬러 훑어보고 공 부인을 배웅하며 '용모가 아름답고 자태가 고와 사람의 마음을 움직이게 하는 구나'라고 말하였다"(『左傳·桓公元年』)[7]. 당시 송나라와 정(鄭)나라 간에 10년 동안 11차례 전쟁을 치러 국민들이 더 이상 견딜 수 없는 지경이었다. 화부독은 공부를 그 화근으로 지목하여 살해한 후 공 부인을 차지해 버렸다. 송나라 군주가 불만을 표시하자 역시 시해해버렸다(『左傳·桓公2年』)[8]. 공부가 죽은 후 점차 가세는 기울어버린다. 그 후손들은 "화씨의 화를 피해 노나라로 달아났다"(『孔子家語·本姓解』)[9]. 이때부터 노나라에 정착하여 살게 되었다.

노나라에 정착한 공자의 조상 3대는 군인(軍人) 집안이었는데 그 증조(曾祖) 공방숙(孔防叔), 조부(祖父) 공백하(孔伯夏), 부친(父親) 공숙량흘(孔叔梁紇) 등이다. 공자 부친 숙량흘은 노나라 추읍재(鄒邑宰, 즉 추읍장)를 지낸 거대한 체격에 아주 힘이 센 인물이었다.[10] 공자의 우람한 체격은

---

7 "宋華父督見孔父之妻于路, 目逆而送之, 曰: '美而艷'"(『左傳』, 臺北: 藝文印書館, 1989, p.89)

8 "『經』二年, 春, 正月, 戊申, 宋督弑其君與夷及其大夫孔父(『춘추경』 환공 2년 봄 정월 술신 해에 송나라 화부독이 그 군주와 대부 공부를 시해하였다)。""『傳』二年, 春, 宋督攻孔氏, 殺孔父而取其妻。公怒督懼, 遂弑殤公。君子以督爲有無君之心, 而後動於惡。故先書弑君(『좌전』 환공 2년 봄에 송나라 화부독이 공 씨를 공격하여 공부를 죽이고 그 아내를 취했다. 송나라 군주가 노하자 화부독이 두려운 나머지 마침내 군주를 시해하였다. 공자께서는 화부독이 군주를 상관치 않는 마음을 지녀 이후 죄악을 저질렀다 여겼다)。"(『左傳』, 臺北: 藝文印書館, 1989, pp.89-90)

9 "避華氏之禍而奔魯。"(羊春秋注譯·周鳳五校閱, 『新譯孔子家語』, 臺北: 三民書局, 1996, p.525) '화' 씨가 송나라 원공 10년 속여 여러 군주를 죽인 일, 대부 화씨(華氏)·향씨(向氏)가 난을 일으킨 일, 화 씨끼리 공격하여 죽인 일 등을 가리킨다.

10 『論語·八佾』편 제15장에 "鄹人之子(추읍장 공숙량흘의 아들)"이라 언급하였다.

두 말할 필요 없이 그 부친으로부터 유전된 것이었다.

『孔子家語 · 本姓解』에 언급된 공자의 출생에 관한 기록에 근거하면, 숙량흘의 신체가 건장하고 생육능력이 대단히 왕성하여 일찍이 부인 시 씨(施氏)와 사이에 9명의 딸을 낳았다 한다. 하지만 사내아이가 없어 어쩔 수 없이 첩을 들여 아들 맹피(孟皮)를 낳았지만 그는 소아마비로 추정되는 병을 앓아 다리를 저는 절름발이었다.[11] 결국 건강한 사내아이를 얻지 못했던 숙량흘은 딸 많은 안 씨(顔氏) 집안에 구혼하기에 이른다. 안 씨 집안은 대대로 무술(巫術)을 가업으로 삼았던 무사(巫師) 신분이었다. 제정일치(祭政一致) 사회에서 위세를 떨쳤던 제사장에 뿌리를 둔 당시 무사 신분은 이미 그 역량이 크게 위축되었지만 여전히 각종의 크고 작은 제사를 관장하거나 대행하고 있었다. 공자 집안과 비교하여 낮은 신분에 위치하였지만 결코 일반인들에 비할 바는 아니었다. 구혼을 받은 안 씨 집안 세 딸의 아버지는 젊은 세 딸들이 늙은 숙량흘을 탐탁치 않아할까 두려워 그가 "성스런 왕의 후예"라거나 "키가 10척에 무예 위력이 비할 데 없을 정도"라 극구 칭찬하였다. 그 결과 큰딸, 둘째 딸 모두 거절하였지만 셋째 딸이 받아들였다.[12] 이 셋째 딸 안정재(顔徵在)는 당시 나이 16살의 꽃다운 처녀로 바로 공자 어머니이셨다.

---

11 『史記 · 孔子世家 』의 『索引』에 『孔子家語』를 인용하여 "梁紇娶魯之施氏, 生九女, 其妾生孟皮, 孟皮病足, 乃求婚于顔氏, 徵在從父命爲婚(숙량흘이 노나라 시 씨에 장가들어 아홉 딸을 낳았고 그 첩이 맹피를 낳았는데 맹피가 다리에 병을 앓아서 안 씨에게 구혼하였다)"라고 하였다.(瀧川龜太郎, 『史記會注考證』, 臺北: 洪氏出版社, 1986, p.743) '맹(孟)'은 서장(庶長) 즉 맏아들을 의미하고 '피(皮)'는 '파(跛)'와 같아 '절뚝발이'의 의미이다. 현재 『孔子家語 · 本姓解』의 판본에는 '시 씨(施氏)'가 기록되어 있지 않다.(羊春秋注譯 · 周鳳五校閱, 『新譯孔子家語』, 臺北: 三民書局, 1996, p.525)

12 "聖王之裔", "身長十尺, 武力絶倫".(羊春秋注譯 · 周鳳五校閱, 『新譯孔子家語』, 臺北: 三民書局, 1996, p.525)

출가 후 공 씨 집안을 위해 건강한 사내아이를 낳아 주기로 다짐한 무녀(巫女) 안 씨는 부근의 니구산(尼丘山, 지금의 山東省 曲阜 동남쪽에 위치)을 찾아 신령께 제사지내며 아들을 점지해 달라 정성껏 기도하였다. 제사의식을 마친 후 기도의 감응결과에 따라 황량한 야외의 산모퉁이에 돌을 쌓아 가림 막 삼고 아들을 얻기 위한 남녀 간의 생산 활동이 이루어졌을 것이라 짐작된다. 사마천의 『史記·孔子世家』에 "숙량흘과 안 씨 여식이 야합하여 공자를 생산하려고 니구산의 신령께 기도하여 공자를 얻었다"[13]라는 기술이 이를 방증한다.

공자 어머니 옌씨께서 신령에 제사드린 尼(丘)山[14]

그런데 역대 주석가들은 이 '야합(野合)'이라는 글자에 주목하여 각기 다른 해석을 내놓았다. 『史記·孔子世家』의 『索引』에 "'야합'이라 한 것은 대체로 숙량흘이 늙고 정재가 나이 어려 집안에서 성대히 머리 얹어 비녀

13 "紇與顔氏女野合而生孔子, 禱於尼丘得孔子。"(瀧川龜太郎, 『史記會注考證』, 臺北: 洪氏出版社, 1986, p.743)

14 http://www.mafengwo.cn/i/8566594.html

꽂는 예를 올리는 것이 합당하지 않으므로 '야합'이라 일렀다"[15]고 하였다. 『正義』에 "남자는 생후 8개월에 이가 나고, 8살에 이를 갈고, 16살에 양기의 길이 열리고, 64살에 양기의 길이 끊긴다. 여자는 생후 7개월에 이가 나고, 7살에 이를 갈고, 14살에 음기의 길이 열리고 49살에 음기의 길이 끊긴다. 혼인이 이런 이치를 지나치면 모두 야합이다"[16]라고 하였다. 더욱이 5·4운동 '비림비공(批林批孔)'시기 공자는 늙은 노예사회 지주였던 숙량흘이 소녀를 강간하여 낳은 자식이라는 비하의 말이 불에 기름을 부은 격으로 파괴력을 발휘하였다. '야합'은 과연 어떤 의미일까? 아직 밝혀지지 않은 매파를 거쳐 맺어진 후 일어났던 불법적 동거이었을까? 의학적

공자의 부모께서 '야합'한 곳으로 추정되는 장소[17]

---

15 "野合者, 蓋謂梁紇老而徵在少, 非當壯室初笄之禮, 故云野合."(羊春秋注譯·周鳳五校閱, 『新譯孔子家語』, 臺北: 三民書局, 1996, p.525)

16 https://view.inews.qq.com/a/20220422A0CGIH00

17 "男八月生齒, 八歲毁置, 二八十六陽道通, 八八六十四陽道絶。女七月生齒, 七歲毁齒, 二七十四陰道通, 七七四十九陰道絶。婚姻過此者, 皆爲野合."(瀧川龜太郎, 『史記會注考證』, 臺北: 洪氏出版社, 1986, p.743)

상식을 벗어난 생육활동이었던 비정상적 억지 결합이었을까? 그냥 황량한 교외를 찾아 벌였던 남녀의 애정행각이었을까? 혹시라도 말하기 좋아하는 이들이 이야기꺼리를 만들어내 즐기려 지어낸 억측은 아니었을까? 모두들 자신의 관점을 고수하며 일치된 견해를 내놓지 못했다. 정리하면 역대 주석가들의 해석, 5·4시기 격하운동 등을 막론하고 모두 역사적 사실에 부합하지 않은 것으로 보인다. 그렇다면 오히려 '야합'이 2글자의 본래 의미에 충실하게 그 자체대로 해석하여 "니구산 신령의 감화로 점지되었던 아들 잉태를 위한 생산 활동"이라 해석하는 것이 사실에 부합하지 않을까? 더 이상 말할 필요없이 보다 사실에 부합할 것이라 믿는다.

결론적으로 외가(外家) 안 씨 집안은 무술이 가업인 무사라는 사회적 신분, 부모가 야합하여 얻은 자식이라는 이유로 공자는 유년시절 친가(親家, 즉 본가)로부터 따돌림 당하고 공 씨 문중으로부터도 배척 받으며 평생 집안에 발조차 들여놓을 수 없는 불우한 일생을 보냈다. 그럼에도 불구하고 그는 결코 포기하거나 좌절하지 않고 흔들림 없이 '인(仁)'을 구현한 군자의 길을 걸어간 것이다. 이처럼 비록 불우한 출생, 성장의 과정을 거쳤지만 모두 잘 극복하고 학습, 실천 및 자기수양, 덕성함양을 통해 '중용의 도리에 도달하였을 뿐 아니라 인(仁)'을 구현한 군자라는 인물형상으로 자리매김하는데 마치 진흙탕에서 피어난 연꽃처럼 그야말로 인간승리의 표본이라 일컫기에 부족함이 없었다.

1.2 공자의 일생

공자의 일생은 타고난 환경을 극복하거나 뜻을 얻지 못한 불운의 연속이었다. 대체로 그 일생을 6시기로 나누어 살펴볼 수 있는데 다음과 같다.

1.2.1 1세에서 33세 시기

공자께서 노나라에 거주하던 시기(기원전 555-519년)이다. 그가 출생한 후 3살 때 아버지께서 돌아가셨고 17살 때 어머니께서 돌아가셨으며 20살 때 아들이 태어났다. 유년, 청소년시절 관련 상세한 학력은 그 기록을 찾을 수 없다. 스스로 "15살에 사회적 소양을 쌓기 위해 학문추구(즉 교과과정에 따라 학습, 실천 및 수양을 거친 덕성함양)에 뜻을 두었다"(『論語·爲政』편 제4장)[18]고 말한 적이 있다. 15살 이전 초·중등 단계의 교육은 기본적으로 외가에서 어머니, 외할아버지 그리고 연계된 환경에서 교육이 이루어졌을 것이다. 그러면 15살 이후 스스로 학문을 추구한 것일까? 아니면 이름난 스승에게 학문을 전수받은 것일까? 공자께서 돌아가신 뒤 위나라의 공손조(公孫朝)가 자공(子貢)에게 "그대 스승께서는 누구를 따라 학문을 추구한 것입니까" 물었는데 "'문·무예의 도리(文武之道)'가 민간에 흩어져 있어 정해진 스승 없이 많은 사람들을 쫓아 학습한 것입니다"

---

18 "吾十有五志於學。"

라고 대답하였다. 공자 그 자신도 "세 사람이 길을 가면 반드시 그 중에 내 스승 될 사람이 있기 마련이다"(『論語 · 述而』편 제22장)[19]라고 그 사실을 인정하고 있다. 다만 공자께서 27살 때 담(郯)나라의 군주에게 가르침을 요청했고 사상자(師襄子)를 따라 북, 비파 및 경쇠 치는 것을 배웠다 한다(『孔子家語 · 辨樂』). 사상자는 『論語 · 微子』편 제9장의 "경쇠 치는 사상자(擊磬襄)"인데 노나라의 악관(樂官)이었다. 그밖에 또 어느 누가 있었는지 분명하지 않다. 청년시절 공자의 인생길이 순탄치 않았기에 여러 저층사회의 일을 경험한 적이 있었는데 예를 들면 창고지기, 마구간지기 등이다. 그러나 30살에 접어들며 약간의 유명세를 띠기 시작하였다. 때마침 제나라 경공(景公)과 안영(晏嬰)이 노나라를 순방하러 와서 공자께 '정치'에 대해 물었다.[20] 그 연유로 훗날 공자께서 제나라에 벼슬하러 가시려한 것이다. 때문에 그는 "30살에 예의범절을 익혀 이미 습관으로 자리잡은 까닭에 언사가 바르고 품행이 단정하게 자립하여 다른 사람과 교류 왕래하였다"(『論語 · 爲政』편 제4장)고 술회(述懷)[21]한 적이 있다. 아마도 공자께서 제자들을 받아들여 교육하기 시작한 때가 바로 30살을 전후한 시기가 아닐까 추정되는 이유이다.

---

19 "三人行, 必有我師焉。"

20 『史記 · 孔子世家』: "노나라 소공 20년 공자 대저 나이 30상이다. 제나라 경공과 안영이 노나라에 왔다. ……경공이 공자께 정치에 대해 믈었다(魯昭公之二十年, 而孔子蓋年三十矣。齊景公與晏嬰來適魯。……景公問政孔子)."(瀧川龜太郎, 『史記會注考證』, 臺北: 洪氏出版社, 1986, pp.745 -746)

21 "三十而立." 그 까닭에 『論語 · 堯曰』편 제4장에 "不知禮, 無以立也(예의범절을 알지 못하면 자립하여 교류왕래하지 못하는 것이다)"라고 말씀하신 것이다.

1.2.2 34세에서 35세 시기

공자께서 처음으로 노나라를 떠난 시기(기원전 517-518년)이다. 사마천의 『史記·孔子世家』기술에 따르면 기원전 518년 '예(禮)'에 대해 묻기 위해 노자(老子)를 예방하러 낙양(洛陽)에 간적이 있다고 하였다.[22] 노자께 '예'를 묻자 "그대가 한 말은 그 사람의 육신과 뼈가 모두 이미 썩어 없어지고 유독 그 말만 남아 있는 격입니다"라고 말하며 "값나가는 물건을 파는 사람은 깊이 숨기되 마치 허술한 것 같이 하고 군자는 덕성이 깊고 두텁되 용모가 마치 어리석은 같이 한답니다"고 우문현답처럼 대답한 것이다.[23] 그러나 공자와 노자가 서로 조우한 적이 있는지 없는지? 후대 학자들은 대체로 회의적이다. 다음 해 기원전 517년 제(齊)나라에 간적이 있는데 『論語』에 언급되었다. 그 조정에서 일할 기회를 얻기 위해 갔지만 기대와 달리 순조롭지 못했다. 제나라 경공은 그를 기용하려들지 않았고 솔직히 말해주지도 않았다. 먼저 그 대우에 대해 계 씨(季氏)에 상당하는 봉록을 줄 수 없다하며 줄라치면 "계 씨와 맹 씨 사이(季、孟之間)"라 제시하였

22 『史記·孔子世家』: "魯南宮敬叔言魯君曰: '請與孔子適周, 魯君與之一乘車兩馬一豎子, 俱適周問禮。蓋見老子云(노나라 남궁숙이 노나라 군주께 공자와 더불어 주나라에 가기를 청하여 노나라 군주와 공자께서 2마리 말이 나란히 서 끄는 수레를 타고 의관을 갖추어 '예'에 대해 물으러 주나라에 갔다. 대저 노자를 만났다)。'"(瀧川龜太郎, 『史記會注考證』, 臺北: 洪氏出版社, 1986, p.745에 보임)

23 『史記·老子韓非子列傳』: "孔子適周, 將問禮於老子。老子曰: '子所言者, 其人與骨皆已朽矣, 獨其言在耳.'……吾聞之, 良賈深藏若虛, 君子盛德容貌若愚(공자께서 주나라에 가 장차 노자께 '예'를 물었다. 노자께서 '그대가 한 말은 그 사람과 뼈가 모두 이미 썩어 없어지고 유독 그 말만 남아 있는 격이다.' ……나는 훌륭한 물건을 파는 사람은 깊게 숨기되 마치 허술한 것같이 하고 군자는 덕성이 깊고 두텁되 용모가 마치 어리석은 것 같이 한다고 들었다)。"(위 주22의 책, p.854에 보임)

다. 이후 핑계를 대며 "내가 늙어 그대를 기용할 수 없을 것이다"(『論語·微子』편 제3장)[24]라고 하였다. 사실 이는 안영(晏嬰)의 주의였다고 『墨子·非儒下』, 『晏子春秋·外篇下』 제1장, 『史記·孔子世家』 등에 기술되어 있다. 공자께서 제나라에서 얻은 최대의 수확은 고전음악에 대해 담론하고 순(舜) 임금시대의 악무곡(樂舞曲) 『소(韶)』를 들은 것이며 그 까닭에 이후 3개월 동안 고기 맛을 잃어버렸다 말했던 것이다.[25]

1.2.3 36세에서 50세 시기

공자께서 노나라로 돌아와 '시(詩)', '서(書)', '예(禮)', '악(樂)'을 정리하고 학문에 정진 하며 학생들을 가르치던 시기(기원전 516-502년)이다. 그 자신이 "40살에 인생의 모든 사람, 사물에 관한 지식이론 정보의 융합연계로 견해를 정립하고 그 도리를 체득하였기에 어떤 것에도 미혹되어 분별력·판단력이 없지 않았다"(『論語·爲政』편 제4장)[26]고 자부하였다. 이 시기는 공자께서 가장 왕성하게 학문을 추구했던 황금시대이다. 그 학문은 고대 성현들이 남겨 전한 전적(典籍)들을 정리하여 엮어 학생들의 교수·학습 재료로 사용하는 동시에 후세에 전하는 것이었다. 그 까닭에 고

---

24 "吾老矣, 不能用也。"

25 『史記·孔子世家』: "孔子適齊, 爲高昭子家臣, 欲以通乎景公。與齊太師語樂, 聞韶音學之。三月不知六味(공자께서 제나라에 가 고소자 가신이 경공께 통보하려 하였다. 제나라 태사와 음악에 대해 대화하고 『소』음악을 듣고 이를 배웠다. 그 후 3개월 동안 고기 맛을 잃어버렸다)。"(위 주22의 책, p.746에 보임)

26 "四十而不惑。"

대 전적 기록 중에 함축된 성현들의 철학정신(즉 도통道統)과 역사적 사실을 긍정적으로 수용하여 믿고 그 문화에 대해 애호하는 학문연구의 태도를 견지하였다.[27] 하지만 정작 자신의 창작저술에 매진하지 않았다. 돌이켜보면 20세부터 42세 때까지 노나라 군주는 소공(昭公)이었고 집정대신은 계평자(季平子)였다. 기원전 509년 정공(定公)이 즉위한 후 5(기원전 505)년에 비록 계환자(季桓子)가 집정하였지만 양화(陽貨)가 계환자를 제어하며 영향력을 행사하였다. 즈음하여 양화가 몸소 새끼돼지를 안은 채 공자를 찾아와 만나 벼슬길에 나오도록 요청하였다. 이에 어색한 분위기를 모면하려 벼슬길에 나가겠다 말하였지만 바로 나가 벼슬하고 싶지 않았다. 그래서 개의치 않고 평소대로 학문, 교육에 마음과 힘을 다 하였다. 때마침 50살 때부터 『周易』을 좋아하여 위편삼절(韋編三絶)할 정도까지 글 읽기하며 깊이 연구하였는데 "하늘이 나를 수년 더 살게 하여 50살에 이르러 『周易』을 학습하고 연구하여 익힘으로써 우주대자연의 도리(이치)를 체득하였기에 그다지 큰 과실이 없을 수 있었던 것이다"(『論語·述而』편 제17장)[28]라고 말하였다. 그래서 스스로 "50살에 우주대자연 모든 사람, 사물의 생성·변화·발전·소멸 등에 관한 순환운행의 원리를 체득하였다"[29]고 말하였다. 이 같은 맥락에서 "우주대자연의 이치가 어떻다 말해

---

27 『論語·述而』편 제1장: "子曰: '述而不作, 信而好古, 竊比我於老彭(공자께서 내 평생의 저술저작 활동은 고대 성현들이 남기신 전적들을 정리하여 엮어 학생들의 교수·학습 재료로 사용함은 물론 후세에 전하고 고대 전적 기록 중에 함축된 성현들의 철학정신 즉 '도통(道統)'을 긍정적으로 수용하여 믿으며 그 문화를 애호하는 태도를 견지하는데 나는 개인적으로 스스로를 은상나라 조대의 어진 대부 노팽에 비유하렵니다)'"라고 말씀하셨다.

28 "子曰: '加我數年, 五十而學『易』, 可以無大過矣.'"

29 "五十而知天命."(『論語·述而』편 제4장)

야 할까요? 마치 봄·여름·가을·겨울 4계절이 순환 운행하고 모든 사물이 생장 변화하는 것과 같은데, 우주대자연의 이치가 어떻다 말해야 할까요?(마치 4계절이 순환 운행하고 모든 사물의 생장 변화하는 도리와 같다 말해야겠지요?)"(「陽貨」편 제19장)[30]라고 말했을 것이다. 노나라 정공 8(기원전 502)년 , 그의 나이 50살 때였는데 마침내 벼슬길에 나가기로 결심하였다.

1.2.4 51세에서 54세 시기

공자께서 노나라 정사에 참여하여 벼슬한 시기이다. 노나라 정공 7(기원전 501)년 양화가 제나라로 달아났다 다시 진(晉)나라로 달아났는데 공산불요(公山弗擾)가 많은 돈을 써서 그 세력들이 양화 측으로부터 등 돌리게 하였다. 공산불요가 공자를 불러 들였지만 나가려다 선뜻 결정하지 못한다. 그리고 얼마 후 벼슬길에 나가 중도재(中都宰)[31]라는 관직을 맡았다. 정공 8(기원전 500)년 그의 나이 52살 때 중도재 임무를 잘 수행한 공로를 인정받아 소사공(小司空)[32]으로 영전하게 되었다. 오래지 않아 다시 대사구(大司寇)[33]로 영전하였는데 파격적인 승진이었다. 그 즈음 협곡의 회

---

30 "子曰: '予欲无言。'子贡曰: '子如不言, 则小子何述焉?' 子曰: '天何言哉? 四时行焉, 百物生焉, 天何言哉?'"

31 중도(中都)는 산동성에 위치한 노나라의 현(縣)이며 중도재(中都宰)는 중도현의 현령(縣令)이다.

32 중도재(中都宰)는 지방정부의 공무원에 해당하고 소사공(小司空)은 중앙정부의 공무원에 해당하는 관직이다.

33 대사구(大司寇)는 삼경(三卿) 즉 사도(司徒), 사마(司馬), 사공(司空)에 버금가는 높은 벼슬자리이며 현재 법무부장관에 해당한다. 당시 귀족 출신을 제외한 사람이 맡을 수 있는 관직이었다.

맹(夾谷之會)에서 칼을 휘둘러 주유(侏儒)를 죽이고 음란한 악을 바로잡아 정공을 보좌하였다. 정공 10(기원전 498)년 자로(子路)가 계환자(季桓子)의 재(宰)[34]라는 모든 집안사람, 일을 주관하는 관직을 맡게 되었다. 공자께서 대부들의 도성인 삼도(三都)를 허무는데 먼저 후(郈), 다음 비(費)를 순서로 시도하지만 결국 완수하지 못하였다. 이때 불만을 품고 있던 공산불요가 반란을 일으켜 정공을 공격하지만 공자에 의해 평정되고 제나라로 달아났다가 다시 오나라로 달아났다. 제자 자고(子羔)[35]가 후(郈), 비(費)를 주관하는 관직을 맡게 되었다. 훗날 공자께서 정공의 뜻을 얻지 못하자 노나라를 떠날 것을 결정하고 출사의 기회를 얻기 위해 다른 나라에 가려하였다. 제자 안연(顔淵), 자로(子路), 염유(冉有) 등이 수행하여 뒤따랐다. 자로가 맡았던 계 씨(季氏) 집안사람, 일을 주재하는 관직은 중궁(仲弓)이 대신하며 노나라에 머물러 있었다.

1.2.5 55세에서 68세 시기

공자께서 여러 제후국들을 두루 여행하는 시기이다. 노나라 정공 13(기원전 497)년 공자께서 노나라를 떠나 위나라에 가게 되었다. 이어 정공 14년(기원전 496)년 위나라를 떠나 서쪽으로 나가 광(匡)지역을 지나다 포위되지만 벗어나 물길을 따라 위나라로 돌아왔다. 정공 15(기원전 495)년부

---

34 여기서 재(宰)는 모든 집안의 아래 신분의 사람들과 일을 주관하는 집사(執事)에 해당하는 벼슬아치의 명칭이다.

35 자고(子羔)는 춘추 시대 위(衛) 나라 사람으로 성이 고(高), 이름이 시(柴), 자가 자고(子羔)이며 공자의 수제자(首弟子) 중 한 사람이다.

터 애공(哀公) 2(기원전 493)년까지 공자께서 위나라 영공(靈公)을 만나 벼슬길에 나갔다. 그 사이 노나라 애공 원(기원전 494)년 벼슬한지 얼마 지나지 않아 영공이 죽자 위나라를 떠나게 되었다. 노나라 애공이 즉위한 해였다. 그리고 애공 3(기원전 492)년 계강자(季康子)가 집정하였다. 염유(冉有)가 노나라로 돌아가고 공자께서는 조(曹)나라, 송(宋)나라, 정(鄭)나라를 거쳐 진(陳)나라에 가는 도중에 송나라 사마환(司馬桓)이 수괴가 되어 벌인 살해 위험을 만났으나 복장을 바꾸어 도망쳐 모면하였다. 이 해가 공자 나이 60살 때였다. 그 자신이 "60살에 각기 언급한 서로 다른 관점을 지닌 견해의 상대적 관점에 대해 초월적 태도와 입장을 견지할 수 있어 귀에 거슬림 없이 좋아할 수도 혹은 싫어할 수도 있는 중용의 단계에 이르렀다"(『論語·爲政』편 제4장)[36]고 말한 적이 있다. 애공 4(기원전 491)년부터 애공 6(기원전 489)년까지 공자께서 진나라 민공(湣公) 조정에서 벼슬하였다. 기원전 489년 공자께서 진나라를 떠나 채(蔡)나라에 가다 진나라와 채나라 사이에서 양식이 떨어져 다시 초(楚)나라 동북 국경 엽현(葉縣, 지금의 河南省 중부)까지 가 초나라 엽공(葉公)을 만나 소왕(昭王) 조정에 기용하도록 요청하지만 뜻을 이루지 못하고 엽현으로부터 위나라로 돌아왔다. 애공 7(기원전 488)년부터 애공 10(기원전 485)년까지 공자께서 다시 위나라 조정에서 벼슬하였다. 애공 11(기원전 484)년 공자께서 나이 68살 때 계강자의 부름에 응하여 노나라로 돌아왔다. 계강자가 공자께 귀국하도록 요청한 것은 사실 그 학생을 기용하려던 것이었지 이미 노쇠한 그를 기용하려던 것은 아니었다. 사실 공자께서 기용되어 특별히 맡을만한 일

36 "六十而耳順。"

이 없었다. 이 시기 주유열국(周遊列國)에서 그는 위나라, 조나라, 송나라, 정나라, 진나라, 채나라 및 초나라 변경까지 간적이 있었고 짧게나마 위나라, 진나라에서 벼슬한 것을 제외하고 어떤 나라에서도 그를 기용하려 들지 않았다. 당시 이미 의지할 사람도, 머물만한 곳도 없는 난처한 지경을 정나라 사람이 "초췌하고 의기소침하여 마치 상가 집의 개와 같다"(『史記·孔子世家』)[37]고 비웃은 적이 있었다. 이에 공자께서도 그렇다며 씁쓸히 웃으며 수긍할 수밖에 없었다.

1.2.6 68세에서 73세 시기

공자께서 노나라로 돌아온 시기이다. 애공 12(기원전 483)년 그 아들 리(鯉)가 죽었다. 애공 13(기원전 482)년 공자의 나이 70살 때였다. 그 스스로 "70살에 마음속에 의향이 있어 하고자한 것에 따라 실행하는데 객관성과 합리성 그리고 보편성이 확보되어 결코 최고의 가치와 궁극적 도리(이치)를 지나쳐 벗어나지 않은 경지에 이를 수 있었습니다"라고 자평하였다.

---

37 "適鄭, 與弟子相失, 孔子獨立郭東門。鄭人或謂子貢曰 : "東門有人, 其顙似堯, 其項類皐陶, 其肩類子産, 然自要以下不及禹三寸。纍纍若喪家之狗(공자께서 정나라에 가다 제자들과 길을 잃어 흩어졌는데 동문 외곽에 홀로 서있었다. 정나라 사람이 자공에게 동쪽 문에 한 사람이 있는데 이마는 마치 요임금과 비슷하고 목은 마치 위엄 있는 고도와 비슷하며 어깨는 마치 정자산과 비슷하나 허리 아래는 짧고 구부러져 우임금의 3촌에 미치지 못하여 마치 초췌하고 의기소침하여 마치 상가 집의 개와 같았다고 말하였다)。"(瀧川龜太郎, 『史記會注考證』, 臺北: 洪氏出版社, 1986, p.752) 주인이 치상에 바빠 아무 것도 얻어먹지 못하는 집 없는 개의 처지로 돌아갈 집 없는 개를 가리키며 의지할 사람도, 머물 곳도 없어 곳곳을 전전하는 사람에 비유하는 말이다.

당시 이미 공자께서는 인생의 황혼기에 접어든 나이였다. 애공 14(기원전 481)년 노나라의 역사 기록에 근거하여『춘추(春秋)』를 책으로 엮어냈는데 은공(隱公) 원년부터 애공 14년까지 노나라의 역사를 '편년체(編年體)' 형식으로 기록하였다. 이 해에 애공이 전설상의 신령스런 린(麟)이란 짐승을 사로잡자 공자께서 절필(絶筆)하셨다 한다. 안연(顏淵) 역시 이 해에 생을 마감하였는데 크게 상심하며 절망하였다. 애공 15(기원전 480)년 공자의 나이 72살 때로 자로(子路)가 위나라에서 충격스런 죽음을 맞이하였다. 그의 죽음이 처참하기 이를 데 없었다는 사실을 알고 심리적으로 큰 타격을 받았다. 불우하게 보냈던 유년시절 그리고 뜻을 얻을 수도, 마음껏 펼칠 수도 없었던 성인시절을 거쳐 인생을 되돌아보고 마무리할 황혼기를 맞이하였지만 아들, 제자들의 죽음이라는 늙은이가 젊은이를 먼저 저세상으로 보내며(白髮送黑髮) 그 죽음들을 슬퍼해야 하는 가슴 아픔과 서글픈 감정을 애써 감내해야만 하였다.

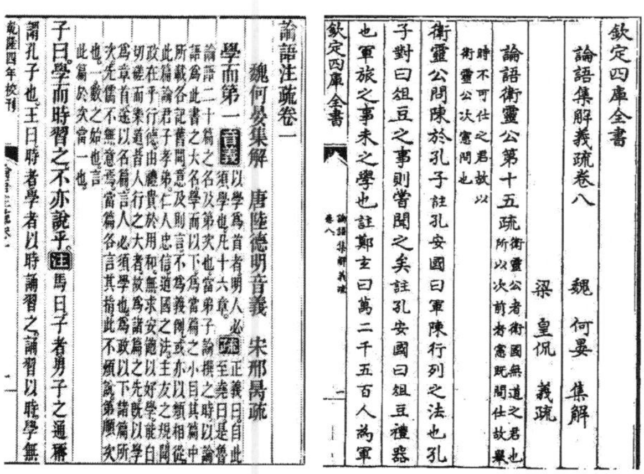

清乾隆年間 刊行『論語注疏』　　『四庫全書』本『論語集解義疏』

2.『논어』의 편찬

『논어』라는 명칭은 왠지 우리에게 낯익고 친근한 느낌으로 다가오는 텍스트이다. 그렇지만 그 편찬에 관한 정보는 여전히 추정에 머물고 있는 실정이다. 그 까닭에 해당 텍스트에 대한 일치된 학설이 아직 존재하지 않는다. 역대『논어』의 편찬에 관한 학설을 정리하면 대체로 2종류가 있는데 다음과 같다.

2.1 70제자 편찬설

'70제자 편찬설'은 단지 70제자를 모두 가리키거나 70제자 중의 어떤 사람을 가리키는 2종류로 나누어 살펴볼 수 있다.

2.1.1 70제자

유향(劉向), 반고(班固), 조기(趙岐) 등이 70제자가 모두 편찬에 관여하였다는 견해를 피력하였다. 예를 들면, 유향은 "『논어』20편은 모두 공자의 제자들이 여러 훌륭한 말씀들을 기록한 것이다"[38]라고 하였다. 반고는

38 "魯『論語』二十篇, 皆孔子弟子記記諸善言也。"(何晏의『論語集解·敍』에 보임)

“『논어』란 공자께서 제자, 당시 사람에게 응답하거나 제자들이 서로 함께 대화하거나 선생님께 들은 말이다. 그때 제자들이 각기 기록한 것이 있어 선생님께서 돌아가시자 문하의 사람들이 서로 함께 모으고 의논하여 편찬한 까닭으로 『논어』라 이른다”[39]고 하였다. 조기는 “70제자들 범위에서 선생님의 말씀을 모아 엮는데 『논어』라 한 것이다”[40]라고 하였다.

그밖에 정현(鄭玄), 부현(傅玄) 및 일본인 다자이슌다이(太宰春臺だざいしゅんだい) 등이 70제자들 가운데 어떤 사람이 편찬하였다는 견해를 피력하였다. 예를 들면, 정현은 “중궁(仲弓), 자하(子夏) 등이 편찬 확정한 거다”[41]라고 하였다. 부현은 “옛날에 공자께서 이미 돌아가시자 중궁의 무리들이 선생님 말씀을 쫓아 판정하고 진술하여 『논어』라 부른다”[42]라고 하였다. 다자이슌다이는 “「뢰왈」, 「헌문」 모두 다른 사람 말이 아니며 반드시 두 제자 스스로의 가리킴이다. 『논어』가 어찌 두 제자가 지은 것일까”[43]라고 하였다. 오규 소라이(荻生徂徠おぎゅうそらい)는 “대체로 ‘상론’은 금장(琴張)에게서 완성되었고 ‘하론’은 원사(原思)에게서 완성된 까닭으로 두 제자만 유독 이름 부르며 그 외는 다른 사람의 손에서 완성된 것

39 “『論語』者, 孔子應答弟子時人, 及弟子相與言而接聞於夫子之語也。當時弟子各有所記, 夫子既卒, 門人相與 輯而論纂, 故謂之 『論語』。”(班固)의 『漢書 · 藝文志』에 보임)

40 “七十子之疇, 會集夫子之言以爲 『論語』。”(趙岐의 「孟子題辭』에 보임)

41 “仲弓、子夏等所撰定。”(陸德明의 『經典釋文 · 敍錄』에 보임) 이외에 「論語音義」에 인용한 ‘仲弓’ 아래 ‘子游’ 2글자도 보인다.

42 “昔仲尼既沒, 仲弓之徒追論夫子之言, 謂之 『論語』。”(李善의 『文選』에 수록된 「辯命論 · 注」에 보임)

43 “「牢曰」、「憲問」, 非他人言, 必是二子自稱。『論語』豈二子所著耶?”(『論語古訓外傳』에 보임)

인지 살폈다"[44]라고 하였다.

70제자나 그 가운데 어떤 사람이 『논어』를 편찬하거나 관여하였다는 견해인데 각기 가능성, 합리성을 지녔지만 그 사실 확증을 위한 기록 내용이 부족한 까닭에 선불리 판단할 수 없는 점이 그 한계라 여겨진다.

2.1.2 70제자의 문하생

황간(皇侃), 유종원(柳宗元), 정의(程頤), 송용형(宋永亨) 등이 70제자의 문하사람들이 편찬하였다는 견해를 피력하였다. 예를 들면 황간은 "『논어』가 공자께서 돌아가신 후 70제자의 문하 사람들이 같이 편찬 기록한 것이다"[45]라고 하였다. 유종원은 "공자의 제자 증삼(曾參)이 가장 어렸으며 공자와 46살의 연령 차이가 있었다. 증자(曾子)는 늙어 죽었다. 책이 증자의 죽음을 기록하고 있는데 공자께서 이미 돌아가신지 오랜 뒤였다.……나는 증자의 제자들이 『논어』를 편찬한 것이라 생각한다. 게다가 책은 제자를 반드시 자로 표기하는 것인데 오직 증자, 유자(有子)는 그렇지 않았다. 이로부터 말하면 제자의 호이다.……대체로 악정자춘(樂正子春, 曾參의 제자), 자사(子思)의 무리와 더불어 『논어』를 편찬하였다"[46]라고

44 "蓋'上論'成於琴張, 而'下論'成於原思, 故二子獨稱名, 其外成於他人之手者審矣。"(『論語徵甲』에 보임)

45 "『論語』者, 孔子沒後, 七十弟子之門人共所撰錄也。"(『論語義疏·敍』에 보임)

46 "孔子弟子曾參最少, 少孔子四十六歲。曾子老而死。是書記曾子之死, 則去孔子也遠矣……吾意曾子弟子爲之也; 且是書載弟子必以字, 獨曾子、有子不然。由是言之, 弟子之號之也……蓋樂正子春、子思之徒與爲之爾。"(『柳河東集·論語辨』에 보임)

하였다. 정의는 "『논어』책이 유자, 증자의 문하사람들에게서 완성된 까닭에 이 책은 오직 두 제자를 자로 불렀다"[47]고 하였다. 송용형은 "『논어』가 기록한 공자와 문하의 제자 및 사람들의 대화를 비롯한 그 사람들의 문답 모두 이름을 배척하여 여전히 자를 부른 자가 없었다. 모름지기 안(顔), 염(冉)이라는 높은 수준의 제자 역시 후이(回)라 말하고 용(雍)이라 불렀다. 이를테면 민자(閔子)는 오직 자건(子騫)이라 이르는데 나는 민 씨에게서 나온 것이라 생각한다. 언급한 '민자시측(閔子侍側)'의 어휘를 관찰하면 염유(冉有), 자공(子貢), 자로(子路)와 다름을 알 수 있는 것이다"[48]라고 하였다.

70제자의 문하사람들이 『논어』를 편찬하였다는 견해인데 모두 가능성, 합리성이 인정되지만 그 사실 확증을 위한 기록 내용이 충분하지 못한 점이 그 한계라 여겨진다.

위에 기술한 2종류 학설은 모두 나무만 보고 숲을 보지 못하는 오류를 범하고 있다. 사실 『논어』라는 한 권의 텍스트가 한 사람이 손을 거쳐 편찬되지 않았다는 점은 단언할 수 있다. 그러면 『논어』의 편찬자는 과연 누구일까? 문제의 해결을 위해 반드시 『논어』 전체 구조의 해체와 재구성, 연구와 분석, 귀납과 정리한 후 그 편찬자 범위를 확정할 수 있는데 대체로 70제자, 70제자의 제자, 후인의 가탁, 잡문이 섞여 수록된 사례 등 4가지 유형을 포함한다.

---

47 "『論語』之書, 成於有子、曾子之門人, 故此書獨二子以子稱."(『論語集注』에 보임)

48 "『論語』所記孔子與人語及門弟子, 幷對其人問答, 皆斥其名, 未有稱字者。雖顔、冉高弟, 亦曰回曰雍; 至閔子, 獨云子騫, 予意以爲出於閔氏。觀所言'閔子侍側'之辭, 與冉有、子貢、子路不同, 可見矣."(『搜采異聞錄』에 보임)

2.2『논어』 편찬 시기

『논어』의 편찬 시기는 크게 2시기로 나누어 살펴볼 수 있다. 앞 시기는 전국시대(戰國時代) 전기의 초년에 해당하는 시기이며 뒤 시기는 전국시대 전기의 초년이후에 해당하는 시기이다.

2.2.1 전국시대 전기(초년)

『논어』의「학이(學而)」편에서「향당(鄕黨)」편까지 10편은 제1차로 편집된 것이다. 그 특징은 의미이치가 치밀하고 순수하기도, 장절은 간략하고 짧기도, 문자는 적고 실질적이기도 하며 대부분 공자의 말씀과 강론이 많을 뿐 70제자들의 말씀과 강론은 비교적 적은 편이다. 당시 군주의 발문에 대답하는 경우를 제외하고 공자를 '자(子)'라 일컫는데 이는 대부(大夫)의 물음에 대답할 때도 마찬가지다. 특히「향당」편 기술은 모두 공자의 일상생활 속 사소한 일이지만 앞 10편의 마지막에 배치한 까닭은 바로 전체 텍스트의「서(序)」문과 마찬가지이기 때문이라 생각한다.

2.2.2 전국시대 전기(초년이후)

『논어』의「선진(先進)」편에서「요왈(堯曰)」편까지 10편은 제2차로 편집된 것이다. 이 10편중에 치밀하고 순수한 장절 부분도 있고 잡문이 섞여

수록된 부분도 있으며 심지어 역사적 사실과 부합하지 않는 부분도 있다. 대체로 장절의 편폭이 비교적 길어 '전유(顓臾)'장이 300여자, '장저걸닉(長沮桀溺)'장과 '장인(丈人)'장이 100여자에 이른다. 게다가 배열대비 방식의 수사법을 채택하여 구성된 문장이 많은데 예를 들면 '삼연(三衍)', '삼외(三畏)', '삼계(三戒)', '삼우(三友)', '구사(九思)', '육언육폐(六言六蔽)', '오미사덕(五美四惡)' 등 각 장이 그렇다.

위에 기술한 것처럼『논어』의 앞 10편의 편찬시기가 뒤 10편의 편찬시기 보다 비교적 이르다. 앞 10편 중에 증자의 죽음, 애공(哀公), 맹무백(孟武伯), 계강자(季康子) 등의 시호를 일컫는데 그 편찬시기가 전국시대 전기(초년)임을 짐작할 수 있게 한다. 뒤 10편의 편찬 시기는 비교적 늦지만 맹자(孟子)가 활약하던 전국시대 중기 보다 이른 전국시대 전기(초년이후)일 것이다. 왜냐하면 맹자는 자사 문하의 제자이고 자사는 증자의 제자이기 때문이다. 따라서『논어』의 앞 10편은 대략 자사 시대에 편찬된 것이라면 뒤 10편은 대략 자사와 맹자 사이의 시대에 편찬된 것이라 보는 견해가 비교적 합리적일 것이다.

3.『논어』의 명칭

『논어』라는 명칭이 책으로 엮여 편찬될 때부터 있었을까? 사실 알 수 없는 일이다. 유가의 대표적 저작 『孟子』, 『荀子』를 비롯한 기타 선진(先秦)시대 전적 중에 인용한 『論語』 관련 문장 모두 '자왈(子曰)'이나 '공자왈(孔子曰)'이라 일컬을 뿐이며 단지 『예기 · 방기(禮記 · 坊記)』편에 인용한 "3년(오랫) 동안 선친께서 견지하셨던 일의 실행의도와 취지를 고치지 않다"[49]에 '『논어』왈(『論語』曰)'이라 일컬었을 따름이다. 「坊記」편이 저작된 시기가 전국시대 말년 이후는 아닐 것이다. 때문에 『논어』라는 명칭의 출현이 전국시대 말년 보다 늦은 시기일 수는 없다 생각한다.

『論語』라는 2글자 명칭의 함의에 관한 견해는 상당히 다양하다. 예를 들면, 『漢書 · 藝文志』에 "선생님께서 돌아가시자 문하의 사람들이 서로 함께 수집하고 의논하여 편찬한 까닭으로 『논어』라 부른다"[50]고 하였다. '논(論)'자를 동사 '논찬(論纂)'으로 보는데 '논어'가 '공자께서 문하의 제자, 당시 사람 및 어떤 인물들과 함께 담론한 말'이라는 의미로 해석하였다. 그러나 '논(論)'과 '어(語)'가 더해진 평행관계 어휘결합 형태인 '논어(論語)'는 '먼저 논하고 후에 말하다(先論後語)'는 구성과 『논어』에 기록된 공자 개인이 언급한 사상, 견해의 말도 포함되어야 한다. 때문에 『漢書 · 藝文志』의 해석과 '논어'란 명칭의 함의가 서로 부합하기 어렵다 생각한다. 이밖에 유희(劉熙)의 『석명(釋名)』, 육덕명(陸德明)의 『경전석문(經典釋文)』, 정현의 『주례주(周禮注)』, 형병(邢昺)의 『논어소(論語疏)』, 하이손(何

---

49 "三年無改於父之道。"

50 "『論語』者, ……夫子旣卒, 門人相與輯而論纂, 故謂之『論語』。"

異孫)의 『십일경문대(十一經問對)』, 진대제(陳大齊)의 『공자 학설(孔子學說)』 등 해석도 마찬가지다.

그러면 과연 '論語'라는 명칭을 어떻게 해석해야 할까? 그 해석은 당연히 『논어』의 발문 주체, 대상 및 그 성격으로부터 실마리를 찾아야 할 것이다. 『논어』에 실린 문장은 공자의 말씀이 대부분인데 크게 2종류로 나눌 수 있다. 한 종류는 발문한 사람 없이 스스로 자신의 학술 사상적 이치, 견해를 강론하여 모든 사람의 인륜행위 준칙으로 삼도록 한 것이다. 다른 한 종류는 문하의 제자들이나 어떤 사람, 사람들을 대상으로 다른 사람의 발문에 대답하거나 특정한 인물에게 말한 것이다. 전자는 '논(論)'이라 부르며 후자는 '어(語)'라 부른다. 부연하면 '논어(論語)' 2글자 모두 명사이며 공자의 말씀을 가리킨다. 말씀은 당연히 대상이 있어야 하는데 바로 듣는 사람이다. 여기서 공자는 발신자(Source)에 해당하고 말씀은 메시지(Message)에 해당하며 듣는 사람은 수신자(Receptor)에 해당한다. '論'의 중점은 수신자에 있지 않으며 발신자가 자신의 학술 사상적 이치, 견해를 말하는데 있다. '語'의 중점은 수신자에 있으며 발신자가 묻는 것이 사람인지, 사물인지에 따라 달라지는데 있다. 『논어』에 실린 문장의 대부분은 공자의 말씀이지만 그 중점은 '論'에 있고 '語'에 있지 않다. 『논어』전체 문장을 보면 공자께서 그 뜻을 직접 말씀하신 장구가 의문이나 어떤 특정 인물과 대화하는 장구보다 훨씬 많은 사례가 이를 증명한다. 그래서 '論'을 '語' 앞에 놓아 '論語'라 부른 것이다. '論'은 '강론(講論)'의 의미이며 '語'는 '문답(問答)' 형식 '대화(對話)'의 의미이다. 다시 말해 2종류 문체를 달리한 명칭에서 비롯되었다 판단한다. 그 까닭에 '論'자를 중국어 제4성(거성去聲) 'Lùn'으로 읽어야 하며 제2성(양평성陽平聲) 'Lún'으로 읽으면 안 된다.

4. 『논어』의 전래

『논어』가 편찬된 후 대단히 광범위하게 전파되었다. 한(漢)나라 시대까지 3종류 『논어』가 전해졌다. 그 기록은 유향의 『별록(別錄)』에 “노나라 사람들이 교수·학습하는 것은 『노논어(魯論語)』라 일컫고 제나라 사람들이 교수·학습하는 것은 『제논어(齊論語)』라 일컬으며 쌓아올려 밀봉한 벽에서 얻은 것은 『고논어(古論語)』라 일컫는다”[51]라고 하였다. 이 중에 『노논어』와 『제논어』의 전수과정을 열거하면 다음 <표-2>, <표-3>과 같다.

<표-2> 『魯論語』의 전수과정[52]

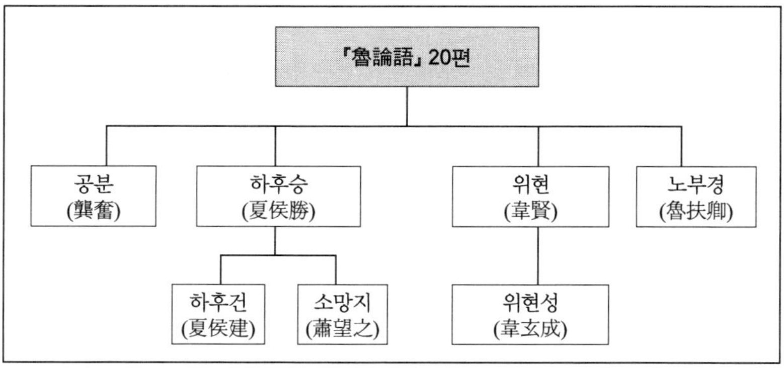

51 “魯人所學, 謂之『魯論』; 齊人所學, 謂之『齊論』; 合壁所得, 謂之『古論』.”(皇侃의『論語義疏·敍』에 보임)

52 황금횡(黃錦鋐) 은사님 등, 『四書導讀』, 臺北: 文津出版社, 1987, p.81-82.

<표-3> 『齊論語』의 전수과정[53]

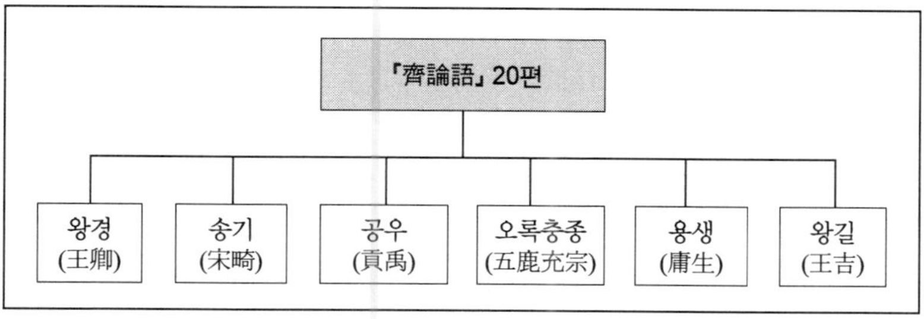

위 3종류『논어』는 이후 안창후(安昌侯) 장우(張禹)의『장후논어(張侯論語)』, 정현의『정주논어(鄭注論語)』등으로 이어지며 가장 널리 전해진다. 그 전체 전수과정을 열거하면 다음 <표-4>와 같다.

<표-4> 『魯論語』, 『齊論語』, 『古論語』와 『張侯論』, 『論語注』[54]

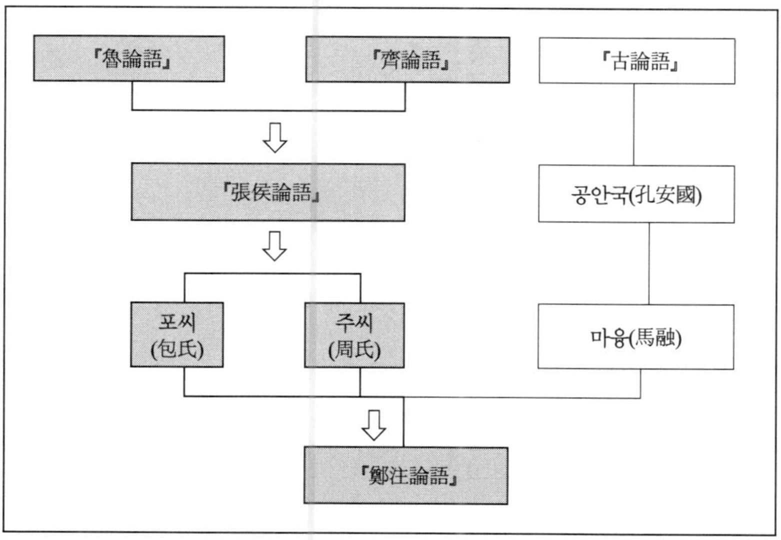

53 위의 책, p.82-83에 보임.

54 위의 책, p.84-87에 보임.

5. 『논어』의 내용

『논어』는 공자 문하의 사제지간, 당시 사람에게 강론하거나 어떤 인물들과 문답방식으로 대화하는 '어록체(語錄體)' 형식을 채택한 것이다. 그 내용에 대해 하이손(何異孫), 양계초(梁啓超), 정발인(程發軔) 등이 견해를 피력하였다. 이들의 견해를 간략하게 정리하여 기술하면 다음과 같다. 예를 들면, 하이손의 『십일경문답(十一經問對)』에 『논어』의 내용을 5가지로 구분하였는데, 열거하면 다음 <표-5>와 같다.

<표-5> 하이손(何異孫)의 『十一經問對』의 분류[55]

『논어』내용의 6가지 분류
첫째, 제자들이 공자의 말씀을 기록한 것이다. 둘째, 공자께서 제자들의 물음에 대답한 것이다. 셋째, 제자들끼리 서로 문답한 것이다. 넷째, 신하가 군주께 묻는 것이다. 다섯째, 제자들이 공자께 묻는 것이다.

양계초는 『논어』의 내용을 8가지로 구분하는데 열거하면 다음 <표-6>과 같다.

55 위 주52)의 책, p.91-92.

<표-6> 양계초(梁啓超)의 분류[56]

『논어』내용의 8가지 분류
첫째, 개인적인 인격수양에 관한 교훈이다.
둘째, 사회적 윤리에 관한 교훈이다.
셋째, 정치적 도리의 담론이다.
넷째, 철학적 이치의 담론이다.
다섯째, 문하 제자들 및 당시 사람, 이어 받은 사람의 시정에 대한 문답이다.
여섯째, 문하 제자들 및 옛 사람, 당시 사람에 관한 비평이다.
입곱째, 스스로 기술한 말씀이다.
여덟째, 공자의 일상 행적 및 문하 사람들이 공자 말씀을 아름답게 기림이다.

정발인은 공문(孔門) 4과에 따라 『논어』전문을 '덕행(德行)', '언어(言語)', '정사(政事)', '문학(文學)' 등 유형으로 구분한다. 이런 분류법은 앞 2가지보다 비교적 적절하고 실제적인데 열거하면 다음 <표-7>과 같다.

<표-7> 정발인(程發軔)의 분류[57]

孔門四科	세부 분류
甲, 德行類	1. 道德 2. 仁愛 3. 孝友 4. 修養(自省, 遠怨, 安貧, 說士與成人, 說君子, 說君子小人, 說出處, 說好惡, 說剛直)
乙, 言語類	1. 法語(時言, 善言, 巧言, 言行) 2. 論人(論古人時人, 記孔子, 孔子自述, 時人評孔子, 孔子論弟子, 弟子互評) 3. 論世
丙, 政事類	1. 政治 2. 禮樂 3. 喪祭
丁, 文學類	1. 爲學(科目, 治學方法, 學不厭, 敎不倦) 2. 論學(泛論, 論詩)

위에 기술한 3종류 분류로부터 『논어』라는 텍스트가 공자의 학술사상

56 위 주52)의 책, p.92.

57 위 주52)의 책, p.92-94.

을 기술한 것이라 확신할 수 있다. 그 학술사상의 핵심적 가치는 바로 자기 수양을 거쳐 예로 절제된 덕성 함양에 기초한 '인(仁)'의 구현이라 할 수 있다. 이른바 '인'이란 사람과 사람의 관계 속에 적용되는 덕성의 진면목이며 각각의 범위, 대상에 적용되는 덕목(대명사)을 달리하여 구현해내야 할 최고의 가치 즉 '사랑이란 정감'이라 정의할 수 있다. 다시 말해 유가 학술사상이 추구하는 도덕은 '인'과 관련되지 않은 것이 없다. '인'의 적용범위, 대상을 달리한 중요 덕목(대명사-명칭개념)을 정리하면, 다음 <표-8>과 같다.

<표-8> '인'의 적용범위, 대상을 달리한 덕목(대명사-명칭개념)

덕목명칭	적용 범위, 대상을 달리한 실질
효제(孝弟)	'효제'는 '인' 즉 '사랑이란 정감' 실행, 구현의 근본
충서(忠恕)	'충서'는 '인' 즉 '사랑이란 정감' 실행, 구현의 방법
예(禮)	'예'는 '인' 즉 '사랑이란 정감' 실행, 구현의 절도
악(樂)	'악'은 '인' 즉 '사랑이란 정감' 실행, 구현의 조화
의(義)	'의'는 '인' 즉 '사랑이란 정감' 실행, 구현의 평가
용(勇)	'용'은 '인' 즉 '사랑이란 정감' 실행, 구현의 표현
지(智)	'지'는 '인' 즉 '사랑이란 정감' 실행, 구현의 인지

<표-8>에 언급한 이외에도 적용범위, 대상을 달리한 덕목(대명사-명칭개념)은 그 수가 결코 적지 않다. 왜냐하면 이러한 덕목을 제외한 '자(慈)', '공(恭)', '경(敬)', '성(誠)', '신(信)', '관(寬)', '민(敏)', '혜(惠)', '강(剛)', '의(毅)', '목(木)', '눌(訥)' 등 덕목도 포함하기 때문이다.

Ⅲ. 『논어』의 심층적 읽기

제1편 「학이學而」

본 편은 모두 16장으로 첫 번째 장의 '학이시습지(學而時習之)'에서 '學而' 2글자를 취해 편명을 삼았다. 그 내용은 대체로 '학(學)' 한 글자에 착안한 학습, 실천을 병행하고 수양을 쌓아 덕성을 함양하며 '중용의 도리(中庸之道)'에 도달하여 '인(仁)' 즉 그 범위와 대상을 달리한 사랑이란 정감이 구현된 자기완성의 이상 인물형상인 군자(君子)로 자리매김하는 '개종명의(開宗明義)' 즉 『논어』 전체 종지(宗旨) 및 명칭의의를 밝힌 것이다. 부연하면 공자께서 『논어』라는 텍스트를 글 읽기하거나 한 걸음 더 나아가 연구하는 후학들에게 그 학술사상의 세계로 진입하는 대문의 열쇠를 제공한 것이라 할 수 있다.

도대체 「학이」편을 첫 번째 장에 배치한 이유는 무엇일까? 공자 학술사상의 '궁극적인 도리(이치)와 가치' 즉 도덕(道德)을 추구하는 방법은 '학(學)' 즉 지식이론 정보의 '학습(學習)'으로부터 시작하여 깊고 폭넓게 사고(思考)하고 다시 학습하며 '수용-발전-개선-창조'하는 발전적 과정이라 할 수 있다. 여기서 이른바 '도덕(道德)' 즉 '도(道)' 는 '이(理)'와 같은 개념으로 도리(이치)를 가리키고 '덕(德)'은 '인(仁)'과 같은 개념으로 '도'의 진면목(최고 가치)를 가리키는데 송나라시대 유학자들은 '체(體)'와 '용(用)'으로 보았지만 본래 둘이 아닌 하나이다. 때문에 '인도(仁道)', '인덕(仁德)'이라 일컫지만 그 쓰임에 주의해야 한다. 다만 궁극적 도리(이치)와 가치 추구의 과정에 학습과 실천을 병행하고 자기수양을 통해 덕성을 함양하며 '예'로 절제하여 '중용'에 도달하면 '인 즉 사랑의 정감'을 구현해낼 수 있다. 그 이유에서 학문추구의 최종 목표인 '인'의 실행을 위한 덕목 중에 신변으로부터 사회, 국가로 확대해가고 다시 자기수양, 덕성함양으로 내실화해가다 마지막에 자기완성으로 귀결하는 과정을 체계적으로 서술하였을 것이다. 예를 들면 「학이」편에 열거된 '효제(孝悌)', '충신(忠信)', '치국(治國)', '덕정(德政)', '예화(禮和)', '호학(好學)', '낙도(樂道)', '행(行言)', '지기(知己)' 등 '인'의 구현을 위한 덕목(명칭-대명사)들 및 전제 조건(태도와 입장)에 대한 언급 내용을 통해 입증할 수 있다.

사실 공자께서 활동하던 당시(선진시대) 학술사상은 '명칭과 실질에 관한 담론(名實之論)'을 주제로 한 것이었다. 유가의 대표인물 공자 학술사상 핵심 '인'은 실질이고 그 실행 덕목(개념-대명사)들은 명칭이다. 이러한 '인'과 '덕목'들을 '명칭과 실질이 서로 부합하다(名實相符)'라는 등가치의 관계로 보는 입장을 고수하였다.

제1장

— 학습, 실천 및 수양을 거쳐 덕성을 함양하여 원만한 인격 소유자(자기완성)로

子曰: "學而時習之, 不亦說乎; 有朋自遠方來, 不亦樂乎; 人不知而不慍, 不亦君子乎?"

zǐyuē xuéérshíxízhī bùyìyuèhū yǒupéngzìyuǎnfānglái bùyìlèhū rénbùzhīérbùyùn bùyìjūnzǐhū

관련 편장(篇章)

子曰: "弟子入則孝, 出則弟, 謹而信, 汎愛衆, 而親仁。行有餘力, 則以學文。" (「學而」篇 第6章)

子曰: "不患人之不己知, 患不知人也。" (「學而」篇 第16章)

子曰: "學而不思, 則罔; 思而不學, 則殆。" (「爲政」篇 第15章)

子曰: "不患人之不己知, 患其不能也。" (「憲問」篇 第31章)

子曰: "君子病無能焉, 不病人之不己知也。" (「衛靈公」篇 第19章)

子曰: "君子求諸己, 小人求諸人。" (「衛靈公」篇 第21章)

子曰: "古之學者爲己, 今之學者爲人。" (「憲問」篇 第25章)

曾子曰: "吾日三省吾身: 爲人謀而不忠乎? 與朋友交而不信乎? 傳不習乎?" (「學而」篇 第4章)

有子曰: "君子食無求飽, 居無求安, 敏於事而愼於言, 就有道而正焉, 可謂好學也已。" (「學而」篇 第14章)

子曰: "'賜也, 女以予爲多學而識之者與?' 對曰: '然, 非與?' 曰: '非也! 予一以貫之。'"(「衛靈公」篇 第3章)

子曰: "吾十有五而志於學; 三十而立; 四十而不惑; 五十而知天命; 六十而耳順, 七十而從心所欲, 不踰矩。"(「爲政」篇 第4章)

주석(注釋)

① 자(子): 명 고대 남자의 자칭, 존칭을 포함한 통칭,『논어』중 '子曰'의 '子'는 모두 선생님에 대한 존칭(즉 '부자夫子').

② 왈(曰): 동 말하다.

③ 학(學): 동 학습하다(행위 동작의 주체와 객체가 생략됨).

④ 이(而): 접 (병렬부가)……하는데.

⑤ 시(時): 명 적당한 시기, 적정연령.

⑥ 습(習): 동 (수시로 그리고 끊임없이)학습, 연습, 실습하여 습득하다.

⑦ 지(之): 어조 의미 없음.

⑧ 불역……호(不亦……乎): (긍정표시의 반문어투 권유) 또한……하지 않을까요?

⑨ 열(說): 명 전주(轉注), '열(悅(悅yuè)'자. 기쁘다(즉 '자열自悅zìyuè', 자신만 느끼는 기쁨).

⑩ 우(有): 명 동문(同門) 학우. 뒤 '朋'자와 결합하여 '한 문하에서 학문에 뜻을 두고 공부한 친구'라는 의미이다.

⑪ 자(自): 전 ……로부터.

⑫ 원(遠): 형 (거리가)멀다, 요원하다.

⑬ 방(方): 명 곳, 지방.

⑭ 낙(樂): 형 전주(轉注), 즐겁다(즉 '동락同樂tónglè', 함께 나누는 즐거움).

⑮ 인(人): 명 타인, 다른 사람

⑯ 지(知): 동알다, 인지하다, 이해하다.

⑰ 而: 접 (점층)그래도.

⑱ 온(慍): 형 (마음속으로)성내다, 원망하다.

⑲ 군자(君子): 명 고대 천자나 덕성을 지닌 사람의 호칭,『논어』중에 소인과 대비되는 학문추구, 인격수양을 거쳐 덕성이 함양되어 원만한 '중용(中庸 zhōngyōng)'의 경지에 이른 이상 인물 형상을 가리킨다.

석의(析義)

① 학(學): 중국 고대의 학과영역 및 그 교육과정은 '육예(六藝liuyì)와 '시(詩shī)'가 더해진 7종류를 가리킨다.

② 습(習): 학과영역에 따라 '학습(學習xuéxí)', '연습(演習yǎnxí)', '실습(實習shíxí)' 등의 방법을 통해 수시로 그리고 끊임없이 익혀 습득하다는 의미이다.

③ 열(悅): 교육과정을 교수·학습하고 수시로, 부단히 익혀 습득하며 사회적 소양 즉 능력을 갖추어 아무 두려움 없이 사회에 진출할 수 있다는 자부심에서 마음속으로부터 치밀어 오르는 뿌듯한 자신만의 기쁨을 의미한다.

④ 우(有): 가차(假借), 옛 판본에 '友yǒu'자로 표기, '학문에 뜻을 두고 공부한 친구'의 의미이다. 뒤 '朋'자와 연계하여 '우붕(友朋yǒupéng)' 즉 '붕우(朋友 péngyǒu)'로 '한 선생님 문하에서 학문에 뜻을 두고 공부한 친구'라는 의미로 해석된다. 예를 들면,『周易 · 蹇』아래『正義』와『周禮 · 司諫』에 鄭玄의「주(注)」를 인용하여 "선생님이 같으면 붕이라 부르고 뜻이 같으면 우라 부른다"[58]고 하였다. 皇侃의『論語集解義疏』에 "함께 선생님의 문하에 처함을 '붕'이라 말하고 함께 한 가지 뜻을 견지함을 '우'라 말한다. ……'우'는 '유'이다."[59]라고 하였다.

⑤ 낙(樂): 동문수학했던 친구들이 각자 사회에 진출하였다 다시 모여 서로 의견 교환하거나 학문 토론하는데 때론 자신을 낮추어 지도하기도, 때론 칭찬하고 인정하기도 하며 서로 상생 발전하는 가운데 함께 나누는 기쁨을 나타낸다.

⑥ 인부지(人不知):다른 사람이 자신의 학문적 성취(사회적 소양)를 전혀 알지 못하거나, 알면서도 고의로 모른 채하다는 의미이다.

⑦ 군자(君子):『논어』책 중에 '소인(小人)'과 대비되는 인물형상으로 학문을 추구

58 "同師曰朋, 同志曰友。"(程樹德,『論語集釋』, 北京: 中華書局, 1989, p.1)

59 "同處師門曰朋, 同執一志曰友,……友者, 有也。"(『四庫全書』195冊, 臺北: 商務印書館, 1986, p.339)

하고, 자기수양을 거쳐 덕성을 함양하여 어느 편에 치우치거나, 기울거나, 지나치거나, 못 미침도 없는 원만한 품성의 경지 즉 '중용의 도(中庸之道)'에 도달한 이상 인격 소유자이다.

문법구조(文法構造)

전체 원문은 서사성 복합 문장이다('某某曰: ……'은 서사성 복합 문장형식이다). 인용부호 속의 각 문장 모두 술어 '曰'자의 목적어이며 연합관계로 이루어진 장문에 속한다. 첫 번째 장문 주어 '學而時習之'는 2개의 서사성 단문이 병렬로 연결된 것인데 술어 '學', 병렬관계 접속사 '而', 연계 보충의미의 부사어 '時', '學'과 병행을 표시하는 술어 '習', 아래 술어문과 매끄럽게 이어지도록 더해진 어기조사 '之'자 등이 결합된 구조이다. 두 번째 장문 주어 '有朋自遠方來'는 주술관계의 서사성 단문인데 주어 '有朋', 전치사와 장소 목적어가 결합된 형태의 전치사구 '自遠方', 술어 '來' 등이 결합된 구조이다. 세 번째 장문 주어 '人不知而不慍'은 2개의 서사성 단문이 조건관계로 연결된 장문인데 주어 '人', 부사가 동사 앞에 더해진 술어구 '不知', 조건관계 접속사 '而', '부사+형용사' 형식의 술어 '不慍'이 병렬된 구조이다. 여기에 판단구 '不亦說乎·不亦樂乎·不亦君子乎' 중 의미를 제한하는 부사 '不', 반문어투에 더해져 어기를 가중시키는 조사 '亦', 술어 '說·樂·君子', 반문어투의 어기조사 '乎' 등이 결합된 구조이다.

문장법 분석(文章法分析)

본문 내용은 천(淺)—심(深)구조의 변화를 통한 전개이다. '학(學)' 즉 '학습(學習)'은 『논어』라는 텍스트는 물론 「학이」편 제1장을 관통하는 '학행일치—덕성함양'의 시작이자 마침이다. 첫 번째 문장은 '천(淺)'에 속하는데 선(先)을 포함하며 다시 '원인(因)-결과(果)'를 포함한 관계이다. 즉 공자의 문하생들이 학습을 추구하는데 '시습(時習)' 즉 적절한 연령시기 그리고 끊임없이 복습하여 습득하는 까닭(원인)으로 '열(說)' 즉 개인적인 성취감으로 스스로 기쁨을 느끼는 효과(결과)를 서술한다. 두 번째, 세 번째 문장은 '심(深)'에 속하는데 다시 '후일(後一)-후이(後二)'를 포함한 관계이다. 두 번째 문장은 '후일(後一)'에 속하며 '인(因)-과(果)'를 포함한 관계이다. 즉 '붕래(朋來)' 즉 동문수학했던 학우들이 각자 분야영역에 종사하다 먼 곳으로부터 와서 공자 문하에 모이는데 다른 분야의 경우 서로 의견을 교환하고 동일분야의 경우 학문을 토론하며 우의를 다지는 까닭(원인)으로 '낙(樂)' 즉 사회적인 상생발전으로 함께 즐거움을 느끼는 효과(결과)를 서술한다. 세 번째 문장은 '후이(後二)'에 속하며 '조건(條件)-후속결과(後果)'를 포함한 관계이다. 즉 '불온(不慍)' 즉 다른 사람이 자신의 학문덕행의 성취를 알아보지 못하거나 고의로 모른 채 하며 발탁해주지 않아도 성내거나 원망하지 않는다면(조건) '군자(君子)' 즉 학행이 일치하고 자기수양을 거치며 덕성이 원만한 중용의 도를 갖추어 자기완성에 도달한 이상인물로 자리매김(후속결과)한다. 결국 학습은 '학행일치(學行一致)—수기치인(修己治人)—덕성함양(德性涵養)'의 과정인데, 3구 모두 문미에 반문어투 설문(設問) 방식의 수사법으로 긍정적인 응답을 유도한다. 이른바 '덕성함양'의 과정을 거쳐 마침내 '중용의 도'에 도달한 이상인물인 '군자(君子)'로 자리매김하도록 권유하며 문장을 일단락 짓고 있다. 여기서 기술한 문장법에 내재된 논리를 정리하면 다음 <표-9>와 같다.

<표-9> 내재논리 분석도

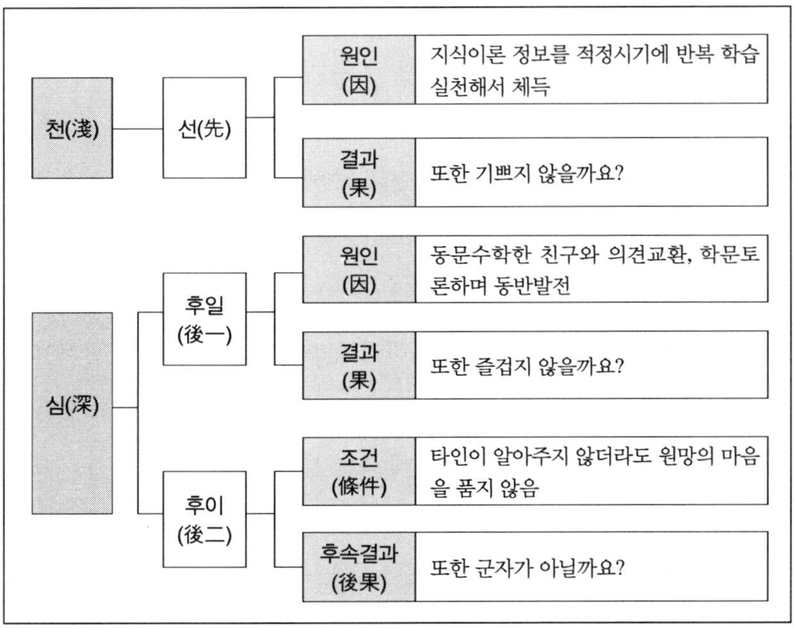

신역(信譯)

공자께서 "교수·학습하는데 시기적절하게 끊임없이 반복 학습실천하여 익히면 또한 기쁘지 않을까요? 동문수학한 벗이 먼 곳으로부터 와서 서로 교류하며 발전하면 또한 즐겁지 않을까요? 다른 사람이 알아주지 않더라도 원망하지 아니하면 또한 군자가 아닐까요?"라고 말씀하셨다.

달역(達譯)

공자께서 "제자들이여 지식이론을 교수·학습하는데, 시기적절하게 끊임없이 반복 학습실천해서 습득하여 사회적 소양을 갖춘다면 기쁘지 않을까요? 기쁠까요? 동문수학한 친구가 먼 곳으로부터 와서 서로 의견을 교환하고 학문을 토론하며 동반 발전한다면 즐거울까요? 즐겁지 않을까요? 다른 사람이 자신을 알아주지 않거나 모른 채하더라도 원망하는 마음을 품지 않는다면 군자가 아닐까요? 군자 일까요?"라고 말씀하셨다.

아역(雅譯)

공자께서 "제자들이여 '육예'와 '시'라는 7종류 교과과정의 지식이론 정보를 교수·학습하는데, 적정연령의 시기에 학습·연습·실습 등 방법으로 끊임없이 반복 학습실천해서 습득하고 확정된 관점을 지닌 견해로 정립하여 사회적응에 요구되는 소양을 갖춘 어엿한 한 사회인으로 성장한다면 내면으로부터 치밀어 오르는 가슴 뿌듯함에 스스로 기쁘지 않겠습니까?(기쁘겠습니까? 기쁘겠죠?) 한 선생님 문하에서 학문에 뜻을 두고 공부했던 친구들이 모두 사회영역으로 진출하여 일익을 담당하다 먼 곳으로부터 다시 한자리에 모이게 되어 각자 분야의 의견을 교환하고 동일 분야의 학문을 토론하는데 그 장점을 칭찬하고 부족함을 채워주며 서로 우의를 다진다면 다 함께 즐겁지 않겠습니까? (즐겁겠습니까? 즐겁겠죠?) 다른 사람이 자신의 학문덕행의 겸비를 이해하지 못하거나 설령 고의로 모른 채하며 발탁해주지 않더라도 성내며 원망하는 마음을 품지 않는다면 학문적 수준, 수양의 단계, 덕성의 함양 모두 경지(즉 중용의 단계)에 도달하여 '인 즉 사랑의 정감'을 구현해 낸 군자가 아니겠습니까? (군자이겠습니까? 군자이겠죠?)"라고 말씀하셨다.

함축의미

<표-10> 함축의미 분석도(“學而時習之, 不亦說乎?”)

<table>
<tr><td>학습과정</td><td colspan="2">• ‘육예’와 ‘시’(학습실행의 일치)</td></tr>
<tr><td rowspan="3">학습방법 및 과정</td><td>학습</td><td>‘시(詩: 사교언어)’, ‘서(書: 고금역사)’</td></tr>
<tr><td>연습</td><td>‘예(禮: 예의범절)’, ‘악(樂: 아음정악-정서순화)’</td></tr>
<tr><td>실습</td><td>‘사(射: 활쏘기-집중단련)’, ‘어(御: 우마차 몰기-운전면허)’, ‘술(術: 수리통계)’</td></tr>
<tr><td>학습시기</td><td colspan="2">• 일정시기, 적정연령</td></tr>
<tr><td>대인관계</td><td colspan="2">• 자신중심(나와 선생님, 나와 학우)</td></tr>
<tr><td>학습효과</td><td colspan="2">• 열(悅) 즉 자열(自悅) — 개인적 범위</td></tr>
<tr><td>학습단계</td><td colspan="2">• ‘독서의 학(讀書之學)’ — 학습중심</td></tr>
</table>

<표-11> 함축의미 분석도(“有朋自遠方來, 不亦樂乎?”)

학습방법	• 동일분야 — 연구토론 • 다른분야 — 의견교환
인격수양	• 우 — 성심(誠心)지도(겸허하게 격려) • 열 — 정심(正心)수용(인정하며 칭찬)
대인관계	• 나와 너, 나와 사회구성원
학습효과	• 낙(樂) 즉 동락(同樂) — 사회적 범위
학습단계	• ‘정사의 학(政事之學)’ — 덕행중심

<표-12> 함축의미 분석도(“人不知而不慍, 不亦君子乎?”)

학습방법	• 인격수양 — 추기급인(推己及人) • 덕성함양 — 불편불의, 무과불급(不偏不倚, 無過不及)
인격수양	• 원만한 덕성의 함양
대인관계	• 나와 인류 공동체
학습효과	• 군자(君子) 즉 ‘소인’과 대비 덕성이 함양된 이상 인물형상 — 인류사회
학습단계	• ‘덕성의 학(德性之學)’ — ‘중용의 도(中庸之道)’에 이름

- 제1장의 지위 -

<표-13> 『논어』의 '개종명의장(開宗明義章)'

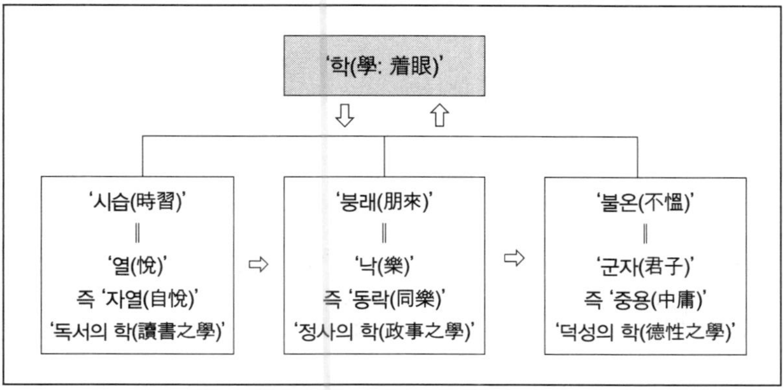

* '개종명의장'은 『논어』전체 문장의 종지를 깨닫도록 의의를 밝히는 장이라는 의미로 그 내용 이해를 위해 제시한 해결의 열쇠와 같은 장구를 가리킨다.

‖ 생각열기

"학(學)" 즉 '학습'은 '학(學)'과 '습(習)'이 병렬관계로 어휘 결합한 형태이다. '학'은 학습과 실천을 포함하고 '습'은 연습과 체득을 포함하는 개념이다. 학습으로부터 이론과 실제가 구현된 지식으로 정립되며 자신만의 관점과 견해를 견지할 수 있게 된다. 하지만 그 관점과 지식을 각기 다른 시간, 공간 및 분야영역에 아울러 모두 적용할 수 있을까? 지식이론 정보 그 자체를 깊게 파고들거나 관련 학과와 넓게 연계할 필요가 있지 않을까? 궁극적으로 학문추구라는 출항하는 배의 목적지는 어디로 정해야 할까?

제2장

— '인(仁) 즉 사랑이란 정감'을 실천하는 근본(첫걸음)

有子曰: "其爲人也孝弟, 而好犯上者, 鮮矣! 不好犯上, 而好作亂者, 未之有也。君子務本, 本立而道生。 孝弟也者, 其爲仁之本與!"

yǒuzǐyuē qíweírényěxiàotì érhàofànshàngzhě xiǎnyǐ bùhàofànshàng érhàozuòluànzhě wèizhīyǒuyě jūnzǐwùběnběn lìérdàoshēng xiàotìyězhě qíwéirénzhīběnyú

관련 편장(篇章)

子曰: "弟子入則孝, 出則弟, 謹而信, 汎愛衆, 而親仁。行有餘力, 則以學文。" (「學而」篇 第6章)

"樊遲問仁。子曰: '愛人。'" (「顔淵」篇 第22章)

주석(注釋)

① 유자(有子): 명 공자의 제자로 성은 유(有)이고 이름은 약(若)이며, 노(魯)나라 사람이다.

② 위인(爲人): 명 사람됨.

③ 효제(孝弟): 동 뜻을 헤아린 순종, 마음을 다한 봉양으로 부모님께 효도하다. 동 제(弟)는 '제(悌tì)'자 통가(通假)인데 겸양, 애호로 형 누님 및 연장자를 공경하다.

④ 호(好): 형 좋아하다.

⑤ 범(犯): 형 범하다, 침범하다, 맞부딪치다.

⑥ 상자(上者): 명 윗사람, 연장자.

⑦ 선(鮮): 형 '소(少)'와 같음, 적다.

⑧ 작(作): 동 이다.

⑨ 난자(亂者): 명 세상을 어지럽히는 사람.

⑩ 미지유(未之有): 여태껏 아직 있었던 적이 없다, 여태껏 아직 없었다.

⑪ 務: 동 힘쓰다, 종사하다.

⑫ 본(本): 명 근본(의 실행, 실천), 덕행.

⑬ 입(立): 동 서다, 세워지다, 수립되다.

⑭ 이(而): 접 (편정 조건)그러면.

⑮ 도(道): 명 바른 도리, 이치.

⑰ 생(生): 동 생겨나다.

⑱ 인(仁): 명 (유가사상의 핵심개념)사랑이란 정감.

⑲ 여(與): '여(歟yú)'자의 가차, 어조 (긍정표시의 반문어투 권유)……그런 것 아니겠어요?

석의(析義)

① 유자(有子): 공자 보다 13살 혹은 33살이 적었다. 모습이 공자와 비슷하여 공자께서 돌아가신 후 제자들이 이상하게도 그리워하며 유자를 선생님 대역으로 받들었다. '자(子)'로 호칭하게 된 까닭이다.

② 효제(孝弟): 효(孝)는 자녀의 부모에 대한 사랑의 정감 즉 '인(仁)'의 발현이다. 상대적 개념인 자(慈cí)는 부모의 자녀에 대한 사랑의 정감 즉 '인(仁)'의 발현이다. 그리고 제(弟)는 '제(悌)'자 통가(通假)로 '敬愛(경애: 받들고 사랑함)'에 해당하며 동생과 아랫사람의 형 누님과 윗사람에 대한 사랑의 정감 즉 '인(仁)'

의 발현이다. 상대적 개념인 우(友)[60]는 '우애(友愛: 보살피고 우애함)'[61]에 해당하며 형님과 윗사람의 동생과 아랫사람에 대한 사랑의 정감 즉 '인(仁)'의 발현이다. 양백준(楊伯峻)의 『論語譯注』에 인용한 "『管子 · 契』편에서 '효도, 공경은 인의 뿌리이다'라고 말하였다"[62]한다.

③ 난자(亂者): 보편적 도리, 이치를 거슬러 인륜을 파괴하고 기강을 무너뜨려 세상을 어지럽히는 사람을 가리킨다.

④ 본(本): 근본(의 실천, 실행), 덕행의 첫걸음 즉 효제(孝弟)를가리킨다.[63]

⑤ 효제야자, 기위인지본여(孝弟也者, 其爲仁之本與): "효(孝) 즉 효도란 부모님에 대한 사랑이라는 정감과 제(悌) 즉 공경이라는 형님과 윗사람에 대한 사랑이라는 정감의 발현이 2종류가 바로 범위와 대상을 달리하여 구현해내야 할 인(仁)의 근본인 덕목(대명사-명칭개념) 그런 것들 아니겠어요"라는 의미이다.

문법구조(文法構造)

전체 원문은 서사성 복합 문장이다. 인용부호 속의 첫 번째 "其爲人也孝弟, 而好犯上者, 鮮矣"는 태도를 표시하는 장문인데 어휘조합 형태의 주어 '其爲人也孝弟, 而好犯上者', 술어 '鮮', 문말 어기조사 '矣' 등이 결합된 구조이다. 다시 분석하면 '其爲人也孝弟'는 태도를 표시하는 단문으로 어휘조합 형태의 주어 '其爲人', 문중어조사 '也', 어휘연계의 술

---

60 司馬遷『史記·五帝本紀』: "使布立敎於四方, 父義母慈, 兄友弟恭, 子孝內乎外成." 그중에 '兄友弟恭'중의 '恭'자는 '悌'자와 통용되어 '兄友弟悌'라 쓰기도 한다. 여기서 알 수 있듯이 '友'와 '悌'는 상대되는 관계대립의 반의어로 '의미 항' 개념인 것이다.

61 '우애(友愛: 보살피고 우애함)'는 '우호친애(友好親愛yǒuhǎoqīnài)'의 줄임말이다.

62 "『管子 · 戒』篇說, '孝弟者, 仁之祖也。'"(楊伯峻, 『論語譯注』, 臺北: 漢京文化事業有限公司, 1987, p.3)

63 『論語·學而』篇第6章: "子曰:'弟子入則孝, 出則弟 謹而信, 汎愛衆, 而親仁。……'"(『論語』十三經注疏本, 臺北: 藝文印書館, ,p.7)이처럼 갈고닦은 지식이론 실행의 첫걸음은 효(孝), 제(悌)를 근본으로부터 내딛을 수 있다.

어 '孝弟' 등이 결합된 구조이다. 그리고 '而好犯上者'는 서사성 단문인데 반전관계 접속사 '而', 관형어 '好犯上'(술어 '好', 술목관계 어휘조합 목적어 '犯上'), 수식을 받는 중심어 '者' 등이 결합된 구조이다. 두 번째 "不好犯上, 而好作亂者, 未之有也"는 판단을 표시하는 장문인데 주어'不好犯上, 而好作亂者', 병렬관계 접속사 '而', 술어'未之有' 등이 결합된 구조이다. 주어구는 관형어구가 병렬되어 중심어 '자(者)'를 수식하는 어휘조합 형태이다. 술어구는 부정표시 부사 '未', 지시대명사 '之', 술어 '有' 등이 결합된 형태이다. 여기서 '之'는 문언 체 문법 습관상 반드시 어순을 도치하여 동사 앞에 놓인다. 세 번째 "君子務本, 本立而道生"은 보충관계의 장문인데, '君子務本'은 서사성 단문 즉 주어 '君子', 술어 '務', 목적어 '本' 등이 결합된 구조이고 '本立而道生'은 조건관계 장문 즉 주술관계의 2개 단문이 병렬형태로 결합된 구조이다. 네 번째 "孝弟也者, 其爲仁之本與"는 판단을 표시하는 장문인데 '孝弟也者'는 관형어 '孝弟'(주어), 어휘연계 형태의 중심어 '也者'(문중 어조사) 등의 결합 구조이며 '其爲仁之本與'는 추측어기의 대명사 '其', 연계 술어 '爲', 관형어 '仁', 문중 어조사 '之', 중심어 '本', 문미 반문어투 어기조사 '與' 등이 결합된 구조이다.

문장법 분석(文章法分析)

본문 내용은 '목(目)—범(凡)'구조의 변화를 통한 전개이다. 전체문장은 '인(仁)' 즉 사랑이란 정감의 실천을 위한 첫걸음은 과연 어디서부터 시작되어야 할까? 그 실천의 범위와 대상을 달리하여 발현된 덕목(대명사-

명칭개념) 그리고 그 덕목을 통해 구현해야 할 실질은 무엇일까? '인' 실행의 근본덕목(명칭) 및 그 구현 핵심(실질)을 제시한 내용이다. 첫 번째와 두 번째 문장은 '목(目)'에 속하는데 '정(正)'과 '반(反)'을 포함한 관계이다. 즉 첫 번째 문장에서 그 사람됨의 품행이 부모님께 효도하고 형 누님 및 연장자를 공경하며(긍정) 가정 아래 윗사람을 거역하고 범하는 사람(부정)은 드물다(긍정)는 단정에 이르는 긍정적인 측면을 서술한다. 두 번째 문장에서 윗사람을 거역하고 범하길 좋아하지 않으며(긍정) 가정 아래 인륜의 도리와 기강을 무너뜨려 세상을 어지럽히는 사람(부정)은 여태껏 없었다(긍정)는 단정에 이르는 긍정적인 측면을 서술한다. 이상 두 문장 모두 인(因)에 속하는데 정반 양면을 대비하는 방식으로 논점을 부각하고 인상 깊게 한다. 세 번째와 네 번째 문장은 '범(凡)'에 속하는데 '범(泛)'과 '구(具)'를 포함한 관계이다. 다시 내재된 함의를 살펴보면 '범(泛)'은 넓은 의미이며 '구(具)'는 구체적 의미이다. 즉 세 번째 문장에서 '인(因)'의 결과 그래서 군자는 근본인 '효제(孝弟)'의 실천에 힘써야(원인) 근본이 수립되고 도리가 생겨난다고 서술한다. 네 번째 문장에서 한 걸은 나아가 '효제(孝弟)'라는 것이 바로 '인(仁)' 즉 사랑이란 정감 실천의 범위와 대상을 달리한 덕목(대명사)일 것이라 추측하며 문장을 일단락 짓고 있다. 부연하자면 '인(仁)'은 사랑이란 정감 발현의 실질이고 '효제(孝弟)'는 사랑이란 정감 구현의 범위와 대상을 달리한 덕목(대명사)이라는 것이다. 이상 두 문장 모두 과(果)에 속하며 문미에 반문어투의 설문(設問) 방식의 수사법으로 공감을 유도하고 있다. 여기서 기술한 문장법에 내재된 논리를 정리하면 다음 <표-14>와 같다.

<표-14> 내재논리 분석도

목(目)	정(正)	부모님께 효도하고 연장자를 공경하면서 도리어 윗사람을 범하는 사람은 적음
	반(反)	윗사람을 범하면서 도리어 세상을 어지럽히길 좋아하는 사람은 여태껏 없음
범(凡)	범(泛)	군자는 근본 실천에 힘쓰는데 근본이 수립되면 인륜의 도리가 생겨남
	구(具)	'효제'가 곧 '인(仁)' 실천의 근본 그런 것 아닐까요?

신역(信譯)

유자께서 "그 사람됨이 부모님께 효도하고 형 누님 및 연장자를 공경하면서 도리어 윗사람을 범하길 좋아하는 사람은 적다. 윗사람을 범하길 좋아하지 않으면서 도리어 세상을 어지럽히길 좋아하는 사람은 여태껏 없었다. 군자는 근본의 실천에 힘써야하는데 근본이 수립되면 인륜의 도리가 생겨난다. '효제'라는 것이 바로 '인(仁)'실천의 근본 그런 것들 아닐까요"라고 말씀하셨다.

달역(達譯)

유자께서 "학우여러분 그 사람됨이 마음을 다해 부모님께 효도하고 형 누님 및 연장자를 공경하면서 도리어 윗사람을 범하길 좋아하는 사람은 적다. 윗사람을 범하길 좋아하지 않으면서 도리어 인륜의 도리를 거슬러 세상을 어지럽히길 좋아하는 사람은 여태껏 아직 없었다. 군자는 근본인 '효제'의 실행에 힘써야하는데 근본인 '효제'가 수립되면 자연스레 인륜의 '도리'가 생겨난다. '효제'라는 이 2종류가 바로 '인(仁)' 실천의 근본인 대상과 범위를 달리한 덕목(대명사-명칭개념) 그런 것들일까요?"라고 말씀하셨다.

아역(雅譯)

유자께서 "학우여러분 그 사람됨이 마음을 다한 봉양, 순종으로 부모님께 효도하고 겸양, 애호로 형 누님 및 연장자를 공경하면서 도리어 윗사람을 거역하고 범하여 부딪치길 좋아하는 사람은 적습니다. 윗사람을 거역하고 범하여 부딪치길 좋아하지 않으면서 도리어 보편적 도리, 이치를 거슬러 인륜을 파괴하고 기강을 무너뜨려 세상을 어지럽히는 사람은 여태껏 아직 없었습니다. 군자는 근본인 '효제'의 실천에 힘써야하는데 근본인 '효제'가 수립되면 자연스레 인륜의 '도리'가 생겨납니다. '효제'라는 이 2종류가 바로 '인(仁)' 즉 사랑이란 정감 실천의 근본인 자녀의 부모님, 아우와 아랫사람의 형님과 윗사람을 대상과 범위로 삼는 덕목(대명사-명칭개념) 그런 것들이겠습니까?(아니겠습니까? 그런 것들이겠죠?)"라고 말씀하셨다.

함축의미

<표-15> 함축의미 분석도

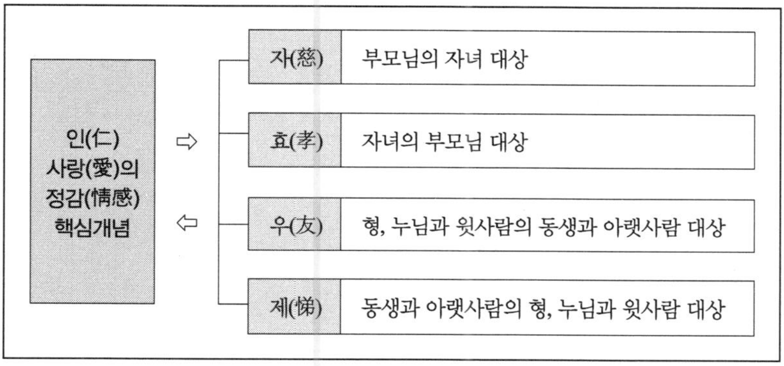

* '효제(孝悌)'는 사랑이란 정감 즉 '인(仁)'을 실천하는 근본 덕목(대명사-명칭개념)이기에 '효제'란 명칭(개념)을 통해 궁극적으로 구현해내야 할 것은 바로 사랑이란 정감 즉 '인'이라 할 수 있다. 여기서 '인'은 체(體)이고 '효제'는 '용(用)'에 해당한다.

생각열기

'인(仁)'은 유가사상의 핵심개념이다. '인'은 실질(實質)이고 그 실행의 덕목들은 명칭(名稱)이다. 각기 다른 덕목(명칭)들을 통해 실행하고 구현해내야 할 실질은 '인' 즉 사랑의 정감이다. '인'의 실행은 어떤 덕목으로부터 시작하는 것일까? 그 실행의 근본으로부터 시작해야 할 것이다. 왜 근본으로부터 시작하며 그 용의는 무엇일까?『大學』8조목 중의 어떤 조목과 관련이 있을까? 자기소개서 작성에 필수적인 요소와 관련이 있을까?

제3장

— '인(仁)' 즉 사랑이란 정감 실행을 위한 언행의 마음가짐과 태도

子曰: "巧言令色, 鮮矣仁!"

zǐyuē qiǎoyánlìngsè xiǎnyǐrén

관련 편장(篇章)

子曰: "巧言令色, 鮮矣仁。" (「陽貨」篇 第17章)

子曰: "巧言、令色、足恭, 左丘明恥之, 丘亦恥之。匿怨而友其人, 左丘明恥之, 丘亦恥之。" (「公冶長」篇 第29章)

주석(注釋)

① 교(巧): 형 교묘하다. 화려하다, 교묘하게 꾸미다(巧飾).

② 언(言): 명 말, 언사(言辭).

③ 영(令): 형 훌륭하다, 아름답다, 훌륭하고 아름답다.

④ 색(色): 명 안색, 얼굴에 나타나는 기색이나 모습.

⑤ 선(鮮): 형 '소(少)'와 같음, 적다, 드물다(희소稀少하다).

⑥ 인(仁): 명 '인자(仁者)'에 해당, 사랑이란 정감을 발현하는 사람(주체)을 가리킨다.

석의(析義)

① 교언(巧言): (결합식 복합사)말을 아름답고 교묘하게 하다(花言巧語).
② 영색(令色): (조합식 복합사)얼굴에 나타난 기색이나 모습을 보기 좋게, 훌륭하게, 아름답게 하다(僞善的面貌).
③ 선의인(鮮矣仁): 술어 '선(鮮)'을 어순 도치하여 주어 '인(仁)' 앞에 놓아 '드물다. 누가? 바로 인자(仁者)가'라는 술어를 강조하는 수법으로 술어의 강조를 넘어 주어를 부각시키고 있다. 부연하자면, "사랑이란 정감을 발현하고 구현하는 사람은 드물답니다"라 말하는 것보다 오히려 "이런 종류의 사람은 드물답니다. 누가? 바로 사랑이란 정감을 발현하고 구현하는 사람이"라고 표현하면 술어 '드물다'의 강조를 넘어 주어 '인자'가 더욱 강조되는 효과를 낼 수 있는 것이다.

문법구조(文法構造)

전체 원문은 태도를 표시하는 서사성 복합 문장이다. 인용부호 속의 주어 '巧言令色'(술목관계의 결합 어휘 '巧言', 술목관계 조합 어휘 '令色'의 연계)은 어휘연계 형식이며, 술어 '鮮矣仁'은 어순도치 형식으로 결합된 구조이다. '鮮矣仁' 자체가 태도를 표시하는 단문이며 그 가운데 술어 '鮮'이 주어 '仁' 앞으로 도치된 형태의 강조수법처럼 보이지만 오히려 주어 '仁'을 강조하는 표현수법이다.

문장법 분석(文章法分析)

본문 내용은 서(敍)—논(論)구조의 변화를 통한 전개이다. 과연 인자(仁者) 즉 사랑이라는 정감 실천에 요구되는 언어 태도는 어떠할까? 첫 번째 문장의 앞, 뒤 문장은 '서(敍)'에 속하는데 언사를 화려하고 교묘하게 늘어놓은 의도는 다른 사람의 환심 사는데 목적이 있고 얼굴 기색 및 모습을 위선적으로 보기 좋게 꾸미는 이유는 다름 사람에게 아첨하는데 목적이 있다는 것이다. 이렇게 그릇된 의도와 목적에서 비롯된 이런 부류의 사람이 있다고 전제한다. 그런 후 두 번째 문장은 '논(論)'에 속하는데 이런 언사, 행태 등을 지닌 사람이 '인자'이기는 드물다고 결론짓는 것이다. 여기에 도치법이라는 수사기교를 통해 술어 '드물다'를 강조하는데 오히려 '누가 드물다는 것인가'란 주어 '인자'가 강조되는 효과를 내며 문장을 일단락 짓고 있다. 여기서 기술한 문장법에 내재된 논리를 정리하면 다음 <표-16>과 같다.

<표-16> 내재논리 분석도

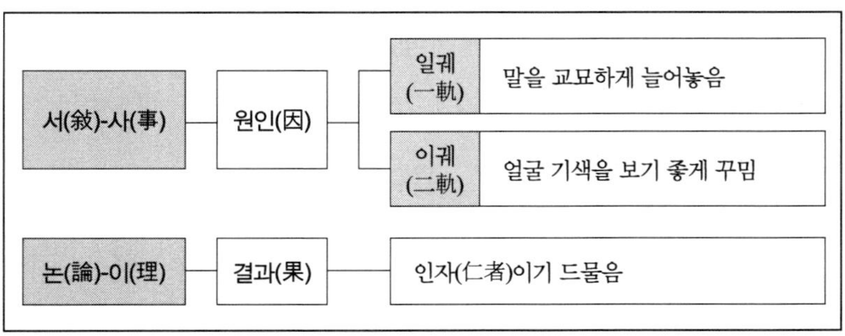

신역(信譯)

공자께서 "말을 교묘하게 늘어놓거나 얼굴 기색을 보기 좋게 꾸미는 이런 사람이 인자(仁者)이기는 드뭅니다"라고 말씀하셨다.

달역(達譯)

공자께서 "제자들이여 언사를 화려하고 교묘하게 늘어놓거나 얼굴 기색 및 모습을 위선적으로 보기 좋게 꾸미는 이런 종류의 사람이 사랑이란 정감을 발현하는 인자(仁者)이기는 드물답니다"라고 말씀하셨다.

아역(雅譯)

공자께서 "제자들이여 언사를 화려하고 교묘하게 늘어놓아 다른 사람의 환심을 사려하거나 얼굴 기색 및 모습을 위선적으로 보기 좋게 꾸며 다른 사람에게 아첨하려는 이런 부류의 사람이 대상과 범위가 다른 실행을 통해 사랑의 정감을 발현하기도 구현하기도 하는 '인자(仁者)'이기는 드물답니다"라고 말씀하셨다.

함축의미

<표-17> 함축의미 분석도

구분	내용		대비
언어	‘교언(巧言)’ 화려하고 교묘한 언사	≠	‘인(仁)’ 사랑의 정감
행동	‘영색(令色)’ 꾸며진 안색모습의 태도		

생각열기

글로벌 시대의 시장 환경이 조성한 과도한 상업화의 시대적 흐름, 일정한 방향을 띤 유행 즉 트렌드(Trend)가 선도해가는 추세이다. 이러한 추세에 영향 받은 인류의 생활방식도 갈수록 편리만을 지향하며 형식화되어 가고 있다. 각자가 지닌 내면적 아름다움(개성, 품격)을 중시하기보다는 외면적 아름다움(흥미, 매력)을 중시한다. 우리는 어떤 언행, 모습을 한 채 살아가고 있는 것일까? 모두 위선적 화장발에 도취되어 살아가는 것은 아닐까? 과연 올바른 자화상은 어떻게 그려나가야 할까?

제4장

— 매일 자신이 실행한 3가지 일에 대해 마음과 온힘을 다했는지 반성

曾子曰: "吾日三省吾身, 爲人謀而不忠乎? 與朋友交而不信乎? 傳不習乎?"

zēngzǐyuē wúrìsānxǐngwúshēn wèirénmóuérbùzhōnghū yǔpéngyǒujiāo érbùxìnhū chuánbùxíhū

관련 편장(篇章)

子曰: "學而時習之, 不亦說乎; 有朋自遠方來, 不亦樂乎; 人不知而不慍, 不亦君子乎?" (「學而」篇 第1章)

子曰: "參乎, 吾道一以貫之。曾子曰: '唯。' 子出, 門人問曰: '何謂也?' 曾子曰: '夫子之道, 忠恕而已矣!' " (「里仁」篇 第16章)

子貢問曰: "有一言而可以終身行之者乎? 子曰: '其恕乎! 己所不欲, 勿施於人。' " (「衛靈公」篇 第24章)

주석(注釋)

① 증자(曾子): ❶ 공자님의 제자, 이름은 '삼(參)', 자는 '자여(子輿)', 노나라 무성 사람이고 공자학단에서 가장 어린나이의 인물이었다.

② 오(吾): 대 나, 저.

③ 일(日): 명 매일, 날마다.

④ 삼(三): 명 3 혹은 다수를 가리킴.

⑤ 성(省): 동 반성하다, 성찰하다, 되돌아보다.

⑥ 오신(吾身): 자기, 자신, 내 몸(신변).

⑦ 위(爲): 전 에게, 대신해서, ……을 위해.

⑧ 모(謀): 동 꾀하다, 도모하다, 계획하다.

⑨ 이(而): 병열 접 ……하는데.

⑩ 충(忠): 형 충성스럽게 하다. 성심을 다하다, 충심으로 온힘을 다하다.

⑪ 호(乎): 반문어투 어기 조사 ……하지 않을까요?

⑫ 교(交): 동 교류하다, 왕래하다, 교류왕래하다.

⑬ 신(信): 형 진실하다, 성실하다. 현대 중국어 '信實(xìnshí)'에 해당한다.

⑭ 전(傳): 명사성 동 전수받은, 전수해주신.

⑮ 습(習): 동 끊임없이 반복 학습하여 습득하다.

석의(析義)

① 삼성(三省): 관형어 '삼(三)'+중심어 '성(省)'은 본래 술어 '성(省)'+보어 '삼(三)'의 결합형태가 마땅하다. 그리고 해당 단문과 보충관계로 더해진 아래 3개의 단구를 고려하면 '삼(三)'은 '세 건의 일, 세 가지 일'로 해석해야 한다.

② 전불습호(傳不習乎): 선생님께서 학업지식을 전수해주셨는데(선생님으로부터 학업지식을 전수받았는데) 끊임없이 반복 학습하여 습득하지 않은(못한) 것은 아닌지?

문법구조(文法構造)

전체 원문은 보충관계를 표시하는 서사성 복합 문장이다. 인용부호 속의 첫 번째 "吾日三省吾身"은 서사성 단문인데 주어 '吾', 시간표시 부사어 '日', 술어 '省', 보어 '三', 장소보어 '吾身' 등으로 결합된 구조이다. '三'은 본래 '省' 뒤에 위치해야 하지만 장소보어 '吾身'이 있어 부득이 어순을 도치하여 술어(동사) 앞에 놓이게 된 것이다. 두 번째 "爲人謀而不忠乎"는 전환관계로 구성된 장문이다. 주어 '爲人謀'는 서사성 단문인데 전치사 '爲'+목적어 '人' 어휘조합 형태의 부사어, 술어 '謀'가 결합된 구조이며 '爲'는 현대중국어의 '替(tì)'에 해당한다. 접속사 '而'는 역접관계를 표시한다. 술어 '不忠'은 태도를 표현하는 어휘조합이고 문미 어기조사 '乎'는 반문어투를 표시한다. 세 번째 "與朋友交而不信乎"는 두 번째 문장과 동일한 구조의 문장이다. 주어 '與朋友交'는 서사성 단문인데 접속사 '與'+목적어 '朋友'어휘조합 형태의 부사어, 술어 '交'가 결합된 구조이며, '與'는 현대중국어의 '和(hé)'에 해당한다. 술어 '不信'은 태도를 표현하는 어휘조합이다. 네 번째 "傳不習乎"는 태도를 표시하는 장문인데 주어 '傳'은 '선생님이 전수해주신(師傳)'이나 '선생님으로부터 전수 받은(受之於師)'에 해당하고 술어 '不習' 서사표현 어휘조합이다. 당연히 전수 주체가 생략된 주어 '傳'과 술어 '不習' 사이에 역접관계 접속사 '而'가 생략된 결합구조로 볼 수 있다.

문장법 분석(文章法分析)

본문 내용은 범(凡)—목(目)구조의 변화를 통한 전개이다. 첫 번째 문장은 '범(凡)'에 속하는데 증자가 세 건의(가지)일을 되돌아본다고 전제한 내용이다. 두 번째 문장은 '목(目)'에 속하는데 '목일(目一)-목이(目二)-목삼(目三)'을 포함한 관계이다. 앞 문장에서 전제한 세 건의(가지)일을 구체적으로 보충하여 열거한다. '목일(目一)'에 속하는 '謀而不忠'의 대상범위는 '다른 사람(人)'이고, '목이(目二)'에 속하는 '交而不信'의 대상범위는 '친구(朋友)'이며, '목삼(目三)'에 속하는 '傳(而)不習'의 대상범위는 '자신(吾身)'이다. 그 대상범위를 살펴보면 '다른 사람(人)'→'친구(朋友)'→'자신(吾身)'의 하향식 점층 수사기법으로 축소표현하고 있다. 결국 돌이켜 반성하는 과정은 '사회→주위(신변)→자신' 즉 '실천→학습실천(→실천)'의 순환적 관계인데 그 마지막 귀결이 '자신'이라는 관점을 제시하는데 설문(設問) 방식 수사법으로 스스로에게 질문하고 일깨우며 문장을 일단락 짓고 있다. 여기서 기술한 문장법에 내재된 논리를 정리하면 다음 <표-18>과 같다.

<표-18> 내재논리 분석도

범(凡)	매일(每日)	자신이 실행한 세 가지 일을 반성
목(目)	목일(目一) 도모(謀)	타인을 위해 꾀했지만 충성스럽지 않지 않았는지?
	목이(目二) 교유(交)	친구와 사귀었지만 믿으려 않지 않았는지?
	목삼(目三) 전수(傳)	전수받았지만 학습실천하여 체득하지 않지 않았는지?

신역(信譯)

증자가 "나는 매일 자신이 한 세 건의(가지)일을 반성하는데 다른 사람을 위해 꾀했지만 성심으로 하지 않지 않았는지? 친구와 사귀었지만 믿으려 않지 않았는지? (선생님께서)전수해주셨지만 끊임없이 반복해서 익히려 않지 않았는지?"라고 말하였다.

달역(達譯)

증자가 "학우들이여 나는 매일 자신이 실천한 세 건의(가지)일을 되돌아보는데 다른 사람을 대신하여 도모하지만 정성스럽게 일하지 않지 않았는지? 친구와 교유하였지만 믿음으로 대하지 않지 않았는지? (선생님께서)학업을 전수해주셨지만 끊임없이 반복 학습실천해서 습득하지 않지 않았는지?"라고 말하였다.

아역(雅譯)

증자가 "학우들이여 나는 매일매일 자신이 이미 실천한 세 건의(가지)일을 되돌아본다. 첫째, 다른 사람을 대신하여 온힘을 다해 일을 계획하였지만 되돌아보아 스스로 충성스럽지 않지 않았는지? 둘째, 친구와 늘 성심을 다해 교류를 진행하였지만 되돌아보아 스스로 진실로 믿으려하지 않지 않았는지? 셋째, (선생님께서)학문적 지식이론을 전수해주셨지만 되돌아보아 스스로 끊임없이 학습, 연습, 실습을 통해 반복 학습실천하여 습득하지 않지 않았는지?"라고 말하였다.

함축의미

<표-19> 함축의미 분석도

주체		대상	반성 내용
'삼성(三省)' 주체-나(吾) 세 건의(가지)일을 반성	⇨	다른 사람 (人)	일의 계획은 충성스러웠는지?
		친구 (朋友)	교류 진행은 믿음직스러웠는지?
		자신 (吾身)	전수 받은 학업은 습득하였는지?

생각열기

불가의 선(禪) 스님들은 매일 아침 눈을 뜨면 자신에게 2가지 질문을 던진다고 합니다. 나는 누구인가? 지금 무엇을 하고 있는가? 그 근본(Root), 정체성(Identity)을 자문하는 것입니다. 그러면 우리의 오늘은 어떠해야 한 것일까? 우리 스스로 오늘 한 일과 행위를 돌이켜보는 시간이 필요할 것이다. 무엇을 하였을까? 어떻게 해야 하였을까?

제5장

— 국가를 다스리고 정사를 돌보며 국민을 영도해가기 위한 몇 가지 중요한 원칙

子曰: "道千乘之國, 敬事而信, 節用而愛人, 使民以時。"

zǐyuē dàoqiānshèngzhīguó jìngshìérxìn jiéyòngéràirén shǐmínérshí

관련 편장(篇章)

有子曰: "其爲人也孝弟, 而好犯上者, 鮮矣! 不好犯上, 而好作亂者, 未之有也。君子務本, 本立而道生。孝弟也者, 其爲仁之本與!" (「學而」篇 第2章)

子曰: "弟子入則孝, 出則弟, 謹而信, 汎愛衆, 而親仁。行有餘力, 則以學文。" (「學而」篇 第6章)

"樊遲問仁。子曰: '愛人。' " (「顔淵」篇 第22章)

주석(注釋)

① 도(道): 동 '治', '導'자와 통하여 다스리다, 영도하다의 의미이다.

② 천승지국(千乘之國): 명 천대의 군용 마차를 소유한 국가, 제후국 즉 군국(君國)을 가리킴.

③ 경사(敬事): 경(敬), 동 흔히 일을 처리하는 태도의 표시에 사용하는데, 삼가하

고 신중하며 엄격하게 처리하다는 의미. 사(事), 명 정사(政事)를 가리킴.

④ 이(而): 병열 접 게다가, 아울러, ……할 뿐만 아니라.

⑤ 신(信): 동 위엄이 있고 믿음을 지니다.

⑥ 절(節): 동 줄이다, 절약하다, 절제하다. 현대 중국어 '節約(jiéyuē)', '節省(jiéshěng)', '節用(jiéyòng)'에 해당한다.

⑦ 용(用): 명 재물, 재화의 사용 혹은 용도.

⑧ 이(而): ④ 와 같음,

⑨ 애(愛): 형 애호(愛護) 즉 아끼고 사랑하다.

⑩ 인(人): 명 인재(人才)를 가리킴.

⑪ 사(使): 동 징집하다, 부역시키다.

⑫ 민(民): 명 백성(百姓), 국민.

⑬ 이(以): 전 ……에.

⑭ 시(時): 명 적절한, 적당한 시절, 농한기를 가리킴. 현대중국어 '閑時(xiánshí)'에 해당한다.

석의(析義)

① 천승지국(千乘之國): 4필의 말이 끄는 군용마차를 1승이라 부르는데 그 안에 갑옷 무장한 13인 군관과 보병 72인이 탑승한다. 중국 춘추시대 각 제후국 세력의 강약은 군용마차의 수량으로 계산하였다. 따라서 천승지국은 군용마차 1,000량을 보유한 제후 국가를 가리키는 것이다.

② 신(信): 정사와 관련해서 말하면 명령을 내리는데 위엄이 있고 믿음을 지니다는 의미이다.

③ 절용(節用): 술목관계의 어휘결합 형태인데 국가의 재정(財政)을 절약하다, 재정 용도를 줄이다, 재정 사용을 절제하다는 의미이다.

④ 애인(愛人): 술목관계의 어휘결합 형태인데, 인재를 사랑하고 아낀다는 의미이다. 이른바 인재는 국가의 정사에 참여할 수 있는 사대부 이상 각 계층의 사람이며 관리를 가리킨다.

⑤ 이시(以時): 전치사와 목적어가 결합된 보어 형태인데, '적당한 시절에'란 의미이다. 이른바 '적당한 시절'은 백성들이 농사를 마치고 한가롭고 여유로운 시

기이며 '농한기'를 가리킨다.『孟子·梁惠王』편에 언급된 '농사시기에 위배되지 않게 해야'[64]에 해당한다.

문법구조(文法構造)

전체 원문은 태도를 표시하는 복합 문장이다. 인용부호 속의 제2, 3, 4구로 제1구 '道千乘之國'을 설명하는 방식이다. 주어 '道千乘之國'은 서사 단문이며 술어는 연합관계로 구성된 장문이다. '敬事而信' 은 어휘조합 관계로 구성된 장문인데 '敬事' 는 술목관계로 이루어진 어휘결합이고 '而'는 병열관계를 표시하는 접속사이며 '信'은 단음절 어휘이다. '節用而愛人' 역시 어휘조합 관계로 구성된 장문이다. 문장 중의 '節用'과 '愛人' 모두 술목관계로 이루어진 어휘결합일 따름이며 '而'은 병열관계를 표시하는 접속사이다. '使民以時'는 서사성 단문인데 '使民'은 술목관계로 구성된 어휘조합이고 '以時' 는 전치사와 목적어가 결합된 전치사구로 '以'가 '使民'과 '時'를 연결시키며 '使'의 행위동작에 대해 보충 설명한다.

문장법 분석(文章法分析)

본문 내용은 논(論)—서(敘)구조의 변화를 통한 전개이다. 첫 번째 문장은 '논(論)'에 속하는데 다시 '범(凡)'을 포함한 관계이다. 즉 1,000량 규모의 군용마차를 보유한 제후국을 다스린다는 사실을 전제한다. 두 번째, 세 번째, 네 번째 문장은 '서(敘)'에 속하는데 다시 '목(目)'을 포함한 관계이다.

64 "不違農時, 穀不可勝食也。"『孟子』(十三經注疏本), 臺北: 藝文印書館, 1989, p.12.

즉 제후국을 다스리기 위한 전제를 뒷받침할 요구사항들에 대해 열거하며 보충 설명한다. 더욱이 '목(目)'은 '목일(目一)-목이(目二)-목삼(目三)'을 포함한 관계이다. 목일(目一)에서 먼저 정사에 임하면 삼가하고 신중하며 엄격하게 처리하는데 위엄과 믿음이 있어야 한다고 말한다. '목이(目二)'에서 이를 바탕으로 국가의 재정 용도를 줄이고 비용을 절약할 뿐 아니라 인재를 애호하여 올바를 관리로 양성해내야 한다고 말한다. '목삼(目三)'에서 마지막으로 백성들을 징병, 부역시키려면 백성들이 가을수확을 거둬들여 농사가 마무리된 한가롭고 여유로운 '농한기'라는 적절한 시절에 동원해야 한다고 말한다. 이처럼 차례차례 열거하며 1,000량 규모의 군용마차를 보유한 제후국을 다스리기 위한 전제에 걸맞은 요구사항들을 보충 설명하는 방식의 문장 전개를 통해 그 방법론을 제시하며 문장을 일단락 짓고 있다. 여기서 기술한 문장법에 내재된 논리를 정리하면 다음 <표-20>과 같다.

<표-20> 내재논리 분석도

논(論)	범(凡)	영도(領導)		1,000량 규모의 군용마차 보유 제후국
서(敍)	목(目)	목일(目一)	정사(政事)	삼가고 신중함
			명령(命令)	위엄과 믿음이 있어야 함
		목이(目二)	재정(財政)	국가 재정의 사용을 절제하고 비용을 절약함
			인재(人才)	인재를 애호하여 관리로 양성함
		목삼(目三)	징발(徵發)	가을 수확이 끝난 농한기라는 적당한 시절

신역(信譯)

공자께서 "1,000량의 군용마차를 보유한 나라를 다스리려면 삼가고 신중하게 정사를 처리할 뿐 아니라 명령에 위엄과 믿음이 있어야 하고, 재정의 사용을 줄일 뿐 아니라 인재를 애호해야 하며, 농사일이 끝난 적당한 시절에 백성들을 징발해야 한다"고 말씀하셨다.

달역(達譯)

공자께서 "제자들이여 1,000량 규모의 군용마차를 보유한 나라에 걸맞게 다스리려면 삼가고 신중하게 정사를 처리할 뿐 아니라 명령의 하달에 위엄과 믿음이 있어야 하고, 국가 재정의 사용을 절제할 뿐 아니라 인재를 애호해야 하며, 이미 가을수확이 끝난 농한기라는 적당한 시절에 백성들을 징발해야 합니다"라고 말씀하셨다.

아역(雅譯)

공자께서 "제자들이여 1,000량 규모의 군용마차를 보유한 나라에 걸맞게 다스려 영도해가기 위한 방법은 삼가고 신중하며 엄격하게 정사를 처리할 뿐 아니라 명령을 내려 전달함에 위엄과 믿음이 있어야 하고, 국가 재정의 사용을 절제하고 비용을 절약할 뿐 아니라 인재를 애호하여 지도자로 양성해야 하며, 이미 가을걷이가 끝나 한가롭고 여유로운 농한기에 접어든 적당한 시절에 백성들을 징발하여 정역, 부역에 복무하도록 해야 합니다"라고 말씀하셨다.

함축의미

<표-21> 함축의미 분석도

'1,000량 병차 보유' 즉 제후국 다스려 영도하기 위한 전제(←방법) ⇦

- 경사(敬事)-삼가고 신중하며 엄격한 정사처리
- 위신(威信)-위엄이 있고, 믿음 지닌 명령 하달

- 절용(節用)-재정 사용을 절제, 비용을 절약
- 애인(愛人)-인재를 애호하고 관리로 양성

- 사민(使民)- 농한기라는 적당한 시절에 징발

생각열기

플라톤(Πλάτων, Plato)의 이상 국가는 철인이 다스리는데 그 통치자는 이성적이고 지혜로운 사람입니다. 지혜와 통찰은 동·서양을 가리지 않고 국가의 최고지도자가 겸비해야 할 필수요건이라 할 수 있습니다. 중국 고대에 국가 규모를 무엇으로 규정하였을까? 그 경영을 위한 지혜와 통찰은 어떠하였을까?

제6장

— 근본으로부터 인자에 이르는 덕성함양 후 그 확대 선양을 위해 말단인 시문을 학습

子曰: “弟子入則孝, 出則弟, 謹而信, 汎愛衆, 而親仁; 行有餘力, 則以學文。”

zǐyuē dìzirùzéxiào chūzétì jǐnérxìn fànàizhòng érqīnrén xíngyǒuyúlì zéyǐxuéwén

관련 편장(篇章)

有子曰: “其爲人也孝弟, 而好犯上者, 鮮矣! 不好犯上, 而好作亂者, 未之有也。君子務本, 本立而道生。孝弟也者, 其爲仁之本與!” (「學而」篇 第2章)

“樊遲問仁。子曰: ‘愛人。’” (「顔淵」篇 第22章)

子曰: “君子博學於文, 約之以禮, 亦可以弗畔矣夫?” (「雍也」篇 第26章)

“顔淵喟然歎曰: ‘……夫子循循然善誘人, 博我以文, 約我以禮。’” (「子罕」篇 第10章)

子曰: “博學於文, 約之以禮, 亦可以弗畔矣夫!” (「顔淵」篇 第15章)

子曰: “興於詩, 立於禮, 成於樂。” (「泰伯」篇 第8章)

“子所雅言, 詩、書、執禮, 皆雅言也。” (「述而」篇 第18章)

“陳亢問於伯魚曰: ‘子亦有異聞乎?’ 對曰: ‘未也。’ 嘗獨立, 鯉趨而過庭，曰：‘學詩乎?’ 對曰：‘未也。’ 不學詩，無以言。鯉退而學詩。他日又獨立。鯉趨而過庭，曰：‘學禮乎?’ 對曰：‘未也。’ 不學禮，無以立。鯉退而學禮。聞斯二者。 陳亢退而喜曰：‘問一得三：聞詩、聞禮、又聞君子之遠其子也。’”(「季氏」篇 第13章)

子曰：“小子! 何莫學夫詩，詩可以興，可以觀，可以群，可以怨；邇之事父，遠之事君，多識於鳥獸草木之名。”(「陽貨」篇 第9章)

子曰：“志於道，據於德，依於仁，游於藝。”(「述而」篇 第6章)

子曰：“誦詩三百，援之以政，不達；使於四方，不能專對；雖多，亦奚以爲?”(「子路」篇 第5章)

주석(注釋)

① 제자(弟子): 명 부(父)와 형(兄)의 대칭인 자식(子)과 아우(弟)를 가리킨다.

② 입(入): 동 입실하다, 문을 들어서 집에 있다.

③ 칙(則): 접 조건을 표시, (若)……則……(만약……한다면 곧……)형식이 일반적이다.

④ 효(孝): 동 뜻을 헤아린 순종, 마음을 다한 봉양으로 부모님께 효도하다.

⑤ 출(出): 동 외출하다, 문을 나서 밖에 있다.

⑥ 제(弟): 동 겸양, 애호로 형 누님 및 연장자를 공경하다.

⑦ 근(謹): 동 행동을 삼가다.

⑧ 이(而): 접 (병렬)게다가, 아울러, ……뿐 아니라.

⑨ 신(信): 동 (사실, 실제를)믿다, 현대 중국어 ‘信實(xìnshí)’에 해당함. 여기서 ‘(말이)진실하며 믿을 만하다’는 의미이다.

⑩ 범(汎): 부 넓게, 보편적으로.

⑪ 애(愛): 형 사랑하다.

⑫ 중(衆): 명 무리, 대중.

⑬ 이(而): 접 (병렬)그리고.

⑭ 친(親): 동 친밀하게 접근하다, 친근하게 대하다.

⑮ 행(行): 동 실천하다, 실행하다.
⑯ 여력(餘力): 명 여력, 남은 힘.
⑰ 칙(則): 접 조건을 표시, ③ 과 같음.
⑱ 이(以): 전 ……로, ……로써, 이용해서.
⑲ 학(學): 동 학습하여 익히다, 습득하다.
⑳ 문(文): 명 시, 시문 즉 당시 의사소통 수단이었던 사교언어를 가리킨다.

석의(析義)

① 제자(弟子): 『논어』 중의 제자는 2종류의 의미로 사용되는데 한 종은 학생을 가리키고, 다른 한 종은 부(父)와 형(兄)의 대칭으로 각각 자식(子)과 아우(弟)를 가리킨다. 여기서는 후자의 의미로 사용되었다. 유태공의 『論語騈枝』에 "(『논어』 '제자'를 7번 언급하는데 그 2번은 모두 나이 어린 사람이고 그 5번은 동문수학한 사람을 일컫는다)"[65]라고 말하였다.
② 효(孝): 자녀의 부모에 대한 사랑의 정감 즉 '인(仁)'의 발현이다. 상대적 개념인 '자(慈cí)'는 부모의 자녀에 대한 사랑의 정감 즉 '인(仁)'의 발현이다.
③ 제(弟): '제(悌)'자 통가(通假)로 '敬愛(경애: 받들고 사랑함)'에 해당하는데, 동생과 아랫사람의 형 누님과 윗사람에 대한 사랑의 정감 즉 '인(仁)'의 발현이다. 상대적 개념인 우(友)는 '우애(友愛: 보살피고 우애함)'에 해당하는데, 형님과 윗사람의 동생과 아랫사람에 대한 사랑의 정감 즉 '인(仁)'의 발현이다.
④ 애중(愛衆): 대중을 애호하다는 의미인데 아래 친인(親仁)와 대비되는 어휘결합 형태이다.
⑤ 친인(親仁): 인자에 근접하다, 가까워지다. 위 애중(愛衆)과 대비되는 어휘결합 형태이다.
⑥ 행유여력(行有餘力): 학행일치(學行一致) 즉 학습 및 그 실천 수행을 거쳐 마침내 덕성을 갖춘 단계이다. '인'을 실행하는 근본인 효제(孝悌)로부터 사랑의 정감을 발현하는 인자에 근접하기까지 모두 덕행의 과정이다.

65 "『論語』言 '弟子'者七, 其二皆年幼者, 其五謂門人。"(楊伯峻, 『論語譯注』, 臺北: 漢京文化事業有限公司, 1987, p.15-16)

⑦ 칙이학문(則以學文): 일련의 덕행의 과정을 마치고도 만약 시간, 정력의 여지가 있다면 다시 '인'을 선양하고 널리 보급할 수단을 익힌다는 의미이다.

문법구조(文法構造)

전체 원문은 서사성 복합 문장이다. 인용부호 속의 문장 7구가 모두 연합관계로 구성되어 있다. 제1, 2구도 평행관계로 구성된 장문이다. '弟子入則孝'는 시간관계를 표시하는 장문인데 '弟子入', '(弟子)孝' 모두 서사성 단문이다. '出則弟'와 앞 문장은 배열식 대구로 단지 주어 '弟子'가 생략된 형태일 따름이다. '謹而信'은 태도를 표시하는 단문의 술어인데 그중 '謹'과 '信'은 모두 단음절 형용사이고 연합관계로 주어 '弟子'의 술어 역할을 해낸다. '汎愛衆'은 술어 앞에 부사어 '汎'이 더해진 형태의 서사성 단문이고 '而'는 병열관계 접속사이며 '親仁' 역시 서사성 단문이다. '行有餘力, 則以學文'은 시간관계로 구성된 장문인데 조건적 의미를 지니기도 한다. 다시 '行有餘力'은 2구의 단문으로 구분할 수 있는데 즉 단문 '行'과 단문 '有餘力'이 결합된 형태인 것이다. 이 2구도 역시 시간관계로 구성되었다. 전체문장 가운데 전 후자 장문의 주어는 모두 '弟子'이지만, 다른 것은 전자는 서사성 장문이고 후자는 유무성 장문이라는 점이다. '行'자 아래 목적어가 더해지지 않았지만 '有'자 아래 도리어 보어가 더해졌다. '以學文'은 서사성 단문이며 '以'는 앞 단문의 보어 '餘力'과 연계된 전치사로 보어 '餘力'이 생략된 형태이다. '以'자의 의미는 '……로', '……로써', '이용해서'이고 '則'은 조건관계 뒤 단문 머리에 더해지는 접속사이며 현대중국어 '就(jiù)'에 해당한다.

문장법 분석(文章法分析)

본문 내용은 '內(本)—外(末)'구조의 변화를 통한 전개이다. 전체문장은 '孝弟'를 근본으로 삼고 '學文'을 말단으로 삼는다는 내용이다. 첫 번째 문장은 '內(本)'에 속하는데 다시 '목(目)'과 '범(凡)'을 포함한 관계이다. '孝弟'구부터 '愛人'구까지 모두 '목(目)'에 속하고 마지막 '親仁'구는 '범(凡)'에 속한다. 시간관계에 따른 구성으로 범위와 대상이 다른 덕목(대명사-명칭개념)인 '孝弟', '謹信', '愛人', '親仁' 등을 통해 사랑의 정감 즉 '인(仁)'을 실행하여 인자(仁者)에 근접해가는 과정을 서술한다. 두 번째 문장은 '外(末)'에 속하며 다시 '선(先)'과 '후(後)'를 포함한 관계이다. 사랑의 정감 즉 '인(仁)'의 위에 언급한 덕목들을 실행하고도 여전히 시간, 정력의 여지가 있다면 바로 그 여력으로 '인(仁)'의 실행, 구현을 확대하고 선양하는 수단인 당시 의사소통 수단이었던 사교언어 즉 '詩(文)'을 부단히 익혀야 한다고 당위성을 강조한다. 특히 시간관계와 조건관계의 결합을 통한 구성으로 문장의미, 취지가 선명하게 드러나도록 기술하며 문장을 일단락 짓고 있다. 여기서 기술한 문장법에 내재된 논리를 정리하면 다음 <표-22>와 같다.

<표-22> 내재논리 분석도

<table>
<tr><td rowspan="6">본(本)</td><td rowspan="4">목(目)
|
천(淺)</td><td colspan="2">효(孝)</td><td>집안에 들어서면 부모님께 효도</td></tr>
<tr><td colspan="2">제(悌)</td><td>밖에 나서면 형 누님과 윗사람을 공경</td></tr>
<tr><td colspan="2">근(謹)</td><td>공경하며, 행동을 삼감</td></tr>
<tr><td colspan="2">신(信)</td><td>행동을 삼가고 말을 사실대로 함</td></tr>
<tr><td rowspan="2">범(凡)
|
심(深)</td><td colspan="2">애인(愛人)</td><td>널리 대중을 애호함</td></tr>
<tr><td colspan="2">친인(親仁)</td><td>인자(仁者)에 근접하도록 함</td></tr>
<tr><td rowspan="3">말(末)</td><td rowspan="2">선(先)</td><td rowspan="2">조건(條件)</td><td>실행(實行)</td><td>위에 열거한 근본을 실행하고도</td></tr>
<tr><td>여력(餘力)</td><td>시간, 정력 등에 여력이 있다면</td></tr>
<tr><td>후(後)</td><td>후속결과(後果)</td><td>학문(學文)</td><td>그 여력으로 '시문(詩文)'을 익히도록 함</td></tr>
</table>

신역(信譯)

공자께서 "제자들이여 집안에 들어서면 부모님께 효도하고 밖에 나서면 형 누님과 윗사람을 공경하며, 행동을 삼가고 말을 사실대로하며, 널리 대중을 애호하고 인자(仁者)에 가깝도록 하라. 이렇게 실행하고 여력이 있다면 바로 그 여력으로 '시문(詩文)'을 익히도록 하라"라고 말씀하셨다.

달역(達譯)

공자께서 "제자들이여 집안에 들어서면 부모님께 효도하고 대문 밖에 나서면 형 누님과 윗사람을 공경하며, 행동거지를 삼가고 말을 사실대로 하며, 널리 관심을 기울여 대중을 애호하고 사랑의 정감을 발현하는 인자(仁者)에 가깝도록 하라. 이렇게 실행하고 여력이 있다면 바로 그 여력으로 '사랑이란 정감 즉 인(仁)'의 확대, 선양 수단인 '시문(詩文)'을 익히도록 하라"라고 말씀하셨다.

아역(雅譯)

공자께서 "제자들이여 문을 들어서 집안에서는 뜻을 헤아린 순종, 마음을 다한 봉양으로 부모님께 효도하고 문을 나서 밖에서는 자신을 낮춘 겸양, 관심을 기울인 애호로 형 누님 및 연장자를 공경하며, 항상 행동거지를 삼가고 말을 공손히 사실대로하며, 널리 관심을 기울여 대중을 애호하고 사랑의 정감을 발현하는 인자에 근접하도록 해야 합니다. 이렇게 실행하고도 여전히 시간, 정력의 여력이 있다면 바로 그 여력으로 '사랑이란 정감 즉 인(仁)'의 확대 보급, 선양수단이었던 당시 사교언어 '시문(詩文)'을 예(禮)로 절제하여 익히도록 해야 합니다"라고 말씀하셨다.

함축의미 분석

<표-23> 함축의미 분석도

내(內)	본(本)	효(孝)-순종, 봉양으로 부모님께 효도 제(悌)-겸양, 애호로 윗사람을 공경
		근(謹)-행동거지를 삼가함 신(信)-말을 사실에 입각함
		애중(愛衆)-보편적으로 대중을 애호
		친인(親仁)-인자에 근접하도록 함
외(外)	말(末)	근본 실행 후에도 시간, 정력 등 여지 있음
		그 여력으로 '인'의 확대, 선양 위해 '詩文' 익힘

*「先進」편에 10위 제자의 자질을 4분야 즉 덕행, 언어, 정사, 문학 등으로 기술하였다.[66]

66 『論語 · 先進』篇 第3章: "德行: 顔淵, 閔子騫, 冉伯牛, 仲弓. 言語: 宰我, 子貢. 政事: 冉有, 季路. 文學: 子游, 子夏."(『論語』, 十三經注疏本, 臺北: 藝文印書館, 1989, p.96)

생각열기

요즘 젊은이들은 편하게 살며 어려운 일을 하려들지 않는 세대이다. 그 때문에 지식이론 정보를 학습, 축적하는 사회적 소양은 이미 남의 일로 치부하는 사람이 갈수록 늘어가고 있다. 게다가 사회적 추세 역시 편리의 추구를 넘어 갈수록 상업화가 심화되는 추세에 있다. 그들은 무엇을 꿈꾸는 것일까? 어떻게 추구하려는 것일까? 오랫동안 축적된 인문학의 지혜를 빌리면 어떠할까?

제7장

— 인륜의 도리를 실천하는 사람은 이미 학행일치(學行一致)에 도달

子夏曰: "賢賢易色; 事父母能竭其力; 事君能致其身; 與朋友交, 言而有信。雖曰未學, 吾必謂之學矣!"

zǐxiàyuē xiánxiányìsè shìfùmǔnéngjiéqílì shìjūnnéngzhìqíshēn yǔpéngyǒujiāo yánéryǒuxìn suīyuēwèixué wúbìwèizhīxuéyǐ

관련 편장(篇章)

曾子曰: "吾日三省吾身: 爲人謀而不忠乎? 與朋友交而不信乎? 傳不習乎?" (「學而」篇 第4章)

子曰: "見賢, 思齊焉; 見不賢, 而內自省也。" (「里仁」篇 第18章)

子曰: "吾未見好德如好色者也。" (「子罕」篇 第17章)

子曰: "已矣乎! 吾未見好德如好色者也。" (「衛靈公」篇 第13章)

주석(注釋)

① 자하(子夏): 공자의 제자인데 성이 복(卜)씨이고 이름은 상(商)이며 자가 자하이다. 위(衛)나라 온읍(溫邑)사람으로 공자보다 44세 아래였다. 문학에 뛰어

났으며 특히 시(詩)에 뛰어났다. 공자의 시학(詩學)과 '공양학(公羊學)', '곡량학(穀梁學)' 모두 자하로부터 전수되었다. 공자께서 돌아가신 후 자하는 서하(西河)에서 가르쳤고 위문후(魏文侯)의 스승이 되었다.

② 현현(賢賢): 동+명 앞의 현(賢)은 '공경하고 존중하다'는 의미이고, 뒤의 현(賢)은 '현명하고 어진 품덕'이라는 의미이다.

③ 역(易): 동 가벼이 보다, 중시하지 않다. 현현(賢賢)의 앞 현(賢)자와 같은 결합구조와 쓰임.

④ 색(色): 명 여색, 아름다운 용모를 가리킴.

⑤ 사(事): 동 시봉(侍奉)하다, 받들어 모시다, 봉양하다.

⑥ 갈(竭): 형 다하다.

⑦ 사(事): 동 섬겨 받들다, ……위해 일하다.

⑧ 치(致): 동 헌신하다, 초래하다.

⑨ 교(交): 동 사귀다, 교유하다.

⑩ 신(信): 형 진실하다, 성실하다, 믿을만하다.

석의(析義)

① 역색(易色): 현현(賢賢)과 같은 결합구조로 '아름다운 용모를 경시하다(가벼이 보다)'라는 의미이다.

② 치기신(致其身): 치신(致身)이란 글자 사이에 대명사 기(其)가 더해진 형태이다. 치신(致身)은 동사와 명사의 결합관계 형태로 '목숨을 버리고 몸을 바치다'라는 의미이다.

문법구조(文法構造)

전체 원문은 서사성 복합 문장이다. 인용부호 속의 '賢賢易色'부터 '言而有信'까지 모두 5구가 연합관계로 구성된 장문으로 볼 수 있다. 해당

각 구를 분석하면, '賢賢易色'는 서사성 단문이다. '賢賢' 중의 앞 '賢'자는 동사이고 뒤 '賢'자는 명사이며 명사로 쓰인 '賢'자가 술어로 쓰인 것의 목적어이다. '賢賢' 2글자는 서사성 단문 속의 보충어이고 앞에 전치사 '以'가 생략된 형태이며 다시 그 앞에 술목(동빈)구조 '취처(娶妻)', '택우(擇偶)'의 성분이 생략된 형태이다. '易色'은 '賢賢'과 같은 결합 형태이며 '色'자는 '易'의 목적어이다. '事父母能竭其力'구는 태도를 표현하는 복합문인데 주어 '事父母'는 어휘결합 형태이며 술어 '能竭其力'도 어휘결합 형태이다. '事君能致其身'구 역시 태도를 표현하는 복합 문장이며, 문법은 앞 구와 같다. "與朋友交……吾必謂之學矣"은 가설관계로 구성된 장문으로 가설단구 "與朋友交, 言而有身"은 시간관계로 구성된 장문이다. 그 중에 '與朋友交'는 서사성 단문이고 주어는 개괄적으로 생략되었으며 '與朋友'는 전치사에 목적어가 더해진 전치사구로 술어 '交'를 수식하는 문장성분이다. '言而有信'은 태도표현 복합 문장으로 '言'이 주어이고 '而'는 '如'에 해당하는 가설관계를 표시하는 접속사이며 '有'가 술어, '信'이 목적어인데 '信'은 '有'의 서술대상이다. 이 가설관계 장문의 결과 단문 "雖曰未學, 吾必謂之學矣"는 분구를 연결하고 가설을 표시하는 양보관계 즉 현대중국어 '卽使(jíshǐ)......也(yě)'에 해당하는 표현이다. '雖'자는 현대중국어의 '雖然(suīrán)'과 다르며 오히려 '縱然(zòngrán)'과 같다. 현대 중국어 '即使(jíshǐ)'에 해당하는데 가설적 양보관계를 표시하고 '也(yě)', '還(hái)' 등과 짝을 이루어 사용된다, '曰未學'은 서사성 단문인데 '未學'은 어휘결합 형태의 목적어이다. '吾必謂之學矣'는 행위동작 유발을 표시하는 복합 문장으로 '吾'는 주어이고, '謂'는 동작유발 동사로 술어이며 앞에 부사어 '必'이 더해진 형태이다. '之'는 위 술어 '謂'의 목적어인 동시에 아래

'學'의 주어이기도한 겸어인데 이 2글자 사이에 접속사에 준하는 '曰'자를 생략한 경우이다. 여기서 '之'자가 가리키는 것은 바로 앞 5구 연합관계로 구성된 장문에서 언급한 각 항목을 수행해낼 그 사람이다.

문장법 분석(文章法分析)

본문 내용은 '목(目)-범(凡)'구조의 변화를 통한 전개이다. 전체문장은 '용모를 경시함(역색:易色)', '힘을 다함(갈력: 竭力)', '목숨 걸고 몸 바침(치신: 致身)', '말이 진실됨(언신: 言信)' 등을 학습 후 병행해야 할 실천의 필수요건들을 열거한 내용이다. 첫 번째 문장 4구는 '목(目)'에 다시 '목일(目一)-목이(目二)-목삼(目三)-목사(目四)'를 포함한 관계이며 학습을 추구하는 제자들이라면 모름지기 실천해야할 '배우(配偶)'[67], '사부(事父)', '사군(事君)', '교우(交友)' 등 4가지 방면의 방법론을 언급한 것이다. 즉, 배우자 선택으로 말하면 현명하고 어진 품성을 중시하고 용모의 아름다움을 중시하지 않아야 한다. 부모 모시기로 말하면 자식으로써 마음과 힘을 다할 수 있어야 한다. 군주 섬기기로 말하면 신하로써 몸을 내던지고 목숨을 바칠 수 있어야 한다. 친구와 서로 사귐으로 말하면 말이 진정어리고 믿음이 있어야 한다. 두 번째 문장은 '범(凡)'에 속하는데 다시 '선(先)-후(後)'를 포함한 관계이다. 위 4가지 방면을 실행한 제자라면, 비록 그가 아직 학습하고 실천하는 과정을 거치지 않았더라도 이미 학습하고 실천한 단

---

67 宋翔鳳『樸學齋札記』: "三代之學, 皆明人倫, 賢賢易色, 明夫婦之倫也."(四庫全書本, 1986), p.?.

계에 도달한 것으로 간주한다며 문장을 일단락 짓고 있다. 여기서 기술한 문장법에 내재된 논리를 정리하면 다음 <표-24>와 같다.

<표-24> 내재논리 분석도

구분	항목	대상	내용
목(目)	목일(目一)	배우자	현명하고 어진 품성 중시, 용모의 아름다움 경시
	목이(目二)	부모	마음과 힘을 다해 받들어 모심
	목삼(目三)	군주	몸을 던지고 목숨을 바치며 보필하여 섬김
	목사(目四)	친구	진정어린 말과 믿음으로 서로 사귐
범(凡)	선(先)		아직 학습과 실천의 기회를 얻지 못함
	후(後)		이미 학습하고 실천한 단계에 도달한 셈

신역(信譯)

자하가 "현명하고 어진 품성을 중시하고 용모의 아름다움을 중시하지 않아야 한다. 부모님을 모시는데 마음과 힘을 다할 수 있어야 한다. 군주를 섬기는데 몸을 내던지고 목숨을 바칠 수 있어야 한다. 친구와 사귀는데 말이 진정어리고 믿음이 있어야 한다. 그러면 비록 아직 학습하고 실천하지 않았다할지라도 나는 반드시 그가 이미 학습하고 실천하였다 말할 것이다"라고 말하였다.

달역(達譯)

자하가 "학우들이여 배우자를 선택하는데 현명하고 어진 품성을 중시하고 용모의 아름다움을 중시하지 않아야 한다. 부모님을 모시는데 마음과 힘을 다할 수 있어야 한다. 군주를 섬기는데 몸을 내던지고 목숨을 바칠 수 있어야 한다. 친구와 서로 사귀는데 말이 진정어리고 믿음이 있어야 한다. 그러면 비록 아직 학습하고 실천하지 않았다할지라도 나는 반드시 그가 이미 학습과 실천이 일치되었다 말할 것이다"라고 말하였다.

아역(雅譯)

자하가 "학우들이여 배우자를 선택하기로 말하면 현명하고 어진 품성을 중시하고 용모의 아름다움을 중시하지 않아야(용모의 아름다움보다는 현명하고 어진 품성을 중시해야) 합니다. 부모님을 받들어 모시기로 말하면 마음과 힘을 다할 수 있어야 합니다. 군주를 보필하여 섬기기로 말하면 몸을 내던지고 목숨을 바칠 수 있어야 합니다. 친구와 서로 교유하기로 말하면 말이 진정어리고 믿음이 있어야 합니다. 그러면 비록 아직 학습하고 실천하지 않았다할지라도 나는 반드시 그가 이미 학습과 실천이 병행된 '학행일치(學行一致)'한 단계에 도달하였다 말할 것입니다"라고 말하였다.

함축의미

<표-25> 함축의미 분석도

인륜(人倫)	배우자	현명하고 어진 품성 중시, 용모의 아름다움 경시
	부모	마음과 힘을 다해 받들어 모심
	군주	몸을 버리고 목숨을 바치며 보필하여 섬김
	친구	진실한 말과 믿음으로 서로 사귐
명륜(明倫)	미학(未學)	아직 인륜도리 학습, 실천의 기회를 얻지 못함
	학(學)	이미 학습과 실천이 일치(學行一致)한 단계에 도달

생각열기

스스로 자신은 이런 사람이라 말할 수 있을까? 이 질문은 항상 머뭇거리며 주저할 수밖에 없는 것 같다. 이미 말했거나 학습한 내용을 실천에 옮기고 있을까? 더욱이 말, 학습을 앞세우기보다 실천하고 있을까?

제8장

— 군자의 학문과 덕행, 친구 사귐 및 허물을 고치는데 주저하지 않는 태도

子曰: "君子自重, 則不威; 學, 則不固。 主忠信, 無友不如己者; 過, 則勿憚改。"

zǐyuē jūnzizìzhòng zébùwēi xué zébùgù zhǔzhōngxìn wúbùrújǐzhě guò zéwùdàngǎi

관련 편장(篇章)

子曰: "君子求諸己, 小人求諸人。" (「衛靈公」篇 第21章)

曾子曰: "吾日三省吾身: '爲人謀而不忠乎? 與朋友交而不信乎? 傳不習乎?' " (「學而」篇 第4章)

子以四敎: "文、行、忠、信。" (「述而」篇 第25章)

子曰: "主忠信, 毋友不如己者, 過則勿憚改。" (「子罕」篇 第24章)

주석(注釋)

① 중(重): 형 행동거지를 조심스럽고 무겁게(신중)하다.

② 칙(則): 접속 제1, 4구의 "(若)……, 則" 형식 즉 현대 중국어의 "(如果rúguǒ)……, 就(jiù……한다면, 곧)"에 해당한다.

③ 위(威): 형 언사가 위력이 있고 엄숙하다, 권위가 있고 엄숙하다.

④ 학(學): 명 추구한 학문, 추구해 얻은 학문.

⑤ 칙(則): 부 제2구, 현대 중국어의 '就(jiù就是jiùshì……)'에 해당한다.
⑥ 고(固): 형 견고하다, 공고하다.
⑦ 주(主): 형 가장 기본적인 것(以……爲基本), 가장 중요한 것(以……爲主: ……로 중요한……를 삼다).
⑧ 충(忠): 명 마음을 다한 충성.
⑨ 신(信): 명 진실어린 믿음.
⑩ 무(無): 부 ('毋wú'자와 같음, 금지나 권고를 표시)……하지마라, 할 수 없다.
⑪ 우(友): 동 다른 사람과 사귀어 교유하다.
⑫ 불여(不如): 함께하지 못하다.
⑬ 기(己): 대 자기, 자신.
⑭ 과(過): 동 과실이 있다, 잘못을 저지르다.
⑮ 물(勿): 부 (금지를 표시)……하지마라.
⑯ 탄(憚): 동 꺼리다, 두려워하다.
⑰ 개(改): 동 고치다, 바로잡다.

석의(析義)

① 고(固): 동 개괄하다. 하안의 『論語集解』에 인용한 공안국(孔安國)의 견해 즉 "고는 개괄이다"[68]라는 해석이 근거이다. 형 견고하다, 공고하다. 주희의 『論語集註』에 "고는 견고함이다"[69]라는 해석이 근거이다.
② 주(主): 형 친애하여 가까이하다. 정현의 『論語·注』에 "주는 친애하여 가까이 함이다"[70]라는 해석이 근거이다. 형 ……로 가장 중요……를 삼다(以……爲主), 주희의 『論語集註』에 "사람이 충성스럽고 믿음직하지 않으면 그 하는 일이 모두 결실이 없고……그러므로 학문하는 사람은 반드시 충성스러움, 믿음직함으로 중심을 삼아야 하는 것이다"[71]이라는 해석이 근거이다. '인(仁)'이란 사랑이란 정감의 실행을 위한 덕목(대명사-명칭개념), 대상을 달리한 가장 중요한 것 즉 '忠信'이라는 2종류 중점(명칭개념)으로 삼다.

---

68 "固, 蔽也."(『論語』, 十三經注疏本, 臺北: 藝文印書館, 1989, p. 7)
69 "固, 堅固也"(朱熹, 『四書章句集註』, 臺北: 長安出版社,1990, p.50)
70 "主, 親也."(劉寶楠, 『論語正義』, 臺北: 文史哲出版社,1990, p.22)
71 "人不忠信, 則事皆無實,……故學者必以是爲主焉."(朱熹, 『四書章句集註』, 臺北: 長安出版社,1990, p.50)

③ 불여(不如己者): 비교의 기준은 '己'인데「衛靈公」편 제21장에 언급한 "君子求諸己, 小人求諸人(군자는 자신으로부터 추구하고 소인은 다른 사람으로부터 추구한다)"이라는 구가 이를 증명한다. 부연하면 학습, 실천을 병행하고 자기수양하며 '인(仁) 즉 사랑의 정감'을 구현하여 덕성이 원만한 경지에 이상 인물형상이 바로 군자이다. 그 과정의 각기 덕목(대명사)을 통한 구현하려던 것은 '인(仁)' 즉 사랑의 정감이며 유가 철학정신의 최고 가치이다. 때문에 유보남(劉寶楠)의『論語正義』에 "함께하지 못할 사람 즉 '인'이란 사랑의 정감을 실천하지 않는 사람이다. 공자께서 깊이 꾸짖기를 바라지 않은 까닭에 단지 자신만 못한 사람이라 말하였을 따름이다"[72]라 해석하였다.

문법구조(文法構造)

전체 원문은 서사성 복합 문장이다. 인용부호 속의 제1구 "君子不重, 則不威; 學, 則不固"는 조건관계로 구성된 장문이다. 조건 단문 '君子不重'은 태도를 표시하는 문장인데, 왜냐하면 주어 '君子'는 관형어 '君'+중심어 '子'가 연합식 의미결합 형태이지만 술어 '不重'은 부사어 '不'+형용사 '重'이 어휘결합 형태이기 때문이다. 그 결과 단문도 조합관계로 구성된 장문이다. 술어 '則不威'는 어휘결합 형태의 태도를 표시하는 복합 문장이고 주어는 앞 단문과 마찬가지로 '君子'이며 생략된 것이다. '則'자는 뒤 결과 단문의 접속사이며 현대 중국어의 '那麽(그러면)'에 해당한다. '不'는 '威'를 수식하는 부정 부사어이고 '威'는 태도표시 어휘이다. "學, 則不固" 역시 태도표시 복합 문장이고 주어 '學'은 단음절 어휘이며 술어 '則不固'는 어휘결합 형태이다. '則'은 '不固'를 수식하는 부사어이며 현대 중국어의 부사 '就(jiù)'에 해당한다. '不'는 '固'를 수식하는 부정 부사어이고 '固'

---

72 "不如己者, 即不仁之人. 夫子不欲深斥, 故祇言不如己而已."(劉寶楠,『論語正義』, 臺北: 文史哲出版社, 1990, p.22)

는 태도를 표시하는 어휘이다.

'主忠信' 중의 '主'자는 '가장 중요한 것 즉 실행의 중요 덕목(대명사-명칭개념)으로 삼다'라는 의미이다. 앞에 접속사 '而'가 생략된 것으로 보아야 한다. 이 단문과 다음 단문 '無友不如己者'는 보충관계로 구성된 장문이다. '主忠信'과 '無友不如己者' 모두 서사성 단문이다. '無'자는 현대 중국어의 '不要(búyào)'에 해당하는데 동사가 아니라 부사어로 '友'를 수식한다. 목적어 '不如己者'는 '不如相求互應者'의 줄임말이고 그 중의 '如'자는 '共'자와 같은 의미로 현대 중국어 '一起'(yīqǐ같이, 함께)'에 해당한다. '過, 則勿憚改' 역시 조건관계로 구성된 장문이다. 첫 문장은 서사성 단문이고 주어 '君子'가 생략된 형태이며 단지 1개 글자의 술어 '過'로 이루어진 문장이라는 것을 알아야 한다. '則勿憚改'도 서사성 단문인데 '則'자는 '則不威' 중의 쓰임과 같이 접속사로 현대 중국어의 '那麽(nàme그러면)'에 해당하고 '勿'자는 현대 중국어의 '不要(búyào)'에 해당하며 부사어로 술어 '憚'을 수식한다. 그런데 특이하게 이 문장 술어 '憚'의 목적어는 단지 동사 '改'자일 뿐인 것이다.

문장법 분석(文章法分析)

본문 내용은 '말(末)-본(本)'구조의 변화를 통한 전개이다. 전체문장은 군자의 학문추구를 위한 '언행의 태도와 영향', '실행의 중요 덕목(대명사-명칭개념)과 태도'를 언급한 내용이다. 첫 번째 문장 4구는 '말(末)'에 속하는데 '원인(因)'-'결과(果)'를 포함하고 '원인(因)'은 다시 '가설-사실', '결과(果)'는 다시 '원인-결과'를 포함한 관계이다. 즉 군자의 학문추구는 행동거지의 신중(重)이라는 조건의 전제 아래 언사가 위엄(威) 있는 태도를 언급한다. 그런데 만약 그렇지 못하다면 그 영향은 곧바로 학문추구가 완전하지도 공고하지도 못한 결과로 귀결될 것이라고 지적하고 있다. 두 번째 문장 4구는 '본(本)'에 속하는데 '원인(因)'-'결과(果)'를 포함하고 '원인(因)'은 다시 '서(敍)-보(補)', '결과(果)'는 다시 '가설-사실'을 포함한 관계이다. 즉 추구한 학문의 핵심사상 실행은 '마음을 다한 충성(忠)'과 '진실어린 믿음(信)'을 중요덕목(대명사)으로 '인(仁) 즉 사랑이란 정감'의 실행을 자신과 함께하지 않는 사람을 사귀어 교유하지 말아야 한다고 충고한 다. 그 과정에 만약 과실이 있다면 조금의 거리낌이나 망설임도 없이 즉시 고쳐 바로잡아야 한다고 실행의 태도를 일깨우며 문장을 일단락 짓고 있다. 여기서 기술한 문장법에 내재된 논리를 정리하면 다음 <표-26>과 같다.

<표-26> 내재논리 분석도

말(末) 학문추구	원인(因)	가설	행동거지 신중하지 않으면
		사실	언사가 위엄을 지니지 못함
	결과(果)	원인	추구해 획득한 학문
		결과	곧 완전하고 공고하지 못함
본(本) 인의 실행	원인(因)	서(敍)	'충신'을 실행의 중요한 덕목
		보(補)	'인'의 실행하지 않는 사람과 교유하지 말아야함
	결과(果)	가설	'인'의 실행에 과실이 있다면
		사실	고치기를 꺼려치 말아야함

신역(信譯)

공자께서 “군자 자신이 신중하지 않으면 언사가 위엄 있지 않으며 추구한 학문은 바로 견고하지 못한 것이다. 충심, 믿음으로 중요덕목(대명사-명칭개념)을 삼아 자신과 함께 실행해가지 못하는 사람을 사귀지 말아야하며 그 과정에 과실이 있다면 고치기를 꺼려하지 말아야 한다”고 말씀하셨다.

달역(達譯)

공자께서 “제자들이여 군자가 되려는 사람이 행동거지가 신중하지 않으면 언사가 위엄 있지 않으며 추구해 얻은 학문은 바로 견고하지 못한 것입니다. 마음을 다한 충심, 진실어린 믿음으로 중요덕목(대명사-명칭개념)을 삼고 자신과 함께 ‘인’을 실행해가지 못하는 사람을 사귀지 말아야하며 그 실행과정에 과실이 있다면 고치기를 꺼려하지 말아야 합니다”라고 말씀하셨다.

아역(雅譯)

공자께서 “제자들이여 만약 군자라는 이상 인격을 지향하는 사람의 행동거지가 신중하지 않으면 언사가 위력 있지도 엄숙하지도 않는데 이렇게 추구해서 획득한 학문은 완전하지도 견고하지도 못한 것입니다. 마음을 다한 충심,

진실어린 믿음 이 2가지로 중요덕목(대명사-명칭개념)을 삼고 자신과 함께 '인'을 실행해가지 못하는 사람을 사귀어 교유하지 말아야하며 만약 그 실행 과정에 과실이 있다면 고쳐 바로잡기를 꺼려하지 말아야 합니다"라고 말씀하셨다.

함축의미 분석도

<표-27> 함축의미 분석도

군자 (이상)	• 행동거지가 신중함	⇨	추구한 학문이 완전하고 굳건함
	• 언사가 위엄을 지님	⇨	'충신'으로 '인' 실행의 중요덕목(대명사-명칭개념)

생각열기

기나긴 항해에 나선 배가 험난한 바닷길을 뚫고 무사히 목적지에 도달하려면 도중에 만나게 될 상황에 어떻게 대비하고 대처해야 할까? 인생의 여정 역시 마치 항구를 떠나 목적지를 향해 나아가는 배와 같은데 과연 뚜렷한 목표, 치밀한 계획, 체계적 과정 등을 결여한 채 자기완성에 도달할 수 있을까?

제9장

— (상례)장례 및 제례에 신중한 애도, 선조를 추념하는 정성으로 사람들을 순박하고 후덕해지도록 감화

曾子曰: "愼終、追遠, 民德歸厚矣!"

zēngzǐyuē shènzhōng zhuīyuǎn míndéguīyǐ

관련 편장(篇章)

"子入太廟, 每事問。或曰: '孰謂鄹人之子知禮乎? 入太廟, 每事問。' 子聞之曰: '是禮也!'" (「八佾」篇 第15章)

"陳亢問於伯魚曰: '子亦有異聞乎?' 對曰: '未也。' 嘗獨立, 鯉趨而過庭, 曰: '學詩乎?' 對曰: '未也。' 不學詩, 無以言。鯉退而學詩。他日又獨立。鯉趨而過庭, 曰: '學禮乎?' 對曰: '未也。' 不學禮, 無以立。鯉退而學禮。聞斯二者。 陳亢退而喜曰: '問一得三: 聞詩、聞禮、又聞君子之遠其子也。'" (「季氏」篇 第13章)

주석(注釋)

① 신(愼): 형 삼가고 조심하다, 신중하고 엄숙하다.

② 종(終): 동 종신(終身) 즉 죽다, 생을 마감하다.

③ 추(追): 형 추념애도(追念哀悼) 즉 지난일이나 죽은 사람을 추억하고 그리워하며 애도하다.

④ 원(遠): 명 원조(遠祖) 즉 역대 돌아가신 조상님들을 가리킨다.

⑤ 덕(德): 명 품덕, 도덕.

⑥ 귀(歸): 동 현재 중국어의 '歸於(guīyú)', '使回(shǐhuí)'에 해당하는데, (……에)향하게 하다, (……로)돌아가게 하다.

⑦ 후(厚): 형 순박하고 후덕하다.

석의(析義)

① 신종(愼終): 부모의 상례(喪禮)에 근엄하고 신중하게 임하다.

② 추원(追遠): 역대 조상님들 제례(祭禮)에 추억하고 그리워하며 애도하다. 주희의 『論語集註』에 "'신종'이란 상을 치르는데 그 예의를 다함이다. '추원'이란 제사를 지내는데 그 정성스런 마음을 다함이다[73]"라고 하였다.

③ 민덕귀후(民德歸厚矣): 사람들의 감정이 감화되고 풍속을 교정되어 순박하고 후덕하게 되는 것이다. 주희의 『論語集註』에 "민덕귀후는 아래로 사람들을 교화하면 그 품성덕행 역시 후덕으로 향하는 것을 말한다"[74]는 것이다.

문법구조(文法構造)

전체 원문은 서사성 복합 문장이다. 인용부호 속의 2구는 조건관계로 구성된 장문이다. 조건 단문은 원래 태도를 표시하는 1구의 복합 문장과 1구의 서사성 단문인데 연합관계로 구성된 장문이다. '愼終'은 '愼於終'이며 전치사 '於'자가 생략된 형태인 까닭에 2글자의 문장이 된 것이었다. 다

---

73 "愼終者, 喪盡其禮. 追遠者, 祭盡其誠."(朱熹, 『四書章句集註』, 臺北: 長安出版社, 1990, p.50)

74 "民德歸厚, 謂下民化之, 其德亦歸於厚."(위의 책에 보임).

음 결과 단문 '民德歸厚'는 태도를 표시하는 복합 문장이고 주어 '民德'은 어휘조합 형태이며 술어 '歸厚'는 어휘결합 형태이다. '歸厚' 역시 '歸於厚' 이며 전치사 '於'자가 생략된 형태인 것이다.

문장법 분석(文章法分析)

본문 내용은 '인(因)-과(果)'구조의 변화를 통한 전개이다. 전체문장은 인륜 상례(喪禮)의 마음가짐 태도와 제례(祭禮)의 근본 추구, 후손 연계의식 영향 아래 민간의 인정풍속이 깃든 도덕적 감화와 교정을 통해 순박하고 후덕함을 회복하게 한다는 내용이다. 첫 번째 문장 2구는 '인(因)'에 속하는데 가설에 해당한 것이다. 이 2구의 문장은 '목(目)'에 속하며 다시 '목일(目一)', '목이(目二一)' 2갈래를 포함한 관계이다. 즉 한 갈래(一軌)는 엄숙하고 신중하게 처리하는 상례에 대한 문제이며, 다른 한 갈래(二軌)는 역대 돌아가신 조상님들을 추억하고 그리워하며 애도하는 제례에 대한 문제이다. 두 번째 문장은 '과(果)'에 속하는데 첫 번째 문장 2구에 전제한 원인(가설)에 따라 민간의 인정 풍속이 체화한 덕성에 감화, 교정되어 순박하고 후덕해지는 결과(사실)로 되돌려지기를 낙관적으로 예측하며 일단락 짓는 문장이라 할 수 있다. 여기서 기술한 문장법에 내재된 논리를 정리하면 다음 <표-28>과 같다.

<표-28> 내재논리 분석도

인(因) 가설	목(目)	목일(目一) 일궤(一軌)	부모님 상례에 엄숙 신중하게 애도 (마음가짐과 태도)
		목이(目二) 이궤(二軌)	먼 조상님들 제례에 정성으로 추념 (마음가짐과 태도)
과(果) 사실	범(凡)	추론결과	민간의 인정풍속이 깃든 도덕의 감화, 교정으로 순박하고 후덕해짐

신역(信譯)

증자가 "삶의 마감에 조심하고 삼가며 애도하고, 먼 조상님들을 그리고 추도한다면 사람들의 덕성이 순박하고 후덕해질 것이다"라고 말하였다.

달역(達譯)

증자가 "학우들이여 부모 삶의 마감에 엄숙하고 신중하게 임하며, 역대 조상님들을 추억하고 애도하길 다한다면, 민간의 인정풍속에 깃든 덕성이 순박하고 후덕해질 것입니다"라고 말하였다.

아역(雅譯)

증자가 "학우들이여 부모님 삶의 마감에 엄숙하고 신중하게 애도하는 마음으로 상례를 치르며, 역대 조상님들을 기억하고 떠올리며 추념하는 정성으로 제례를 지낸다면 민간의 인정풍속에 깃들어 체화한 덕성이 감화 교정되어 순박하고 후덕하게 되돌려질 것입니다"라고 말하였다.

함축의미 분석도

<표-29> 함축의미 분석도

• 부모님 상례에 엄숙하고 신중함 • 먼 조상님들 제례에 추념하고 애도함	**원인** ⇦ ⇨ **결과**	사람들의 덕성이 감화되어 순박하고 후덕해짐

생각열기

인간이라면 누구에게나 삶과 죽음은 선택할 수도, 자유로울 수도 없는 문제이다. 생명을 부여 받은 날로부터 시작된 인생의 여정은 결국 그마다의 소회와 아쉬움을 남긴 채 마무리되기 마련이지만 그 자체로 존중과 위안이 필요할 것이다. 그런데 생명의 소중함을 깨달아 그 뿌리를 살피고 죽음에 슬퍼할 수 있을까? 과연 무엇을 위해 살아야 할까? 어떻게 살아야 할까?

제10장

— 정사를 듣고 온화함, 선량함, 공경함, 검소함, 겸손함 등 5가지 미덕으로 문답

子禽問於子貢曰: “夫子至於是邦也, 必聞其政。求之與? 抑與之與?” 子貢曰: “夫子溫、良、恭、儉、讓以得之。夫子之求之也, 其諸異乎人之求之與?”

zǐqínwènyúzǐgòngyuē fūzǐzhìyúshìbāngyě bìwénqízhèng qíuzhīyú yìyǔzhīyú zǐgòngyuē fūzǐwēnliánggōngjiǎnràngyǐdézhī fūzǐzhīqíuzhīyě qízhūyìhūrénzhīqíuzhīyú

관련 편장(篇章)

孔子曰: “君子有九思: 視思明, 聽思聰, 色思溫, 貌思恭, 言思忠, 事思敬, 疑思問, 忿思難, 見得思義。” (「季氏」篇 第10章)

“陳子禽謂子貢曰: ‘子爲恭也; 仲尼豈賢於子乎?’ 子貢曰: ‘君子一言以爲知(智), 一言以爲不知, 言不可不愼也! 夫子之不可及也, 猶天之不可階而升也。夫子之得邦家者, 所謂立之斯立, 道(導)之斯行, 綏之斯來, 動之斯和。其生也榮, 其死也哀, 如之何其可及也。’ ” (「子張」篇 第25章)

주석(注釋)

① 자금(子禽): 공자의 제자로 성은 진(陳) 씨이고 성은 항(亢)이며 제나라 사람이다.

② 자공(子貢): 공자의 제자로 성은 단목(端木), 이름은 쓰(賜)이며 위나라 사람이다. 공자 보다 13세살 아래였는데 '언어'에 뛰어나고 상업 경영에도 뛰어났으며 가정환경이 부유하였다.

③ 부자(夫子): 중국 고대 대부 이상의 관리를 '부자(夫子)'라 존칭하였다. 공자는 일찍이 노나라의 대사구(大司寇)를 지낸 까닭에 제자들이 그를 '부자'라 불렀는데 이로부터 선생님을 '부자'라 경칭하였다. 여기서 '부자'는 특별히 공자를 가리키며 현대 중국어의 '老師(lǎoshī)'에 해당함.

④ 지(至): 동 이르다, 도달하다.

⑤ 어(於): 전 ……에.

⑥ 시(是): 대 '차(此)'와 같음, 이.

⑦ 방(邦): 명 나라, 국가.

⑧ 문(聞): 동 참여하여 듣고 묻다.

⑨ 구(求): 동 요구하다, 청구하다.

⑩ 여(與): 어조 의문을 표시하는 '여(歟)'와 같음, 그런 것 아니겠는가?

⑪ 억(抑): 접 선택을 표시, ……아니면, 현대 중국어 '還是(háishì)'에 해당함.

⑫ 여지여(與之與): 앞 '與'는 동사로 '참여하다', '참여하여 의견을 말하다', 현대 중국어 '來參與意見(láicānyùyìjiàn)'나 '來過問(láiguòwèn)'에 해당함. 뒤 '與'는 '여(歟)'와 같음.

⑬ 온량공검양(溫良恭儉讓): 온(溫), 형 온화(溫和)하다. 량(良), 형 선량(善良)하다, 도덕적이다. 공(恭), 형 공경(恭敬)하다. 검(儉), 형 검소하다, 절제하다. 양(讓), 형 겸양(謙讓) 즉 겸허히 양보하다.

⑭ 득(得): 동 얻다, 획득하다.

⑮ 기제(其諸): 기(其), 어조 '아마', '대체로' 의미이며 현대 중국어 '恐怕(kǒngpà)', '大概(dàgài)'에 해당함.

⑯ 제(諸), 허사 해석하지 않음. 제(齊), 노(魯)나라 간의 습관적 용어로 긍정하지 않음을 표시함.

⑰ 이(異): 형 다르다, 현대 중국어 '不同(bùtóng)'에 해당함.

⑱ 호(乎): 전 '與(yǔ)'와 같음. 현대 중국어 '跟(gēn)'에 해당하며 '……과'의 의미이다.

석의(析義)

① 온량공검양(溫良恭儉讓): 온(溫)을 형 '화애(和藹)' 즉 태도가 온화하며 벗처럼 다른 사람을 대함. 량(良)을 함, 양(讓)을 형 겸양(謙讓) 즉 겸허히 양보함 등으로 해석한다. 겸손(謙遜)하다로 해석하는 사례도 있다.

② 형 평이(平易)를 태도가 공손하며 선량(善良)함, 공(恭)을 형 엄숙하며 공경함, 검(儉)을 형 절약하며 검소함.

③ 기제(其諸): 홍의선(洪頤暄)의 『讀書叢綠』에 인용한 "桓公 6년 『전』에, '아마 환공이 병든 것일까?' 閔公 원년 『傳』에 '아마 내 둘째 손주일까?' 僖公 24년 『傳』에 '아마 이를 이른 것일까?' 宣王 5년 『전』에 '대체로 그 2쌍을 위해 모두 갖추어진 것일까?' 15년 『전』에 '대체로 바로 선왕이 이에 어찌 짝을 이룰지?' '기제'는 제나라, 노나라 사이의 말"[75]이라 하였다. 그러나 허세영(許世瑛) 太師께서는 '其'자를 추측성 헤아림을 표시하는 어기조사로 보아 현대 중국어 '恐怕(kǒngpà)', '大概(dàgài)'에 해당한다고 하였으며 '諸'자는 순수한 허자로 문장 중의 어기조사로 간주하였다.[76]

---

75 "桓'六年『傳』, '其諸以病桓與?' 閔元年『傳』, '其諸吾仲孫與?' 僖二十四年『傳』, '其諸此之謂與?' 宣五年『傳』, '其諸爲其雙雙而俱至者與?' 十五年『傳』, '其諸則宣於此焉雙矣。' '其諸'是齊、魯間語。"(楊伯峻, 『論語譯注』, 臺北: 漢京文化事業有限公司, 1987, p.7)

76 이에 대해 허세영(許世瑛) 太師께서는 "至於 '諸'字呢, 筆者以爲是純粹的虛字, 我們把它看做句中語氣詞. 其所以要加的緣故, 似乎在加重那個猜測語氣詞'其'字. 如果不加'諸'字, '其異乎'就緊接在一起了, 語氣固然顯很急促, 並且也會讓人誤把'其'字看做指稱詞. '其諸'二字, 在上古, 前者屬之部字, 後者屬魚部字: 而'異乎'二字也是前者屬之部字, 後者屬魚部字, 兩個之部字和兩個魚部字錯綜排列着, 其音節的微妙可以想見('諸'자에 관해서 필자는 순수한 허자이며 우리가 그것을 문장 중의 어기사라 간주하였다 여긴다. 그 까닭이 더해져야 하는 연유는 그 추측 헤아림 어기조사 '其'자에 가중되어 있는 것 같다. 만약 '諸'자를 더하지 않는 다면 '其異乎'는 곧 긴밀히 함께 연결되어져 어기는 참으로 꽤 급히 재촉함을 나타냄과 아울러 사람으로 하여 '其'자를 지시

문법구조(文法構造)

전체 원문은 서사성 복합 문장이다. '子禽問於子貢'과 '曰' 다음 인용한 각 구는 마땅히 시간관계이며 보충관계로 구성된 장문으로 보인다. 다만 '曰'자가 있은 까닭에 각 구를 '問'의 목적으로 볼 수 없다. 인용문 각 구를 구체적으로 분석하면 다음과 같다.

'夫子至於是邦也, 必聞其政' 2구는 시간관계로 구성된 장문이다. 시간 단문은 서사성 문장이고 '於'자는 전치사이며 '是邦'은 장소보어 어휘이다. '必聞其政' 역시 서사성 단문이다. '求之與'와 '抑與之與' 2구는 연합관계로 구성된 장문의 선택식 의문문을 채택한 것이다. 모두 서상성 문장이지만 제2구의 문두에 하나의 어기조사 '抑'자를 더했는데 현대 중국어의 '還是(háishì)'에 해당한다. 문장 속의 2개 '之'자는 다 '聞其政'의 대명사로 현대 중국어 '這件事(zhèjiànshì)'와 같다. 문미의 2개 '與'자는 '歟'와 같고 현대 중국어 '呢(ne)'에 해당한다.

'子貢曰' 다음 인용문 각 구는 인과관계로 구성된 장문이다. 원인 단문 '夫子溫、良、恭、儉、讓以得之'은 서사성 문장인데 '溫良恭儉讓'은 어휘 연계형식은 핑계구실을 표시하는 부사어로 뒤 '以'자와 도치된 형식이지만 사실은 그 앞에 위치하도록 하는 고문 중의 특수한 용법이다.[77] 이어

대명사로 잘못 볼 수도 있다. '其諸' 2글자는 먼 옛날에 전자는 '之'부자에 속하고 후자는 '魚'부자에 속했다. 게다가 '異乎' 2글자도 전자는 '之'부자에 속하고 후자는 '魚'부자에 속하였는데 2개의 '之'부자와 2개의 '魚'부자가 얽혀 배열된 채 그 음절의 미묘함을 생각해 볼 수 있다)"는 것이다.(『論語二十篇句法研究』, 臺北: 臺灣開明書店, 1990, p.7)

77 許世瑛의 견해에 따르면 "一方面由於憑藉補詞的字數多, 另一方面爲了要重視它, 加重它的地位, 所以讓它居於句首(한편으로 빙자구실 부사어의 자수가 많은 까닭으로 다른 한편으로 5자를 강조하고 지위를 강화하기 위해 그래서 5자를 문두에 위치

결과 단문은 태도를 표시하는 복합 문장이다. 주어 '夫子之求之也'는 서사성 단문이며 어휘 결합방식의 형태이다. 앞 '之'자는 주어와 술어 사이에 더해진 조사이며 조합식 어휘 결합 구조를 형성하였다. '求'자 뒤 '之'자는 '聞其政'의 대명사로 '求'자의 목적어이다. '也'자는 마침 어기조사이다. '其諸異乎人之求之與'구는 태도를 표시하는 복합 문장의 술어인데 '其諸'의 '기(其)'는 추측을 표시하는 어기조사이고 현대 중국어 '恐怕(kǒngpà)'나 '大概(dàgài)'에 해당하며, '제(諸)'는 허자(虛字)이다. '異'자는 형용사이고 술어구 중의 임무담당 표시 어휘이며 그 아래 교차 보어 '人之求之'도 조합식 어휘 결합이다. '乎'는 뒤 '人'과 전치사와 목적어 가 결합한 전치사 구조인데 현대 중국어 '跟(gēn)'자에 해당한다. 문장 말미 '與'자는 '歟'와 같은 반문 어투의 추측성 헤아림을 표시하는 어기조사이며 현대 중국어 '吧(ba)'에 해당한다.

문장법 분석(文章法分析)

본문 내용은 '문(問)-답(答)'구조의 변화를 통한 전개이다. 전체문장은 공자께서 천하를 두루 둘러보실 때 제후국에 이르시면 반드시 그 나라의 정사를 물으셨는데 스스로 묻던지 아니면 제후가 묻던지 5종 미덕으로 남다른 태도와 입장을 견지하시며 대답을 구하셨다는 내용이다. 첫 번째 문장 3구는 '문(問)'에 속하는데 다시 '범(凡)-목(目)'을 포함한 관계이다. 더욱이 '목(目)'은 다시 '목일(目一)'과 '목이(目二)'를 포함한 관계이다. 즉 한

시켰다)"(위의 책에 보임)고 하였다. 이런 어순 도치는 강조를 위한 특수한 용법이다.

갈래(一軌)는 공자께서 제후국 군주에게 그 나라의 정사를 물으셨다. 다른 한 갈래(二軌)는 제후국 군주가 공자께 그 나라 정사에 대해 자문을 구하셨다. 두 번째 문장 2구는 '답(答)'에 속하는데 다시 '본(本)-말(末)'을 포함한 관계이다. '본(本)' 부분에서 온화하게 사람을 대함, 공손하고 선량함, 엄숙하게 공경함, 절약하고 검소함, 겸손하고 양보함 등 5종류 미덕을 통해 해당 나라의 정사를 묻고 답해야 한다 말한다. '말(末)' 부분에서 공자의 정사에 대한 문답의 추구하는 방법은 대체로 '본(本)'부분에 언급한 5종류 미덕을 견지하여 정사에 관한 문답을 진행한 태도와 입장이 특별히 다른 사람들과 다른 추구 방법이라 헤아려 추측하고 있다. 여기서 설문(設問)방식의 수사법을 채택하여 "어찌 그런 것이라 아니할 것인가" 즉 "그런 것일 것이다"라 자문자답하며 긍정적 의미로 결론을 짓고 있다. 여기서 기술한 문장법에 내재된 논리를 정리하면 다음 <표-30>과 같다.

<표-30> 내재논리 분석도

문(問)	범(凡)	매번 국가방문	반드시 그 정사를 물음
	목(目)	목일(目一) 일궤(一軌)	공자께서 제후국 군주에게 질문
		목이(目二) 이궤(二軌)	제후국 군주가 공자께 자문을 구함
답(答)	본(本)	정사의 문답 (5종의 미덕)	온화, 선량, 엄숙, 검소, 겸양 등 미덕
	말(末)	정사 추구방법 (태도와 입장)	남달리 5종 미덕으로 정사의 문답추구

신역(信譯)

자금이 자공에게 "선생님께서는 매번 한 나라에 이르면 반드시 그 정사를 물으셨다. 선생님께서 군주에게 정사를 물은 것일까? 아니면 군주가 선생님께 정사를 물어본 것일까?"라고 물었다. 자공이 "선생님께서는 혼화, 선량, 공경, 검소, 겸양 등 미덕으로 정사에 대한 대답을 얻은 것이다. 선생님께서 문답을 추구하는 것이 대체로 다른 사람들이 문답을 추구하는 것과 다른 그런 것 아니었을지?"라고 말하였다.

달역(達譯)

자금이 자공에게 "선생님께서는 매번 한 나라에 이르시면 반드시 그 정사를 물으셨다. 선생님께서 군주에게 정사의 물음을 추구한 것일까? 아니면 군주가 선생님께 정사의 물음을 추구한 것일까?"라고 물었다. 자공이 "선생님께서는 혼화, 선량, 공경, 검소, 겸양 등 미덕으로 정사의 물음에 대답을 얻으신 것이다. 선생님께서 정사의 문답을 추구하는 것이 대체로 다른 사람들이 정사의 문답을 추구하는 것과 다른 그런 것 아니었을지?"라고 대답하였다.

아역(雅譯)

자금이 자공에게 "선생님께서는 매번 한 나라에 도달하시면 반드시 그 나라의 정사에 대해 물으셨습니다. 선생님께서 그 나라 군주에게 정사의 물음을 추구한 것일까? 그렇지 않으면 그 나라 군주가 선생님께 정사의 물음을 추구한 것일까?"라고 물었다. 자공이 "선생님께서는 온화하거나, 선량하거나, 공경하거나, 검소하거나, 겸양하거나 등 5종의 미덕으로 정사의 물음을 추구하여 대답을 얻으신 것이다. 선생님께서 정사의 문답을 추구하는 것이 대체로 다른 사람들이 정사의 문답을 추구하는 것과 다른 그런 것 아니었을까?(그런 것 이었을까? 그런 것이었을 것입니다)"라고 대답하였다.

함축의미 분석도

<표-31> 함축의미 분석도

• 매번 한 나라에 이르면 정사를 물음 • 공자 혹은 그 나라 군주 간의 문답	질문 ⇨ ⇦ 대답	선생님께서는 남달리 온화, 선량, 공경, 검소, 겸양 등 5종의 미덕으로 문답을 추구한 것이었을 것

생각열기

'溫良恭儉讓'과 퇴계 이황의 '誠', '敬'은 어떤 관계일까? '溫良恭儉讓'과 미국(Indianapolis) Greinif Center의 'Servant Leadership'에서 강조하는 'Serving(섬김)'의 10가지 특성이 지닌 공통점은 어떤 것들일까?

〈'Servant Leadership'의 10가지 특성〉
1. 경청(listening)
2. 공감(empathy)
3. 치유(healing)
4. 설득(persuasion)
5. 인지(awareness)
6. 통찰(foresight)
7. 비전의 제시(conceptualization)
8. 청지기의식(stewardship)
9. 구성원의 성장(commitment to growth)
10. 공동체형성(community building)

제11장

— 자식된 사람은 부친께서 살아계신 때 의향, 돌아가신 때 발자취, 3년 후 준칙과 방향 받들어 계승해야

子曰: "父在, 觀其志; 父沒, 觀其行。三年無改於父之道, 可謂孝矣。"

zǐyuē fùzài guānqízhì fùmò guānqíxíng sānniánwúgǎiyǔfùzhīdào kěwèixiàoyǐ

관련 편장(篇章)

子曰: "三年無改於父之道, 可謂孝矣。" (「里仁」篇 第21章)

"宰我問: '三年之喪, 期已久矣! 君子三年不爲禮, 禮必壞; 三年不爲樂, 樂必崩。舊穀既沒, 新穀既升; 鑽燧改火, 期可已矣! 子曰 '食夫稻, 衣夫錦, 於女安乎?' 曰: '安。' 女安則爲之! 夫君子之居喪, 食旨不甘, 聞樂不樂, 居處不安, 故不爲也。今女安, 則爲之。' 宰我出, 子曰: '予之不仁也! 子生三年, 然後免於父母之懷。夫三年之喪, 天下之通喪也。予也, 有三年之愛於其父母乎?' " (「陽貨」篇 第21章)

주석(注釋)

① 재(在): 동 (存在하다, 있다, 계시다)살아있다, 세상에 계시다.

② 관(觀): 동 觀察하다, 살펴보다, 주시하여 보다.

③ 기(其): 대 그, 아버지를 지칭함.

④ 지(志): 명 지향, 의향, 바람.

⑤ 몰(沒): 동 '歿(mò)'과 통함, 사망(死亡)하다.

⑥ 행(行): 명 남겨진 행적, 살아계실 때 한 것, 현대 중국어 '所小所爲(suǒzuòsuǒwéi)' 에 해당.

⑦ 삼년(三年): 명 거상(居喪) 즉 복상(服喪fúsāng) 3년 기간을 가리킴.

⑧ 무(無): 부 '不'와 같음, ……하지 않다.

⑨ 개(改): 동 '개변(改變gǎibiàn)' 즉 고치다, 고쳐 변화하다.

⑩ 어(於): 어조 의미 없음.

⑪ 부지도(父之道): 명 부친 생전 일을 행하셨던 준칙, 방향(정신)을 가리킴.

⑫ 효(孝): 동 효를 행했다, 효를 다했다.

석의(析義)

① 지(志): 명 부친 생전의 지향한 바나 바람을 가리킨다.

② 행(行): 명 부친 사후의 '유행(遺行)' 즉 남겨진 행적, 걸어가셨던 발자취를 가리킨다.

③ 삼년(三年): 명 고대 직계친속(부모나 조무모)께서 돌아가신 후 3년 동안 상복을 입고 조의를 표하며 애도의 기간을 보내는데 복상(服喪), 거상(居喪jūsāng) 기간이라 불렀다. 예를 들면『禮記·雜記』에 "대련, 소련 모두 상복을 입고 망자를 애도하는 것을 잘 알았기에 3일(賓喪期間)을 경솔하게 거만하지 않았고, 3개월(葬禮期間)을 느슨하게 게으르지 않았으며, 기일 내내 슬퍼하며 3년을 근심스레 슬퍼하였다)"[78]고 기록하고『左傳·昭公十五年』에 "군왕 일대에 3년

78 "孔子曰: 少連, 大連善居喪, 三日不怠, 三月不懈, 期(jī)悲哀, 三年憂。"(『禮記』, 十三經注疏本, 臺北: 藝文印書館,1989, p.737)

상이 두 번 있었다"고 하였으며 두예(杜預)의 『注』에 "천자께서 수명을 다하시면 오직 3년을 상복을 입고 애도하는 까닭으로 훗날 모름지기 기한은 통칭하여 '3년 상'이라 불렀다"[79]고 하였다. 원문 관련 주석으로 "윤씨(尹氏)는 만약 부친 생전에 일을 행하셨던 준칙은 모름지기 죽을 때까지 고쳐 변화하지 않을 수 있는 것이다. 만약 그 행사 준칙(방향)이 옳지 않다면 어디 3년을 기다릴까? 그런 즉 3년을 고치지 않는 것은 효자의 마음이 차마 그렇게 하지 못하는 때문이다"라고 말하였다. 유씨(游氏)는 "3년을 고쳐 변화하지 않는 것은 처한 곳에서 마땅히 고쳐야 하지만 고치지 않을 수 있는 것을 일컫기도 한 것이다"라고 말하였다.[80] "왕중(汪中)은 '39'를 해석하여 "3년이라는 것은 그 오래됨을 말하는 것이다. 어찌하여 고쳐 변화하지 않은 것일까? 부친, 일을 실행하신 준칙과 방향을 위한 것이다. 만약 부친 생전 일을 행하는 준칙이 올바르지 않았다면 비록 아침에 죽더라도 저녁에 고칠 수 있는 것이다. 어찌 부친 생전 일이 행해졌던 준칙의 그러함을 알았을까"라고 말하였다 [81]는 기록들에 '三年'이 언급되어 있다.

문법구조(文法構造)

전체 원문은 서사성 복합 문장이다. 인용부호 속의 1, 2구는 평행관계로 구성된 복분인데 각각의 복문 역시 서사성 단문이 시간관계로 결합하여 구성된 복문이다. 여기에 각 복문의 단구와 단구는 조건관계로 구성된

---

79 "王一歲而有三年之喪二焉."(『左傳·昭公十五年』, 十三經注疏本, 臺北: 藝文印書館, 1989, p.824)杜預의 『注』: "天子絶期, 唯服三年, 故後雖期, 通謂之三年喪."(앞 책에 보임)

80 "尹(焞)氏曰: '如其道, 雖終身無改可也. 如其非道, 何待三年? 然則三年無改者, 孝子之心有所不忍故也。游氏曰: '三年無改, 亦謂在所當改而可以未改者耳."(朱熹, 『四書章句集註』, 臺北: 長安出版社,1990, p.51)

81 "汪氏中釋'三九'曰: '三年者, 言其久也. 何以不改也? 爲其爲道也. 若其非道, 雖朝死而夕改可也. 何以知其然也?'"(劉寶楠, 『論語正義』, 臺北: 文史哲出版社,1990, p.27)

복문인 것이다. '三年無改於父之道'는 서상성 단문이다. 주어 '子' 가 생략되었고 '三年'은 시간보어이며 '無'자는 부정을 표시하는 부사어로 '不'에 해당한다. '父之道'는 '改'자의 목적어로 그 앞에 흔히 전치사 '於'를 더하지 않는 것이 일반적이지만『논어』중에 도리어 목적어 앞에 '於'를 더하는데 바로 기억해야할 사례의 일종이다. 이러한 용법의 '於'자에 해당하는 적당한 어휘를 현대 중국어 가운데 찾아 해석할 수 없다는 점이 그 한계이다. '可謂孝矣'는 '可謂之曰孝矣'의 축약식 형태로 본래는 한 마디 피동복합 문장이지만 '之'자와 '曰'자를 생략한 까닭에 곧 서사성 단문으로 변한 것이다.

문장법 분석(文章法分析)

본문 내용은 '서(敍, 즉 사정)-론(論, 즉 이치)'구조의 변화를 통한 전개이다. 전체문장은 공자께서 부친이 살아계실 때, 돌아가신 후 그리고 복상 3년을 거치는 과정에 마땅히 그 유지를 지켜나가는 것이 자식의 도리 다하는 즉 '효'라 일깨우는 내용이다. 첫 번째 문장 2구는 '서(敍)'에 속하는데 시간의 '선(先)-후(後)'를 포함한 관계이다. 제1구 '선(先)'과 제2구 '후(후)'는 다시 조건관계이며 각기 '가설(假設)-사실(事實)'을 포함한 관계이다. 부친께서 살아계셨을 때는 그 실행하시는 일의 취지와 의향을 주시하여 살펴야 하고, 돌아가셨을 때는 생전에 실행하셨던 일의 발자취를 주시하여 살펴야 한다는 내용이다. 두 번째 문장은 '논(論)'에 속하는데 '점(點)-염(染)'을 포함한 관계이다. 앞 단구 '점'은 위 제1, 2구의 연장선상에서 '실

(實, 실질)-허(虛, 명칭)'를 포함한 관계이다. 3년의 복상기간 그리고 이후에도 부친께서 살아계셨을 때 실행하시는 일의 취지와 의향, 돌아가셨을 때 실행하셨던 일의 발자취에 서리어 깃든 준칙과 방향(도리)을 살려가는 것이 바로 다른 아닌 부친에 대한 진정한 '효'라 부를 수 있다는 이치를 일깨우며 문장을 일단락 짓고 있다. 여기서 기술한 문장법에 내재된 논리를 정리하면 다음 <표-32>와 같다.

<표-32> 내재논리 분석도

서(敍) 事情	선(先)	가설(假設)	부친이 살아계신다면
		사실(事實)	그 부친이 실행하시는 일의 취지와 의향
	후(後)	가설(假設)	부친이 돌아가셨다면
		사실(事實)	그 부친이 실행하셨던 일의 발자취
논(論) 이치	점(點)	실(實) 실질	3년, 그 이후 부친이 실행하신 일의 준칙과 방향(도리)
	염(染)	허(虛) 명칭	그 준칙과 방향(도리)을 살려가는 것이 '효'라 일컬음

신역(信譯)

공자께서 "부친이 살아계신다면 그 행하신 뜻을 살피고 부친이 돌아가셨다면 그 행하신 일을 살핀다. 3년 그리고 이후 부친이 행하신 도리를 고치지 않아야 '효'라 일컬을 수 있는 것입니다"라고 말씀하셨다.

달역(達譯)

공자께서 "제자들이여 부친이 살아계신다면 그 실행하시는 의향을 살피고 부친이 돌아가셨다면 그 실행하셨던 발자취를 살펴야 합니다. 상복 입고 추도한 3년의 기간 그리고 이후에도 부친이 실행하셨던 일의 준칙, 방향(도리)을 고치지 않아야 하는데 그것을 '효'라 일컬을 수 있는 것입니다"라고 말씀하셨다.

아역(雅譯)

공자께서 "제자들이여 부친이 살아계신다면 그 실행하시는 일의 취지와 의향을 주시하여 살피고 부친이 돌아가셨다면 그 실행하셨던 일의 발자취를 주시하여 살펴야 합니다. 상복을 입고 기리고 애도한 3년의 기간 그리고 이후 오래토록 부친이 실행하셨던 일에 적용하여 견지한 준칙, 방향(도리)을 고치지 않고 되살려가야 하는데 그것을 '효'라 일컬을 수 있는 것입니다"라고 말씀하셨다.

함축의미 분석도

<표-33> 함축의미 분석도

부친 살아계셨을 때	⇨	부친 돌아가셨을 때	⇨	3년 그리고 이후
그 실행하신 취지, 의향		그 남긴 실행의 발자취		그 실행 도리 고수 -'효'라 일컬음

생각열기

누구나 자신을 돌아볼 기회가 있을 것이다. 그동안 걸어온 길을 떠올리며 성공에 뿌듯해하며 기뻐할 수도, 실패에 후회하며 슬퍼할 수도 있겠죠? 다만 자신의 잘못에 엄격할 수 있을까요? 타인의 잘못에 너그러울 수 있을까요? 그렇다면, 자신의 부모께서 걸었던 발자취는 어떻게 자리매김해야 할까요?

제12장

— 예의범절의 고귀한 작용은 바로 조화(즉 예의범절로 절제된 것)에 있음

有子曰: "禮之用, 和爲貴; 先王之道斯爲美, 小大由之。有所不行, 知和而和, 不以禮節之, 亦不可行也。"

yǒuzǐyuē lǐzhīyòng héwèiguì xiānwángzhīdàosīwèiměi xiǎodàyóuzhī yǒusuǒbùxíng zhīhéérhé bùyǐlǐjiézhī yìbùkěxíngyě

관련 편장(篇章)

"喜怒哀樂之未發, 謂之中; 發而皆中節, 謂之和。中也者, 天下之大本也; 和也者, 天下之達道也。致中和, 天地位焉, 萬物育焉。"(『禮記·中庸』篇)

주석(注釋)

① 용(用): 명 작용, 응용.

② 화(和): 명 화합, 조화, 적합.

③ 귀(貴): 형 귀하다, 고귀하다, 존귀하다.

④ 선왕지도(先王之道): 선대 성군들이 나라를 다스리던 도리.

⑤ 사(斯): 재대 이, 이것. 예의 조화로운 작용을 가리킴.

⑥ 미(美): 형 훌륭하다, 아름답다. 현대 중국어 '美好(měihǎo)'에 해당함.

⑦ 소대유지(小大由之): '小大', 선왕들의 크고 작은 일들. '由', ……으로부터, ……을 따라서. '之', 예의 조화로운 작용, 응용을 가리킴. 즉 선왕들의 크고 작은 일들은 모두 예의 조화로운 작용, 응용에 따라했다.

⑧ 유소불행(有所不行): 재대 '所'자는 '行'자 뒤에 생략된 일을 가리킴. '所不行' 즉 '不實行之事'로 '실행하지 못하는 일'의 의미이며 현대 중국어 '行不通(xíngbutōng)아무런 소용이 없다'에 해당한다.

⑨ 지화이화(知和而和): 단지 예의 조화로운 작용, 응용을 알고 조화를 추구하다.

⑩ 지(之): 어조 '節'자 뒤에 더해져 술보 구조를 이루어 음절이 완만하고 운치가 있도록 함. 현대 중국어 '起來(qǐlai)'에 해당하며 '節制起來(jiézhìqǐlai절제해내다)'의 의미이다.

⑪ 역(亦): 부 또한, 역시. 현대 중국어 '也(yě)'에 해담함.

⑫ 불가행(不可行): 즉, '不可實行'에 해당하며 '실행할 수 없다'는 의미이다.

석의(析義)

① 화(和): 명 어떠한 일도 모두 절도에 부합하는 것. 『禮記·中庸』편에 "喜怒哀樂之未發, 謂之中; 發而皆中節, 謂之和(기쁨, 성냄, 슬픔, 즐거움이 아직 드러나지 않는 것을 '중'이라 부르고 드러나지만 다 절도에 적중하는 것을 '화'라 부른다)"라고 하였다. 양수달(楊樹達)의 『論語疏證』에 "일의 절도에 시의적절하게 맞아떨어지는 것은 다조화라 부르는데 오직 기쁨, 성냄, 슬픔, 즐거움이 드러나지 않는 것이 한 가지 사례이다. 『說文(解字)』에 '龢는 고름이다,' '盉는 맛을 고르게 함이다'라 이른다. 지금의 적합, 합당, 합당하여 딱 들어맞다 말한 것과 같다"[82]라고 하였다.

② 선왕지도(先王之道): 선왕은 요(堯)·순(舜)·우(禹)·탕(湯)·문(文)·무(武) 등 성스럽고 지혜로운 군왕들을 가리킨다. 이들은 모두 공자께서 그 업적을 본받

82 "事之中節者皆謂之和, 不獨喜怒哀樂之發一事也。『說文』云: '龢, 調也.' '盉, 調味也.' 樂調謂之龢, 調味謂之盉, 事之調適者謂之和, 其義一也。和今言適合, 言恰當, 言恰到好處。"(楊伯峻, 『論語譯注』, 臺北: 漢京文化事業有限公司, 1987, p.8)

아 천명 서술하거나, 세상을 다스리는 법령제도를 정비한 이상 인물형상의 성군들이다. 이른바 '선왕지도'는 바로 당시 그들이 나라를 다스리는 도리를 가리키는 것이다.

③ 사(斯): 『論語』에 '이, 이것'의미의 지시대명사로 '斯'를 많이 사용하였다. 『爾雅·釋詁下』에 '사'는 이것이다"[83]라고 풀이하였다. 고염무(顧炎武)의 『日知錄』에 인용한 "『논어』에 '이것이' 70이라 말하였지만 '이것'이라 말하였다"[84]라고 하였다.

④ 사위미(斯爲美): 예의 조화로운 작용(응용)으로 훌륭한 일을 삼다(일이라 여기다).

문법구조(文法構造)

전체 원문은 서사성 복합 문장이다. 인용부호 속 '禮之用'구부터 '小大由之'구까지 한 문장의 장문인데 '禮之用, 和爲貴'는 태도를 표시하는 복합 문장이다. '禮之用'은 어휘의 조합으로 주어이고 술어 '和爲貴'는 '以和爲貴'의 생략이다. 본래 의미상의 복합 문장 형태로 '以'는 의미상 술어이고 '和'자는 '以'자에 대해 말하면 목적어이며 '爲'자에 대해 말하면 주어이다. '以'자가 생략된 까닭에 '和爲貴'구는 바로 한마디의 판단 문장으로 간주해야 할 것이다. '貴'자와 뒤 단문의 '美'자는 원래 모두 형용사이지만 모두 판단문의 술어로 사용되었다. 2글자가 형용사이고 변할 수 없기에 단지 문장 중의 임무는 태도를 표시하는 문장의 술어로 사용될 수 없으며 판단문의 술어로 사용될 수 있을 뿐인 것이다. '先王之道斯爲美'는 한 마디의 태도를 표시하는 복합 문장인데 주어 '先王之道'는 어휘조합 형태이고 술어 '斯爲美'는 '以斯爲美'의 생략이며 '以'자가 생략된 까닭에 '斯爲

83 "玆、斯、咨、呰、已, 此也。"(『爾雅』, , 十三經注疏本, 臺北: 藝文印書館, 1989, p.25)

84 "『論語』之言斯者七十, 而不言此。"(顧炎武,『日知錄』에 보임)

美'는 곧 판단문으로 간주할 수 있는 것이다. '斯'자는 지시대명사로 '以和禮之用'를 가리킨다. '小大由之'는 태도를 표시하는 복합 문장인데 주어는 '小大'이고 술어는 '由之'는 어휘결합 형태이며 그중에 '之'자는 지시대명사로 '以和禮之用'를 가리킨다. 부연하면, '禮之用'구부터 '小大由之'구까지를 포함하는 문장들은 보충관계로 구성된 장문이다.

'有所不行'으로 시작되는 4구 문장은 달리 한 단락을 이루는데 위 장문과 관련되며 보충설명하고 있는 것이다. 그 이유는 '小大由之'한다면 바로 '由行禮之事而不可行'이 마땅하지 않는데 마치 뒤 '知和而和, 不以禮節之'라 말한 것처럼 실행할 수 없는 까닭이다. 이런 견해에 근거하면 원문의 '有所不行'과 '知和而和, 不以禮節之, 亦不可行也' 사이의 관계는 역시 보충관계인 것이다. '有所不行'은 한 마디의 '有無' 복합문이고 '所不行'이 '有'의 목적어이며 원래 '所不行之事'의 생략이지만 '之事' 2글자를 명확하게 말하지 않은 까닭에 어휘조합 형태에 더해져 목적어로 사용된 것이다. '知和而和, 不以禮節之, 亦不可行也' 3구는 조건관계로 구성된 장문이다. '知和而和, 不以禮節之'는 조건 단문이자 자체로 역접관계로 구성된 장문이기도 하다. 제1단구 '知和而和'은 서사성 단구와 태도표시 단구가 연합관계로 구성된 장문이다. 제2단구 '不以禮節之'는 서사성 단구인데 '禮'는 보어이고 '以'는 보어를 이끄는 조사이다. '之'자는 표면적으로 마치 '節'의 목적어 같지만 도대체 무엇을 지칭하는 것일까? 그렇지 않다. 사실 이 '之'자는 술어(동사) 뒤에 더해져 술보구조 형태로 음절상으로 완만하고 운치가 있게 한다. '亦不可行也'은 조건의 전제 아래 이어진 결과 단문이다. '亦'은 부사어로 현대 중국어 '也(yě)'에 해당하며 '不可行'은 한 마디 서사성 단문이다.

문장법 분석(文章法分析)

본문 내용은 '논(論, 즉 이치)-서(敍, 즉 사정)'구조의 변화를 통한 전개이다. 전체문장은 예의범절의 작용(응용)은 조화에 도달하는 것이 고귀하다 여기는데 그 사례를 들며 단지 조화만의 아름다움을 알아 조화를 추구할 뿐 예의 절제로 하지 않는다면 또한 그 일이 실행되지 않을 수 있다는 내용이다. 첫 번째 4구의 문장은 '논(論)'에 속하는데 다시 '범(凡)-목(目) '의 보충관계를 포함한 관계이다. '범(凡)'부분의 제1, 2구를 '체(體)'와 '용(用)'으로 보며 먼저 '목표'를 전제한 후 이어 '방법'을 제시한다. 즉 예의 작용(응용)은 조화에 도달함으로 고귀하다 할 수 있다는 의미이다. '목(目)'부분의 제3, 4구를 '점(点)-염(染)'으로 구분하며 구체적인 2가지 사례로 제1, 2구 내용을 보충한다. 즉 구체적인 사례로 선대 성스럽고 지혜로운 군왕들이 세상을 다스리는 도리는 예의 조화로 미덕을 삼았을 뿐만 아니라 크고 작은 정사들까지도 모두 예의 조화에 따라 처리하였다고 말한다. 두 번째 4구의 문장은 '서(敍)'에 속하는데 다시 '가설(假設)-사실(事實)'을 포함한 관계이다. 앞 2구는 가설로 조건을 전제한 것이며 뒤 2구는 사실로 그 후속 결과를 예견한 것이라 할 수 있다. 게다가 '가설(假設)'부분은 '반(反)-정(正)' '사실(事實)'부분은 '조건(條件)-결과(結果)'를 포함한 관계이다. 즉 이렇게 예의 작용이 실행된 일이 아무 소용없는데 단지 조화만을 알고 조화를 추구하며 예로써 절제로 하지 않는다면 역시 그 일들의 실행이 아무 소용없을 수 있는 것이라 단언하며 문장을 일단락 짓고 있다. 여기서 기술한 문장법에 내재된 논리를 정리하면 다음 <표-34>와 같다.

<표-34> 내재논리 분석도

논(論) 이치	범(凡)	체(體) 목표	예의 작용(응용)
		용(用) 방법	조화를 고귀한 가치로 삼음
	목(目)	점(點) 사례1	성군의 치세는 조화로운 예의 작용으로
		염(染) 사례2	대소 정사 모두 조화로운 예의 작용으로
서(敍) 사례	가설(假設)	반(反)	예의 작용이 실행되지 않은 일이 있는데
		정(正)	단지 조화의 미덕을 알고 조화를 추구
	사실(事實)	조건(條件)	그 실행을 예로 절제하지 않는다면
		결과(結果)	역시 치세, 정사 일들이 실행될 수 없음

신역(信譯)

유자께서 "예의 작용은 조화가 고귀한 것이다. 선대 성군들이 나라를 다스리는 도리는 예의 작용을 조화함이 아름다움이었는데 그 정사의 대소를 막론하고 모두 조화로 말미암은 것이었다. 실행되지 않는 일이 있는데 단지 조화만을 알고 조화를 추구할 뿐 예로써 절제하지 않는다면 또한 실행될 수 없을 것이다"라고 말씀하셨다.

달역(達譯)

유자께서 "학우여러분 예의 작용은 조화가 고귀한 것이다. 선대 성군들이 나라를 다스리는 도리는 예의 작용을 조화함이 아름다움이라 여겼는데 그 정사의 대소를 막론하고 모두 예의 조화로운 작용으로 말미암은 것이었습니다. 이렇게 실행되지 않는 일이 있는데 단지 조화의 미덕을 알고 조화를 추구하며 예로써 절제해내지 않는다면 또한 실행될 수 없을 것입니다"라고 말씀하셨다.

아역(雅譯)

유자께서 "학우여러분 예의 작용(응용)은 조화가 고귀한 것입니다. 선대 요(堯)、순(舜)、우(禹)、탕(湯)、문(文)、무(武) 등 성스럽고 지혜로운 군왕들이 나라를 다스리는 도리는 예의 작용을 조화하는 것이 아름다움일 뿐만 아니라 게다가 그 정사의 대소에 상관없이 모두 예의 조화로운 작용으로 말미암은 것이었습니다. 이렇게 실행되지 않는 일이 있(한 일이 아무 소용이 없)는데 단지 조화의 미덕만을 알고 조화를 추구하며 예의 작용으로 절제해내지 않는다면 또한 그 나라를 다스리거나 크고 작은 정사를 돌보는 수많은 일들이 모두 실행될 수(한 일은 아무런 소용이)없을 것입니다"라고 말씀하셨다.

함축의미 분석도

<표-35> 함축의미 분석도

예의 작용(응용) 조화가 고귀함	⇦	(사례1) • 선대 성군들의 치세-예의 작용은 조화임 (사례2) • 대소 정사 모두 조화	⇦	(보충사례) • 예의 실행되지 않은 일-조화만을 위한 조화-예로써 절제하지 않음 • 치세, 정사 모두 실행되지 않을 수 있음

생각열기

흔히 사람을 만물의 영장이라 부른다. 특별히 '사람답다'라는 한 마디가 다른 생물과 비교우위를 나타내는 말이라 생각한다. 그런데 '사람답다'는 어떤 의미일까요? '사람답다'와 "예의, 염치를 안다"는 등가치 의미의 표현일까요?

제13장

— 올바른 인간관계의 유지를 위해 마땅히 지켜야할 원칙

有子曰: “信近於義, 言可復也; 恭近於禮, 遠恥辱也。因不失其親, 亦可宗也。”

yǒuzǐyuē xìnjìnyúyì yánkěfùyě gōngjìnyuli yuànchǐrǔyě yīnbùshīqíqīn yìkězōngyě

관련 편장(篇章)

子曰: ‘言必信不, 行必果, 硜硜然小人哉, 抑亦可以爲次矣。’(「子路」篇 第20章)

子曰: “由也, 女(汝)聞六言六蔽矣乎?” 對曰: “未也。” “居! 吾語女, 好仁不好學, 其蔽也愚。好知(智)不好學, 其蔽也蕩。好信不好學, 其蔽也賊。好直不好學, 其蔽也絞。好勇不好學, 其蔽也亂。好剛不好學, 其蔽也狂。”(「陽貨」篇 第8章)

子曰: “恭而無禮, 則勞; 信而無禮, 則葸; 勇而無禮, 則亂, 直而無禮, 則絞。”(「泰伯」篇 第2章)

주석(注釋)

① 신근어의(信近於義): 신(信), 동 믿음을 지키다, 믿음을 약속하다. 현대 중국어 '守信(shǒuxìn)', '約信(yuēxìn)'에 해당한다. 근(近), (接近jiējìn) 동 접근하다. 가까이하다. 의(義), 명 (義理)이치, 도리. 『孟子 · 離婁下』편 제11장에 "덕성을 지닌 군자는 언사의 변화에 통달하여 반드시 사실로 믿을 만하지 않기도 행동의 양식이 자유로워 반드시 결과로 맺어지지 않기도 한 까닭에 오직 의미이치가 있는 곳을 지향할 따름이다'"[85]라고 하였다. 황간의 『論語疏』에 "'復'은 '覆'과 같다. 도리가 반드시 믿을만한 것은 아니고 믿음이 도리는 아니며 그 언어로 반복할 수 있으므로 '도리에 부합한다'라고 하였다."[86]

② 부(復): 동 (再現)재현하다, (實踐)실천하다, (履行)이행하다.

③ 공(恭): 형 공경하다. 겸손하게 받들다.

④ 원(遠): 동 면하다, 피하다, 멀리하다. 의미파생되어 현대 중국어 '遠離'(yuànlí, 즉 멀리 거리하다)에 해당한다.

⑤ 인(因): 전 ……에 기대, ……에 의지해.

⑥ 친(親): 명 친근한 사람, 친애하는 사람.

⑦ 종(宗): 동 받들다, 받들어 추종하다. 본받다, 본보기 삼다.

석의(析義)

① 근(近): 동 의미 파생되어 현대 중국어 '符合'(fúhé, 즉 부합하다)에 해당한다.

② 부(復): 동 (再現)재현하다.

③ 공근어예, 원 치욕야(恭近於禮, 遠恥辱也): 황간의 『論語疏』에 "공경이 예절에 부합하지 않으면 예절이 아니다. 그로써 치욕을 멀리할 수 있으므로 '예절에 부합한다"[87]고 말하였다. 공(恭), 다른 사람(연장자나 손님)을 존중하고 예의 바르게 대함. 원(遠), 원래 병음은 'Yuǎn'으로 형용사로 사용되지만 본문에서 그

---

85 "大人者, 言不必信, 行不必果, 唯義所在。"(『孟子』(十三經注疏本), 臺北: 藝文印書館, 1989, p.144)

86 "復, 猶覆也。義不必信, 信非義也, 以其言可反覆, 故曰近義。"(『論語』(十三經注疏本), 臺北: 藝文印書館, 1989, p.8)

87 "恭不合禮, 非禮也。以其能遠恥辱, 故曰: '近禮也。"(위 주49의 책에 보임)

병음은 'Yuàn'으로 동사로 사용되었다. 여기서 의미는 '(遠離)멀어지다, 멀리 떨어지다'인데 의미 파생되어 '(만남을)면하다, 피하다, 멀리하다'이다.

④ 인(因): 명 의미 파생되어 '기대는, 의지하는, 의지하고 기대는 것(관계)'의 의미이다.

문법구조(文法構造)

전체 원문은 서사성 복합 문장이다. 인용부호 속의 각 2구씩이 1개의 장문을 구성하며 3개의 장문 사이는 단지 연합관계일 뿐이다. '信近於義'는 한 마디 태도를 표시하는 복합 문장이고 '言可復也'는 한 마디 판단을 표시하는 복합 문장이며 이 2구는 조건관계로 구성된 장문이다. '信近於義' 중의 '信'은 주어이고 '近'은 형용사로 태도를 표시하는 술어이며 '於'는 전치사로 현대 중국어 '跟(gēn)', '和(hé)', '同(tóng)'에 해당하는데 '義'와 결합하여 전치사구 형태로 술어를 보충 설명한다.

'恭近於禮'도 역시 한 마디 태도를 표시하는 복합 문장이고 '遠恥辱也'도 역시 한 마디 판단을 표시하는 복합 문장이며 이 2구 역시 조건관계로 구성된 장문이다. '恭近於禮'와 '信近於義'의 문법은 서로 같기에 중복하여 분석하지 않을 것이다. '遠恥辱'는 판단 복합 문장의 술어이고 그 자체로 피동 복합 문장 '使恥辱遠(被人遠離恥辱)'이 전환 변화하여 형성된 것인데 '使'자를 탈락시키자 '遠'자를 '恥辱' 앞으로 도치하여 원래 '使'자 자리에 위치시킨 것이라 할 수 있다. 즉 '遠'자는 본래 형용사로 '恥辱'의 술어이지만 어순이 도치된 까닭에 동사로 변화여 술어가 되고 결국 '恥辱'은 목적어로 변한 것이다. 문언 체에서 형용사가 동사로 변화하는 유일한 방법이 바로 이 사례이며 '동사 도치 용법'이라 부른다. 이렇게 형용사로부터 변화한 동사는 모두 피동의 의미를 지닌다.

'因不失其親'는 한 마디 태도를 표시하는 복합 문장이며 뒤 '亦可宗也' 라는 문장과 조건관계로 구성된 것이다. '因'은 주어이고 '不失其親'은 술어이며 자체로 어휘결합 형태이다. '亦可宗也' 중의 '亦'자는 부사어로 현대 중국어 '也(yě)'에 해당한다. '可宗'은 조건으로부터 형성된 후속 결과 단문이고 그 자체가 판단 복합 문장의 술어이며 주어는 앞 문장 '因不失其親'의 주체인 사람이다. 여기서 '可宗'이 피동의 의미를 띠지만 그럼에도 불구하고 피동문의 형태로 구성하지 않았다.

문장법 분석(文章法分析)

본문 내용은 '목(目)-범(凡)'구조의 변화를 통한 전개이다. 전체문장은 다른 사람과 지키기로 한 믿음은 도리에 부합해야 약속한 말이 실천(이행)될 수 있으며, 다른 사람에 대한 공경은 예절에 부합해야 실천한 행동이 치욕을 멀리할 수 있다. 이에 따라서 친근한 사람들을 잃지 않아야 또한 추종할(본받을) 수 있다는 내용이다. 첫 번째 4구 문장은 '목(目)'에 속하는데 '목일(目一)-목이(目二)'를 포함하며 다시 각 2구가 '조건(條件)-결과(結果)'를 포함한 관계이다. 각 2구가 모두 태도 표시와 결과 판단의 조건관계로 구성된 연합형태 문장이다. 즉 도리(이치)에 부합한 믿음이 전제되어야 비로소 언어의 진실성이 발휘되며 본래 의도한대로 실천할 수 있으며, 예절에 부합한 공경이 전제되어야 비로소 행동의 진정성이 전달되며 치욕을 멀리할 수 있는 결과에 도달한다. 두 번째 2구 문장은 '범(凡)'에 속하는데 다시 '조건(條件)-결과(結果)'를 포함한 관계이다. 즉 도리(이치)

에 부합한 믿음어린 언어와 예절에 부합한 공경스런 행동에 따라 가까운 사람들을 잃지 않아야 하는데 이런 사람은 또한 추종할 수 있다 한다. 전제한 조건에 따른 후속 결과에 이를 수 있게 된다는 필연적 당위성을 일깨우며 문장을 일단락 짓고 있다. 여기서 기술한 문장법에 내재된 논리를 정리하면 다음 <표-36>과 같다.

<표-36> 내재논리 분석도

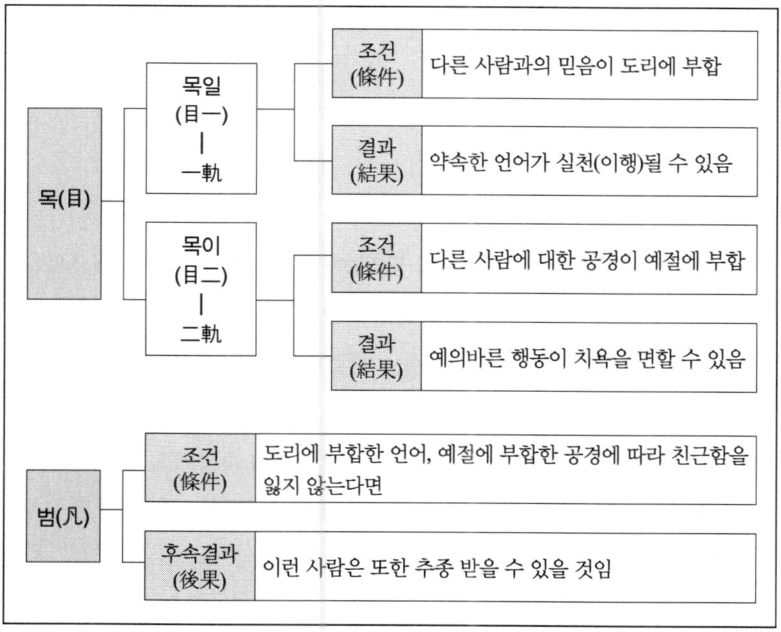

신역(信譯)

유자께서 "믿음은 도리(이치)에 부합해야 언어가 실천(이행)될 수 있다. 공경은 예절에 부합해야 치욕을 멀리할 수 있다. 이에 따라서 그 친근한 사람들을 잃지 않는다면 또한 추종 받을 수 있을 것이다"라고 말씀하셨다.

달역(達譯)

유자께서 "학우여러분 견지한 믿음은 도리(이치)에 부합해야 약속한 언어가 실천(이행)될 수 있습니다. 올바른 공경은 예절에 부합해야 실천한 행동이 치욕을 멀리할 수 있습니다. 이에 의지하여 그 친근한 관계에 있는 사람들을 잃지 않는다면 이런 사람은 또한 추종 받을 수 있을 것입니다"라고 말씀하셨다.

아역(雅譯)

유자께서 "학우여러분 다른 사람과 지키기로 한 믿음은 도리(이치)에 부합해야 약속한 언어의 진실성이 발휘되며 본래 의도한대로 실천(이행)될 수 있습니다. 다른 사람에 대해 표시한 공경은 예절에 부합해야 실천한 행동의 진정성이 전달되며 치욕을 멀리 떨쳐낼 수 있습니다. 도리(이치)에 부합한 믿음어린 언어와 예절에 부합한 공경스런 행동에 의지하며 그 관계 깊은 가까운 사람들을 잃지 않는다면 이런 사람은 또한 추종 받을 수 있을 것입니다"라고 말씀하셨다.

함축의미 분석도

<표-37> 함축의미 분석도

전제		결과
믿음이 도리(이치)에 부합해야 언어가 실행(이행)될 수 있음	⇨	• 도리(이치)에 부합한 믿음어린 언어와 예절에 부합한 공경스런 행동에 따라 그 가까운 사람들을 잃지 않는다면 • 이런 사람은 또한 추종 받을 수 있음
공경이 예절에 부합해야 행동이 치욕을 멀리할 수 있음		

생각열기

인간관계에 요구되는 '信'과 '恭'은 어떤 성격의 덕목일까? 이 2가지 덕목은 무엇을 실행하기 위한 것일까? 인간관계에서 이 2가지 덕목을 결여한다면 어떤 결과를 불러올까?

제14장

— 배우길 좋아하는 사람의 학문추구 취지는 풍족하고 편안한 삶에 있지 않음

子曰: "君子食無求飽, 居無求安, 敏於事而愼於言, 就有道而正焉, 可謂好學也已。"

zǐyuē jūnzǐshíwúqíubǎo jūwúqíuān mǐnyúshìérshènyúyán jiùyǒudàoérzhèngyān kěwèihàoxuéyěyǐ

관련 편장(篇章)

子曰: "學而時習之, 不亦說乎; 有朋自遠方來, 不亦樂乎; 人不知而不慍, 不亦君子乎?" (「學而」篇 第1章)

子曰: "由也, 女(汝)聞六言六蔽矣乎?" 對曰: "未也。" "居! 吾語女, 好仁不好學, 其蔽也愚。好知(智)不好學, 其蔽也蕩。好信不好學, 其蔽也賊。好直不好學, 其蔽也絞。好勇不好學, 其蔽也亂。好剛不好學, 其蔽也狂。" (「陽貨」篇 第8章)

주석(注釋)

① 군자(君子): 명 학습과 실천을 병행하고 부단한 자기 수양을 거쳐 덕성을 쌓아 이미 학문이 높고, 인품이 고매하며 인간관계가 원만한 경지에 진입하여 어디

에도 치우치지 않는 중용의 경지에 이른 사람으로『논어』중에 소인과 대비되는 이상 인물형상이다.

② 식(食): 명 음식(飮食), 먹는 음식.

③ 포(飽): 명 충분한 배부름.

④ 거(居): 명 거처(居處), 거주하는 곳.

⑤ 안(安): 명 편안함, 안일함.

⑥ 이(而): 접 (병렬관계)……하고, 그리고.

⑦ 민(敏): 형 부지런히 힘쓰고 민첩(敏捷)하다.

⑧ 신(愼): 형 근엄하고 신중하다.

⑨ 취(就): 동 나아가다, 다다르다.

⑩ 유도(有道): 명 학문, 도덕을 겸비한 사람.

⑪ 정(正): 동 교정하다, 바로잡다. 교정 받아 정립하다.

⑫ 호학(好學): 명 배우기 좋아하는 사람.

석의(析義)

① 식무구포(食無求飽): 일심으로 학문을 추구하고 실행하지만 음식에 대해 만족할 정도의 배부름을 추구하지 않는다.

② 거무구안(居無求安): 일심으로 학문을 추구하고 실행하지만 거주에 대해서도 편안할 정도의 쾌적함을 추구하지 않는다.

③ 민어사(敏於事): "일 처리에 민첩하다"라는 말은 "실행을 주저하지 않다"라는 의미이다.

④ 신어언(愼於言): "언사에 삼가고 신중하다"라는 말은 "언사를 앞세우지 않다"라는 의미이다. 앞 문장과 연계해보면 바로 실천에 무게가 실린 '언행일치(言行一致)'를 전제한 문장이라 할 수 있다.

문법구조(文法構造)

전체 원문은 서사성 복합 문장이다. 인용부호 속의 앞 4구와 마지막 1구는 조건관계로 구성된 장문인데 앞 4구는 전제 조건 단문이며 마지막 1구는 후속 결과 단문이다. 그리고 전제 조건 단문 중의 1, 2구는 병렬(평행)관계로 구성된 장문이고 3, 4구는 목적관계로 구성된 장문이며 게다가 1, 2구와 3, 4구는 연합관계이다. '君子食無求飽'는 태도를 표시하는 복합 문장인데 주어 '君子'는 연합식의 의미조합 어휘이고 술어 '食無求飽' 마저도 태도를 표시하는 복합 문장이며 술어는 자체로 주어 '食'과 술어 '無求飽'가 어휘결합 형태이다. 이 가운데 '無'는 '不'와 통용되는 부사어이고 '飽'는 '求'의 목적어이다. '飽'는 본래 형용사로 보어이지만 명사로 어휘 성격이 변화하여 목적어로 전용된 것이다. '居無求安'은 주어 '君子'가 생략된 형태로 '食無求飽'와 같은 문장법의 태도를 표시하는 복합 문장이기에 다시 분석하지 않을 것이다.

'敏於事而愼於言' 역시 태도를 표시하는 복합 문장의 술어이고 주어는 '君子'이며 앞 문장처럼 생략된 형태이다. 술어 '敏於事而愼於言'는 연계조합 형태로 구성된 장문인데 '敏'과 '愼' 2글자 모두 뒤에 전치사 '於'와 목적어 '事'와 '言'이 결합하여 술어를 보충 설명하는 전치사구조이다. '就有道而正焉'은 목적관계로 구성된 장문인데 앞 '就有道'는 서사성 단문이고 주어 '君子'가 생략되었다. 이중에 '就'는 부사어이고 '有道'는 '有道之人'의 생략 형태이며 결합식 구조로 이루어졌다. 뒤 '正焉'은 판단을 표시하는 단문이고 '正之'를 문장체에 맞도록 표현한 것이며 '之'는 '君子' 즉 '自己'를 가리키는 대명사이다.

'可謂好學也已'는 '可謂之曰好學也已'를 줄여 말한 것이다. 이 문장은 자체로 피동 복합 문장인데 '可'는 조동사로 부사어에 해당하고 피동의미 술어(동사) '謂'자를 수식하며 생략된 '之'자는 주어 '君子'를 가리키는 대명사로 술어 '謂'로 말하자면 목적어 그리고 생략된 '曰'자로 말하자면 주어이다. '好學'은 '好學之人'의 생략된 형태이며 생략된 '曰'자의 목적어이다. 이러한 피동 복합 문장은 '之', '曰'을 생략한 까닭에 서사성 단문으로 변한 것이다. '也', '已' 모두 어기조사인데, 이런 종류 부가 형태 용법은 감탄 의미를 강화하기 위한 목적이라 추정할 수 있다.

문장법 분석(文章法分析)

본문 내용은 '목(目)-범(凡)'구조의 변화를 통한 전개이다. 전체 문장은 군자가 학문 추 추를 위해 먹고 마심에 충분한 정도의 배부름, 거주하고 살아감에 편안한 정도의 쾌적함을 바라지 않을 뿐 아니라 일처리에 민첩하고 언사에 신중하며 이미 학문적 경지, 도덕적 이 치를 깨달아 경지에 도달한 사람에게 나아가 자신을 바로잡는 이러한 군자가 학문을 좋아하는 사람이라 부를 수 있다는 내용이다. 첫 번째 4구 문장은 '목(目)'에 속하는데 '목일(目一)-목이(目二)-목삼(目三)-목사(目四)'를 포함한 관계이다. 먼저 제1, 2구 '목일(目一)-목이(目二)'는 생활상의 마음가짐과 태도에 대한 언급이고, 제3구 '목삼(目三)'은 민첩한 실행, 신중한 언사 즉 언행일치의 언급이며, 제4구 '목사(目四)'는 학문추구와 실행에서 나아가 수양을 거쳐 덕성을 갖춘 사람에게 나아가 자신이 추구하고 실행하여 터득한 도리(이치)의 옳고 그름을 바로잡아야 한다는 언급이다. 마지막 1구 문장은 '범(凡)'에 속하는데 '목(目)'에 포함된 4구에 언급된 학문추구와 그 실행 과정을 통해 터득한 도리(이치)에 대해 이미 학문, 수양을 거치며 덕성을 갖추어 경지에 도달한 사람에게 가르침을 청해 교정 받아 올바르게 정립하는 것이다. 이렇게 할 수 있는 군자가 '학문을 좋아하는 사람'이라 규정하며 문장을 일단락 짓고 있다. 여기서 기술한 문장법에 내재된 논리를 정리하면 다음 <표-38>과 같다.

<표-38> 내재논리 분석도

목(目)	목일(目一)		먹고 마심에 충분한 정도의 배부름을 추구 않음
	목이(目二)		거주하고 살아감에 편안한 정도의 쾌적함을 추구 않음
	목삼(目三)	선(先)	행동 - 일처리에 민첩함
		후(后)	언어 – 언사에 신중함
	목사(目四)		학문 추구와 실행을 거쳐 터득한 도리(이치)를 바로잡음
범(凡)			생활태도 유지하고 실행 후에 언급하고 이미 학문, 수양을 거치며 덕성을 갖추어 경지에 도달한 사람에게 나아가 자신이 터득한 도리(이치)를 교정 받아 정립한다면 '학문을 좋아하는 사람'

신역(信譯)

공자께서 "군자는 먹음에 배부름을 추구하지 않고 거주함에 편안함을 추구하지 않으며, 일처리에 민첩하고 언사에 신중하며, 이미 도리(이치)를 깨달아 터득하여 경지에 도달한 사람에게 나아가 자신이 터득한 도리(이치)를 교정 받아 정립하는데, '배우기를 좋아하는 사람'이라 일컬을 수 있는 것이다"라고 말씀하셨다.

달역(達譯)

공자께서 "제자들이여 군자는 먹고 마심에 배부름을 추구하지 않고 기거하고 살아감에 편안함을 추구하지 않으며, 일처리에 민첩하고 언사에 신중하며, 이미 학문을 추구하고 수양을 거치며 덕성을 함양하여 도리(이치)의 경지에 도달한 사람에게 나아가 자신이 학문과 실행을 추구하는 과정에 체득한 도리(이치)를 교정 받아 정립하며 수양을 거쳐 덕성을 함양하는데, 이를 '배우기 좋아하는 사람'이라 일컬을 수 있습니다"라고 말씀하셨다.

아역(雅譯)

공자께서 "제자들이여 군자는 먹고 마심에 충분한 정도의 배부름을 추구하지 않고 기거하고 살아가는데 쾌적한 정도의 편안함을 추구하지 않으며, 일처리에 민첩하고 언사에 삼가고 신중(즉 먼저 실행하고 그런 후 언급)하며, 이미 학습과 실천을 병행하고 수양을 거치며 덕성을 함양하여 도리(이치)의 경지에 도달한 사람에게 나아가 자신이 학습과 실천을 병행하는 과정에 깨달아 터득한 도리(이치)를 교정 받아 이론으로 정립하며 수양을 거쳐 덕성을 함양하는데, 이러한 군자를 '배우기 좋아하는 사람'이라 일컬을 수 있는 것입니다"라고 말씀하셨다.

함축의미 분석도

<표-39> 함축의미 분석도

구분	내용		군자
생활	• 먹고 마심에 충분한 정도의 배부름 • 거주함에 편안한 정도의 쾌적함	⇦	군자 ‖ 배우기 좋아하는 사람(好學之人)
선행후언	• 일처리에 민첩함 • 언급에 신중함		
검증	• 학문, 수양의 도리(이치)가 정립된 사람에게 자신이 터득한 도리(이치)를 교정 받아 정립		

생각열기

사람은 먹기 위해 사는 것일까? 살기 위해 먹는 것일까? 사실 모두 맞는 말이다. 하지만 배부른 돼지에게 이성적 판단을 요구할 수 없다. 학문하는 사람에게 활발한 정신적 활동, 예리한 이성적 판단을 위한 최소한의 음식물 섭취 습관 형성과 유지는 필수적이지 않을까?

제15장

— 수양은 마땅히 정교함 보다 더욱 정교함을 추구하는 진취성, 적극성이 요구됨

子貢曰: "貧而無諂, 富而無驕, 何如?" 子曰: "可也, 未若貧而樂, 富而好禮者也。" 子貢曰: "『詩』云: '如切如磋, 如琢如磨。' 其斯之謂與?" 子曰: "賜也, 始可與言『詩』已矣! 告諸往而知來者。"

zǐgòngyuē pīnérwúchǎn fùérwújiāo hérú zǐyuē kěyě wèiruòpīnérlè fùérhàolǐzhěyě zǐgòngyuē shīyún rúqiērúcuō rúzhuórúmó qísīzhīwèiyú zǐyuē sìyě shǐ kěyǔán shīyǐyǐ gàozhūwǎngérzhīláizhě

관련 편장(篇章)

子曰: "飯疏食、飲水, 曲肱而枕之, 樂亦在其中矣! 不義而富且貴, 於我如浮雲。" (「述而」篇 第16章)

주석(注釋)

① 이(而): 접 그러나.

② 첨(諂): 동 (비굴한 태도와 언어로 다른 사람을 기쁘게 하여 속셈을 챙기려는 수법으로)아첨하다.

③ 교(驕): 형 (과장 자부하며 다른 사람을 경멸)교만하다, 오만하다.

④ 하여(何如): 의대 어떠냐?

⑤ 미약(未若): 아직 ……만 못하다.

⑥ 락(樂): 동 (어떤 일을 하는 것)을 기뻐하다.

⑦ 여절여차, 여탁여마(如切如磋, 如琢如磨): 마치 '절(切)'은 뼈 가공, '차(磋)'는 상아 가공 , '탁(琢)'은 옥석 가공, '마(磨)'는 돌 가공하는 것처럼 '뼈, 상아, 옥석, 돌 등을 가공하여 기물(器物)로 제작하다'라는 의미이다.

⑧ 기(其): 어조 추측어기를 표시함.

⑨ 사(斯): 대 이, 이것.

⑩ 고(告): 동 (윗사람이 아랫사람에게)제시하여 알려주다.

⑪ 제(諸): '之於'와 통용되며 '之'는 자공을 가리킴.

⑫ 왕(往): 명 과거의 도리(이치), 뒤 '來'자의 대칭.

⑬ 지(知): 동 미루어 알다, 짐작하다.

⑭ 래자(來者): 명 미래, 장래의 도리(이치)를 가리킨다.

석의(析義)

① 빈이락(貧而樂): 사마천의『史記·弟子列傳』, 황간의『論語義疏』에 모두 '貧而樂道'라 하는데 '樂'자 뒤에 '道'자가 보인다.

②『詩』는 자공이 인용한『詩經·衛風·淇奧』편 시구를 가리킨다.

③ 절차탁마(切磋琢磨):『爾雅』에 "금붙이를 다루는 것은 '루'라 이르고, 목재를 다루는 것은 '각'이라 이르고, 뼈를 다루는 것은 '절'이라 이르고, 상아를 다루는 것은 '차'라 이르고, 옥을 다루는 것은 '탁'이라 이르며 돌을 다루는 것은 '마'라 이른다"[88]라고 풀이하였고 주희의『論語集註』에 "뼈나 뿔을 다루는 것은 먼저 이를 절단하고 다시 이를 갈아 윤을 내며, 옥석을 다루는 것은 먼저 이를 쪼고 다시 이를 갈아 완성한다. 이를 다루어 정교하고 더욱 그 정교하도록 추구하는 것을 말하는 것이다"[89]라고 풀이하였다. 본래 의미(本義)에서 인

88 "金謂之鏤, 木謂之刻, 骨謂之切, 象謂之磋, 玉謂之琢, 石謂之磨."(『爾雅』, 十三經注疏本, 臺北: 藝文印書館, 1989, p.79)

89 "言治骨角者, 既切之, 而復磋之; 治玉石者, 既琢之, 而復磨之; 治之已精, 而益求其

신 파생되어 사자성어(四字成語)로 '학습, 연구하여 탐구 토론하다'라는 비유의 의미로 사용된다.

문법구조(文法構造)

전체 원문은 서사성 복합 문장이다. 인용부호 속의 '子貢曰' 로 시작되는 문구는 태도를 표시하는 복합 문장이다. 주어 "貧而無諂, 富而無驕"는 평행관계로 구성된 장문인데 '貧而無諂'은 태도를 표시하는 복합 장문이며 뒤 한 마디 태도를 표시하는 단문과 역접관계로 구성된 장문이다. 이 2구 문장 주어는 개괄적 생략 형태로 '某一個人(어떤 한 사람)'이다. 다중술어 '貧'과 '諂'은 모두 주어구의 술어이고 '而'는 역접표시 접속사이며 '無'는 뒤 술어 '諂'을 수식하는 부사어로 현대 중국어 '不(bù)'에 해당한다. '富而無驕'는 앞 1구와 같은 구법으로 다시 분석하지 않는다. 문장 술어는 '何如'이고 결합식 의미조합 형태이며 현대 중국어 '怎麽樣(zěnmeyàng)'에 해당한다. '子曰'로 시작되는 인용문 2구는 역접관계로 구성된 장문이다. 먼저 '可也'는 판단 단문의 술어이고 주어는 "貧而無諂, 富而無驕"이며 생략된 형태이다. '可'는 술어이며 '也'는 긍정이나 결단을 표시하는 어기조사이다. "未若貧而樂, 富而好禮者也"는 판단을 표시하는 장문인데 주어는 역시 "貧而無諂, 富而無驕"이고 '未'는 부사어이며 뒤 본문 술어 '若'을 수식하는 성분이다. "貧而樂, 富而好禮者"는 어휘조합 형태의 목적어이고 '貧而樂, 富而好禮'는 뒤 '者'자를 수식하는 관

精也。"(朱熹, 『論語章句集注』, 臺北: 長安出版社, 1990, p.53)

형어이며 '者'는 '之人'에 해당하는 중심어이다. 부연하자면 '未若'는 갑을 양자의 우열을 비교하는 장문의 머리에 위치하며 바로 우세한 방면이다. '貧而樂, 富而好禮'는 연합관계로 구성된 장문인데 '貧而樂'는 2구의 태도를 표시하는 단문이 역접관계로 구성된 장문이고 '富而好禮'는 태도를 표시하는 2구의 단문이 역접관계로 구성된 장문이다.

"『詩』云: '如切如磋, 如琢如磨.'其斯之謂與"는 한 마디 판단 복합 장문인데 주어는 "『詩』云: '如切如磋, 如琢如磨'"이고 자체로 서사성 복합 장문이고 "如切如磋, 如琢如磨"는 4구의 판단 단문이 평행관계로 구성되며 동작 정지 점을 표시하는 어휘이다. '其'는 추측을 표시하는 어기조사이며 뒤에 '是'자가 생략된 형태이다. 술어는 '斯之謂'이고 본래 '謂斯'였지만 목적어 '斯'가 술어 '謂'으로 어순 도치된 까닭에 중간에 어기조사 '之'가 더해지게 된 것이며 '與'자는 문미에 더해져 추측을 표시하는 어기조사이다. '子曰'로 시작되는 인용문 3구는 서사성 복합 장문이다. "賜也, 始可與言『詩』已矣! 告諸往而知來者"는 보충관계로 구성된 장문이다. '賜'는 주어이고 '也'는 마침 어기조사이며 현대 중국어 '呀(yā)'에 해당한다. '始可與言『詩』'는 술어이고 자체로 서사성 단문이며 '與'는 접속사이다. 그 뒤에 대상 표시 목적어 '之' 가 생략되었는데 '賜'를 가리키는 대명사이다. '始可' 2글자는 부사어이고 '與'는 동사로부터 변화한 접속사이기에 앞에 놓이게 된 것이다. '言'은 술어이고 『詩』는 목적어이다. '已矣'는 모두 어기조사이며 중첩 사용한 까닭은 감탄의 어기를 강화하기 위한 것이다. "告諸往而知來者"는 2구의 서사성 단문이며 시간관계로 구성된 것이다. '告諸往'은 '告之於往'인데 '告'는 앞 단문의 술어이고 '諸' 즉 '之於'는 목적어에 전치사가 더해진 형태로 '之'는 '賜'를 가리키는 대명사이며 '於'는 전치사이다. '之'는 수동 형태의 어휘이고 '而'는 접속사 '知'는 뒤 단문의 술어이며 '來者'는 '未來之事(道理)'로 어휘조합 형태의 목적어이다.

문장법 분석(文章法分析)

본문 내용은 '문(問)-답(答)'구조의 변화를 통한 전개이다. 전체문장은 제자(자공)과 선생님(공자)께서 '사람됨의 도리'에 관한 문답한 것인데, 가난하지만 받아들여 즐기고 부유하지만 예의 실행을 좋아하는 보다 높은 단계의 진정한 태도를 일깨운다. 이어 공자께서 자공이『詩經』을 인용한 배움과 실행 그리고 수양의 과정으로 이해하는 점에 공감하며, 과거 의 도리로 장차 언급될 도리를 깨달도록 한다"는 내용이다. 첫 번째 2구 인용문은 '문(問)'에 속하는데 '편(偏)-전(全)'을 포함하고 다시 세분하여 '목(目)-범(凡)'을 포함하며 그 중에 '편(偏)'의 갈래인 '목(目)'은 '목일(目一)-목이(目二)'을 포함한 관계이다. 즉 자공이 "가난하지만 아부하지 않고 부유하지만 교만하지 않는 사람됨의 태도로 어떠한지" 물은 것이다. 다른 갈래인 '전(全)'은 '범(凡)-목(목)'을 포함한 관계이다. 즉 공자께서 대체로 수긍하는 가운데 "가난하지만 도리어 사람됨의 도리를 즐기고 부유하지만 도리어 예의 절도에 따른 실행을 좋아 한다"고 대답하며 보다 높은 단계의 지향을 일깨운다. 두 번째 2구 인용문은 '답(答)'에 속하는데 '편(偏)-전(全)'을 포함하고 다시 세분하여 '목(目)-범(凡)'을 포함하며 그 중에 '편(偏)'의 갈래인 '목(目)'은 '목일(目一)-목이(目二)'를 포함한 관계이다. 즉 이에 자공이『詩經』의 예를 들어 그것은 "마치 수골과 상아를 절단하고 갈아 윤을 내는 것처럼, 마치 옥석을 쪼고 갈아 매끄럽게 하는 것처럼 이러한 정교함을 추구하는 과정들을 일컫는 것인지" 묻는다. 다른 갈래인 '전(全)'은 '점(點)-염(染)'을 포함하며 다시 '염(染)'은 '석(昔)-금(今)'을 포함한 관계이다. 즉 공자께서 "이제야 비로소 자공과 『詩經』을 이야기할 수 있겠다며 그에게 이미 언급된 도리를 알려주고 아직 언급되지 않은 도리를 미루어 알도록 하였다"고 한다. 이렇게 비교를 통해 '사람됨의 도리'를 체득하는 과정을 "과거는 현재를 비추는 거울이다"라는 교훈을 제시하며 문장을 일단락 짓고 있다. 여기서 기술한 문장법에 내재된 논리를 정리하면 다음 <표-40>과 같다.

<표-40> 내재논리 분석도

문답	편·전	구분	세목	내용
문(問)	편(偏)	목(目)	목일(目一)	가난하지만 아첨하지 않음
			목이(目二)	부유하지만 교만하지 않음
		범(凡)		사람됨의 도리에 부합한지 여부
	전(全)	범(凡)		대체로 사람됨의 도리에 부합
		목(目)	목일(目一)	가난하지만 도리를 즐김
			목이(目二)	부유하지만 예의를 실행
답(答)	편(偏)	목(目)	목일(目一)	뼈, 상아를 절단 후 갈아 윤냄
			목이(目二)	옥적을 쪼아 갈아 매끄럽게 함
		범(凡)		이런 정교한 과정 추구를 일컫는지 여부
	전(全)	점(點)		자공의 깨달음을 긍정
		염(染)	석(昔)	과거의 도리를 알려주어
			금(今)	미래의 도리를 깨달아 알도록 함

신역(信譯)

자공이 "가난하지만 아첨하지 않고 부유하지만 교만하지 않는데 어떻습니까?"하고 물었다. 공자께서 "옳다, 그러나 가난하지만 인륜의 도리를 즐기고 부유하지만 예절의 실행을 좋아하는 것만 못한 것입니다"라고 대답하셨다.

자공이 "『시경』에 '마치 뼈, 상아를 절단하고 갈아 윤내며 옥석을 쪼아 세기고 갈아 매끄럽게 하는 것 같다'고 이른 그러한 도리를 일컫는 것일까요?"라고 물었다. 공자께서 "자공군! 처음으로 비로소 『시』를 말할 수 있겠군요! 이미 언급된 도리를 알려주어 아직 언급하지 않은 도리를 알도록 한 것입니다"라고 대답하셨다.

달역(達譯)

자공이 "선생님 사람이 가난하지만 아첨하지 않고 부유하지만 교만하지 않는데 그 태도가 어떻습니까?"하고 물었다. 공자께서 "옳다, 그러나 비록 가난하지만 인륜의 도리를 즐기고, 비록 부유하지만 예절의 실행을 좋아하는 것만 못한 것입니다"라고 대답하셨다.

자공이 "『시경』에 '마치 뼈와 상아를 절단하고 갈아 윤내며, 옥석을 쪼아 세기고 갈아 매끄럽게 하는 것 같다'고 이르는데 그러한 도리를 일컫는 의미일까요?"라고 물었다. 공자께서 "자공군! 처음으로 비로소 너와 『시』를 이야기 할 수 있겠군요! 너에게 과거에 언급된 도리를 알려주어 미래에 언급할 도리를 알도록 한 것입니다"라고 대답하셨다.

아역(雅譯)

자공이 "선생님 사람이 비록 가난하지만 비굴한 태도와 언어로 다른 사람을 기쁘게 하여 속셈을 챙기려 아첨하지 않고, 비록 부유하지만 과장과 자부심으로 다른 사람을 경시하여 깎아내리려 교만하지 않는데 그 태도가 어떻습니까?"하고 물었다. 공자께서 "옳은 말입니다. 그러나 비록 가난하지만 사람됨의 도리를 즐기고, 비록 부유하지만 예의범절의 실행을 좋아하는 것만 못한 것입니다"라고 대답하셨다.
자공이 "『시경』에 '마치 뼈와 상아를 절단하고 갈아 윤내며, 옥석을 쪼아 세기고 갈아 매끄러운 기물로 제작해내는 것과 같다'고 이르는데 그러한 도리를 일컫는 의미일까요?"라고 물었다. 공자께서 "즈꽁 학우님! 이제야 비로소 처음으로 학우와 『시』를 이야기할 수 있겠군요! 바로 학우에게 과거에 언급된 도리를 알려주어 미래에 언급할 도리를 미루어 알도록 한 것입니다"라고 대답하셨다.

함축의미 분석도

<표-41> 함축의미 분석도

• 가난하지만 아첨하지 않음 • 부유하지만 교만하지 않음 • 마치 뼈, 상아, 옥, 석 등을 가공하여 기물로 제작하는 것처럼	⇨	• 가난하지만 사람됨의 도리를 즐김 • 부유하지만 예절의 실행을 좋아함 • 과거 도리로부터 미래 도리 깨달음 • (학습, 실천 및 수양 거쳐 덕성함양)

생각열기

소크라테스(Σωκράτης, Socrates)가 절친 케팔로스(Κέφαλος, Cephalus)의 집에 손님으로 초대되어 같이 자리한 트라시마코스(Θρασύμαχος, Thrasymachus)와 '정의'에 대해 토론한 적이 있었다. 트라시마코스가 "올바르게 산 사람들은 늘 올바르지 않게 산 사람들보다 못살기 마련인데, 뭘 그렇게 올바르게 살려는지 말입니다.……더욱이 올바르지 못한 일이라 할지라도 통이 크게, 화끈하게, 완벽하게 해낸다면 그 누가 뭐라 하겠습니까" 라고 말하였다. 이에 소크라테스가 트라시마코스의 억지 주장을 바로잡을 생각으로 "살다보면 올바르지 못한 것들이 올바른 것들보다 힘이나 권력에 있어 더 강할지 모르지만, 그것이 사악하고 수치스러운 것인 한 결코 올바른 것들보다 더 낫다고 말할 수 없을 것입니다. 올바른 사람은 지혜롭고 선량하나 올바르지 못한 사람은 무지하고 사악하기 때문입니다"[90]라고 말하였다. 가난, 부유함의 경제적 정의는 어떠해야 할까? 경제적 정의와 동양사회의 '예의(禮儀)'와 '염치(廉恥)'는 그 가치를 공유할 수 있을까?

90 한국철학사상회, 『동굴밖 이데아를 찾아 플라톤의 국가』, 서울: 삼성출판사,2006, pp.56-63.

제16장

— 자신에게 충실할 뿐 아니라 다른 사람을 알아볼 줄 아는 밝은 지혜

子曰: “不患人之不己知, 患不知人也。”

zǐyuē bùhuànrénzhībùjǐzhī huànbùzhīrényě

관련 편장(篇章)

子曰: “學而時習之, 不亦說乎; 有朋自遠方來, 不亦樂乎; 人不知而不慍, 不亦君子乎?”(「學而」篇 第1章)

子曰: “不患無位, 患所以立。不患莫己知, 求爲可知也。”(「里仁」篇 第15章)

子曰: “不患人之不己知, 患其不能也。”(「憲問」篇 第31章)

子曰: “賜也, 女以予爲多學而識之者與? 對曰: ‘然, 非與?’ 曰: ‘非也! 予一以貫之。’”(「衛靈公」篇 第3章)

子曰: “君子病無能焉, 不病人之不己知也。”(「衛靈公」篇 第19章)

子曰: “君子求諸己, 小人求諸人。”(「衛靈公」篇 第21章)

子曰: “古之學者爲己, 今之學者爲人。”(「憲問」篇 第25章)

주석(注釋)

① 불(不): 부 않아야 한다. 현대 중국어 '不要(búyào)', '不必(búbì)'에 해당한다.
② 환(患): 동 걱정하다, 근심하다, 우려하다.
③ 인(人): 명 타인, 다른 사람.

석의(析義)

① 인(人): 『논어』중에 '己'와 상대적으로 일컬어지는 인물명칭.
② 인지불기지(人之不己知): 본래 '인불지기(人不知己)'였는데 어기조사 '之'자가 더해지며 어순도치가 이루어진 사례이다.

문법구조(文法構造)

전체 원문은 서사성 복합 문장이다. 인용부호 속의 2구는 상대관계로 구성된 장문이다. 제1구 "不患人之不己知"는 서사성 복합 문장인데 '人之不己知'는 술어 '患'의 목적어이며 그 자체로 조합식 어휘결합 형태이다. '人之不己知'는 본래 '人不知己'이고 주어 '人'자 뒤에 어기조사 '之'가 더해지며 술어와 목적어가 어순 도치된 경우이다. 이 가운데 어기조사 '之'자에 해당되는 현대 중국어 한자도 없을 뿐 아니라 용법을 사용할 필요도 없다. '不己知' 중에 '不'는 술어 '知'를 수식하는 부사어이며 '己'는 인칭대명사로 목적어이다. 이 문장은 부정문인데 비록 고문(古文)에 보이는 독특한 수법이지만 현대 중국어에는 없는 사례이다.

문장법 분석(文章法分析)

본문 내용은 '반(反)-정(正)'구조의 변화를 통한 전개이다. 전체문장은 다른 사람이 자신을 알지 못함을 걱정하지 말고 자신이 다른 사람을 알지 못함을 걱정하라는 내용이다. 첫 번째 1구는 '반(反)'에 속하는데 다른 사람이 자신의 학문 추구와 실행 및 수양 후 함양된 덕성을 알아보지 못하는 것을 걱정하지 말라는 것이다. 두 번째 1구는 '정(正)'에 속하는데 지신이 다른 사람의 학문실행 추구 및 수양 후 함양된 덕성을 알아보지 못하는 것을 걱정하라는 것이다. 즉 학문, 실행의 추구와 동시에 부단히 수양하여 덕성을 함양하고 자신의 부족함을 돌아보아 반성하며 잘못을 바로잡아 자기 객관화해야 한다는 충고로 문장을 일단락 짓고 있다. 여기서 기술한 문장법에 내재된 논리를 정리하면 다음 <표-42>와 같다.

<표-42> 내재논리 분석도

반(反)	다른 사람이 지산이 지닌 학문, 수양 및 덕성의 함양을 알지 못한 것을 걱정하지 말고
정(正)	자신이 다른 사람이 지닌 학문, 수양 및 덕성의 함양을 알지 못한 것을 걱정해야

신역(信譯)

공자께서 "다른 사람이 자신을 알지 못한 것을 걱정하지 말며 자신이 다른 사람을 알지 못하는 것을 걱정해야 하는 것이다"라고 말씀하셨다.

달역(達譯)

공자께서 "제자들이여 다른 사람이 자신이 지닌 학문, 수양 및 덕성의 함양을 알지 못한 것을 걱정하지 말며 자신이 다른 사람이 지닌 학문, 수양 및 덕성의 함양을 알지 못하는 것을 걱정해야 하는 것입니다"라고 말씀하셨다.

아역(雅譯)

공자께서 "제자들이여 다른 사람이 자신이 학문 추구와 실행 및 수양 후 함양한 덕성을 알아보지 못한 것을 걱정하지 말며 자신이 다른 사람이 학문 추구와 실행 및 수양 후 함양한 덕성을 알아보지 못하는 것을 걱정해야 하는 것입니다"라고 말씀하셨다.

함축의미 분석도

<표-43> 함축의미 분석도

• 타인이 자신을 알지 못함을 걱정하지 말고	⇨	• 자기 객관화'君子求諸己' (군자는 자기로부터 추구)
• 자신이 타인을 알지 못함을 걱정해야함		

생각열기

"너 자신을 알라(그리스어: γνῶθι σεαυτόν 그노티 세아우톤)"은 고대 그리스의 유명한 격언으로, 그리스 여행담 작가인 파우사니아스에 따르면 델포이의 아폴론 신전의 프로나오스(앞마당)에 새겨져 있던 것이라 한다. 마찬가지로 노자께서 "다른 사람이 선량한지, 사악한지, 뛰어난지, 열등한지를 이해하여 아는 것은 지혜로운 것이며 자신이 스스로 선량한지, 사악한지, 뛰어난지, 열등한지를 깨달아 아는 것은 총명한(이치에 밝은) 것이다(知人者智, 自知者明)"(『老子』 제33장)라고 말씀하셨다. 살다보면 자신을 이해하기 어려울 때가 많은데 하물며 어찌 남을 속속들이 이해할 수 있을까? 아무튼 모든 인식의 시작도, 귀결도 모두 수양을 거친 객관적 주체로써 자신이 그 관건이지 않을까?

論語

제2편「위정爲政」

본 편은 모두 24장으로 그 내용은 모두 '위정'과 관련된 문장은 아니며 첫 번째 장이 '위정이덕(爲政以德)'으로 시작되는 까닭에 그중에 '위정(爲政)' 2글자를 취해 이름붙인 편명이다.「학이」편은 '독서지학(讀書之學)'의 관점이 반영된 내용이며「위정」편은 '정사지학(政事之學)'의 관점이 반영된 내용이다. 즉 학습, 실천의 병행 및 자기수양으로 덕성을 함양하여 기본적 소양을 겸비한 사람이 사회에 진출하여 포부, 능력을 펼쳐 소속 공동체에 공헌하는 과정을 포함한다. 이처럼「위정」편은 "자신의 처지에 비추어 지닌 포부, 역량을 펼쳐 다른 사람의 형편에 알맞은 선한 영향을 미친다(추기급인推己及人)"는 사회적 가치와 연계된 부분이라 판단한다. 따라서 본편은 국가를 다스리고 정사를 돌보는 일에 필수적인 함양, 자세, 제가, 수렴, 정성, 교우, 믿음, 실천, 옳음, 용기 등 관련 범위와 대상을 달리하여 위정자들이 힘써야 할 '인 즉 사랑의 정감'을 실행하며 구현하는 담론들이라 말할 수 있다. 즉 '위정의 덕(爲政之德)' 함양 관련 '덕(德)', '예(禮)', '학(學)', '사(思)', '효(孝)', '자(慈)', '경(敬)', '충(忠)', '우(友)', '신(信)', '행(行)', '의(義)', '용(勇)' 등 '인(仁)'의 구현 덕목(대명사-명제개념)들에 대해 언급하였다.

제1장

— 도덕적 국정운영의 감화력을 하늘의 별자리 운행에 비유

子曰: "爲政以德, 譬如北辰, 居其所, 而衆星共之。"
zǐyuē wéizhèngyǐdé pìrúběichén jūqísuǒ érzhòngxīnggòngzhī

관련 편장(篇章)

"或謂孔子曰: '子奚不爲政?' 子曰: 『書』云: '孝乎惟孝, 友于兄弟', 施於有政, 是亦爲政。奚其爲爲政?" (「爲政」篇 第21章)

"季康子問政於孔子曰: '如殺無道, 以就有道, 何如?' 孔子對曰: '子爲政, 焉用殺? 子欲善, 而民善矣! 君子之德風, 小人之德草, 草上之風 必偃。' " (「顔淵」篇 第19章)

子路曰: "衛君待子而爲政, 子將奚先?" 子曰: "必也正名乎?" 子路曰: "有是哉! 子之迂也。奚其正?" 子曰: "野哉! 由也。君子於其所不知, 蓋闕如也。名不正則言不順, 言不順則事不成, 事不成則禮樂不興, 禮樂不興則刑罰不中, 刑罰不中則民無所措手足。故君子名之必可言也; 言之必可行也。君子於其言, 無所苟而已矣!" (「子路」篇 第3章)

주석(注釋)

① 위(爲): 동 하다, 돌보다, 다스리다, 통치하다, 경영하다.

② 정(政): 명 정치, 정사, 국정.

③ 이(以): 전 ……로(써), 현대 중국어 '用', '拿'에 해당함.

④ 덕(德): 명 도덕.

⑤ 비여(譬如): 예를 들면(좋은 예로)……처럼(같이).

⑥ 북신(北辰): 명 북극성.

⑦ 소(所): 명 장소, 위치, 자리.

⑧ 공(共): 동 '拱(gǒng)'과 같고 '둘러싸다, 에워싸다'의 의미이다.

⑨ 지(之): 대 그것, '북신(北辰)' 즉 북극성을 가리킨다.

석의(析義)

① 위정(爲政): 명 도덕으로 국정을 경영하는 사람.

② 북신(北辰): 『爾雅 · 釋天』에 "북극성을 북쪽 별이라 부른다"[91]고 하였다. 북방에 위치하며 옛사람들은 북극성에 의지하여 사시를 분간하고 방향을 식별하였다.

③ 공(共): '拱'과 같은데 예를 들면『左傳 · 僖公三十二年』조에 "이렇게 묘의 나무가 에워싼 것이다"[92]고 하였고 부현(傅玄)의「詩」에 "衆星拱北辰(무리의 별들이 북극성을 에워싸 받든다네)"라 하였다.

91 "北極謂之北辰."(『爾雅』十三經注疏本, 臺北: 藝文印書館, 1989, p.98)

92 "爾墓之木拱矣."(『左傳』十三經注疏本, 臺北: 藝文印書館, 1989, p.288)

문법구조(文法構造)

전체 원문은 서사성 복합 문장이다. 인용부호 속의 제1구는 서사성 단문인데 '爲'는 술어이고 '政'은 목적어이며 '以'는 전치사로 '德'이라는 보어를 이끈다. 문어 체로 말하면 본래 '以德爲政'을 '爲政以德'이라 한 것일 수 있다. 여기서 전치사와 보어의 관계를 보면 술어 앞이나 뒤에 위치해도 되지만 현대 중국어의 경우 반드시 술어 앞에 위치해야 한다.

'譬如'로주터 '共之'까지는 한 마디 판단성에 가까운 복합 장문이다. '譬如'는 결합식 의미조합 형태의 어휘이고 문장 중에 유사 접속사 용법으로 사용되며 술어 "北辰, 居其所而衆星共之"는 연계 조합형태의 관계로 구성된 장문으로 중간에 접속사 '而'가 2개의 단문을 연결해내는 현대 중국어 '並且(bìngqiě)'에 해당한 것이다. '北辰, 居其所'는 한 마디 서사성 단문인데 주어는 '北辰'이고 술어는 '居'이며 '其所'는 어휘조합으로 이루어진 장소보어이다. 그런데 장소보어 앞에 전치사를 결여한 것이다. '衆星共之' 역시 서사성 단문이다. '衆星'이 주어이고 '共'이 술어이며 '之'는 지시대명사로 목적어이다. 이 가운데 판단성 문장의 주어를 구체화하면 "爲政以德的人, 受到臣民的一致擁戴(yōngdài: 받들고 찬성하며 지지하다)"에 해당하며 사실 생략되어 표현되지 않았을 뿐이다. 인용문 전체로 보면 '爲政以德'과 '譬如'로 시작되는 문장은 보충관계로 구성된 장문이라 할 수 있다.

문장법 분석(文章法分析)

본문 내용은 '논(論)-서(敍)'구조의 변화를 통한 전개이다. 전체문장은 도덕으로 국정을 경영하는 사람을 북극성이 일정한 위치에 자리하고 뭇 별들이 이를 둘러싸며 운행하는 상황에 비유한 내용이다. 첫 번째 1구는 '논(論)'에 속하는데 다시 '과(寡)-중(衆)'을 포함한 관계이다. 즉 도덕으로 국정을 경영하는 사람이(신하국민의 일치된 존경과 지지를 받는다)라는 것이다. 두 번째 2구는 '서(敍)'에 속하는데 역시 '과(寡)-중(衆)'을 포함한 관계이다. 즉 북극성이 일정한 위치에 자리하고 뭇 별들이 이와 마주한 채 둘러싸며 운행하는 상황에 비유한다. 국가를 다스리는 사람(과 결여한 국민들의 관계), 북극성의 지위와 뭇 별들의 보좌관계로 비유하며 보충 설명하여 부각시키는 수법으로 문장을 일단락 짓고 있다. 이는 마치『詩經』의 '흥비(興比)' 수법처럼, 사례를 들어 서술하고 도리(이치)를 논술하는 연상 방식으로 문장을 전개한 것이다. 여기서 기술한 문장법에 내재된 논리를 정리하면 다음 <표-44>와 같다.

<표-44> 내재논리 분석도

논(論)-이(理)	과(寡)	도덕으로 국정을 경영하는 사람
	중(衆)	국민들이 일치된 존경과 지지를 보내는 일
서(敍)-사(事)	과(寡)	북극성이 일정한 위치에 자리(중심지위)
	중(衆)	뭇 별들이 이를 둘러싸고 운행하는 상황

신역(信譯)

공자께서 "도덕으로 국정에 임하는 것은 비유하자면 북극성이 그 장소에 자리하고 뭇 별들이 이를 둘러싸고 운행하는 것이다"라고 말씀하셨다.

달역(達譯)

공자께서 "제자들이여 도덕으로 나라를 다스리고 정사를 돌보는 국가의 지도자는 국민들이 존경하고 지지하며 따르는데, 비유하자면 북극성이 그 장소에 자리하고 뭇 별들이 이를 중심으로 둘러싸고 운행하는 것과 같은 것입니다"라고 말씀하셨다.

아역(雅譯)

공자께서 "제자들이여 도덕으로 나라를 다스리고 정사를 돌보는 국가의 지도자는 국민들이 그를 존경하고 받들며, 찬성하고 지지하며 따르는데 비유하자면 북극성이 일정한 위치에 자리하고 뭇 별들이 이를 중심으로 마주한 채 주위를 둘러싸고 보좌하듯이 운행하는 것과 같은 이치입니다"라고 말씀하셨다.

함축의미 분석도

<표-45> 함축의미 분석도

• 도덕으로 국정을 돌보는 지도자 • 국민들이 존경하고 받들며, 찬성하고 지지하며 따름	=	• 북극성 • 뭇 별들이 이를 중심으로 둘러싸 보좌하듯 운행하는 것

생각열기

맹자가 언급한 '호연지기(浩然之氣)'는 우주대자연에 가득 찬 기운으로 '인륜의 정의'와 '대자연의 도리'가 연계된 것이다. 그러나 만약 '인륜의 정의'와 '대자연의 도리'가 서로 연계되지 않는다면 '호연지기'는 무력해지고 만다는 점을 간과해선 안 된다. 맹자가 말한 '호연지기'와 스토아 철학자들이 말한 '부동심'은 등가치의 개념일까? 국가 지도자라면 '호연지기'를 실천해야하지 않을까? '호연지기'의 동력은 국민의 마음과 지지일까?

제2장

―『詩經』300여 편 창작사상의 용의는 性情을 올바르게 되돌리는 효용

子曰: “『詩三百』, 一言以蔽之, 曰: ‘思無邪’。”

zǐyuē shīsānbǎi yīyányǐbìzhī yuē sīwúxié

관련 편장(篇章)

子曰: “誦詩三百, 授之以政, 不達; 使於四方, 不能專對; 雖多, 亦奚以爲?” (「子路」篇 第5章)

주석(注釋)

① 시삼백(詩三百): 명 『詩經』이 300여 편으로 엮어진 시가총집(詩歌總集)인 까닭에 붙여진 이름이다.

② 일언(一言): 명 한 마디의 말.

③ 이(以): 전 ……로써, 써서, 사용해서. 현대 중국어 ‘用(yòng)’, ‘拿(ná)’에 해당함.

④ 폐(蔽): 동 개괄(概括)하다, 총합하다.

⑤ 왈(曰): 동 ……라고 부르다. 현대 중국어 ‘叫做(jiàozuò)’, ‘稱爲(chēngwèi)’에 해당함.

⑥ 사(思): 명 생각, 사고, 염두, 사상.

⑦ 사(邪): 명 사악한 생각, 염두.

석의(析義)

① 시삼백(詩三百): 원래『詩經』은 311편이었는데 그 가운데 단지 편목만 남아있는 6편을 제외한 나머지 305편을 옛사람들이 '三百篇', '詩三百'이라 정수로 통칭하였다. 그 까닭에 '詩', '三百篇', '詩三百'은 모두『詩經』을 가리키는 말이다.
② 일언(一言): 고대에 '一句'를 '一言'이라 일컬었는데 '한 마디'라는 의미이다.
③ 사무사(思無邪): 본래 유래는『詩經·魯頌·駉』편 "思無邪, 思馬斯徂(생각은 사악함이 없이 순수하고 바를지니 오로지 말이 튼튼하게 빨리 달리도록 생각하여 말을 기르는 이가 나아가네)"이다. 본래 의미에서 파생한 정성스러움, 순수하고 바름의 의미로 사용된 것이다.

문법구조(文法構造)

전체 원문은 서사성 복합 문장이다. 인용부호 속의 3구는 보충관계로 구성된 장문이다. 제1구 '詩三百'은 태도를 표현하는 단문인데 '『詩』'는 주어이며 '三百'은 술어이다. 제2구는 서사성 단문이다. 본래 '一言'은 보어인데 이를 이끄는 전치사가 그 앞에 놓이지 않고 뒤에 놓여 있다. 그 까닭은 중요성을 한층 더하려는 의도일 것이다. 사실 '以'자를 보어 뒤에 놓고 술어 '蔽'자 앞에 놓지 않은 것과 부사어를 술어 앞에 놓은 것은 중간에 '以'자를 더한 상황과 같이 마치 이 '以'자가 또 다른 작용을 지닌 것처럼 보이게 한다. 왜냐하면 표면적으로는 '一言'도 부사어로 볼 수 있기 때문이다. 그러나 '以'자는 현대 중국어 '用(yòng)'자나 '拿(ná)'자로 번역할 수 있으며 '一言'은 의심할 여지가 없이 보어이다. '蔽之'의 '之'자는 지시대명사로 '詩三百'을 가리키며 이렇게 문장 말미에 사용하는 용법은 시작과 끝의 호응을 위한 것이다.

"曰: '思無邪'"는 한 마디 판단성 복합 장문이다. '曰'자는 헤세영 太師의 『論語二十篇句法硏究』에서 배학해(裴學海)의 『古書虛字集釋』(권2, p.135)에 '曰, 猶是也(왈은 ……같은 것이다)'라 해석한 내용을 근거로 연계 어휘로 간주하였다.[93] '猶是'는 현대 중국어 '就是(jiùshì)'에 해당한다. '思無邪'는 술어이고 자체로 한 마디 태도를 표현하는 단문이다. '思'는 주어이고 '無邪'는 술어이며 어휘결합 형태이다. '無'자는 '不'자와 통하며 '邪'는 의미를 표시 하는 형용사이다.

문장법 분석(文章法分析)

본문 내용은 '점(點)-염(染)'구조의 변화를 통한 전개이다. 전체문장은 『詩經』에 대해 공자께서 간단명료한 한 마디로 그 창작상의 용의(用意)를 개괄한 내용이다. 첫 번째 1구는 '점(點)'에 속하는데 "『詩』300편이란 텍스트의 창작상의 용의'에 대한 설문(設問)방식의 수사법을 통한 자문이다. 두 번째 2구는 '염(染)'에 속하는데 '가설(假設)-사실(事實)'을 포함한 관계이다. 즉 '가설(假設)' 부분에서 "한 마디로 '『詩』300편'의 용의를 개괄한다면"이라 전제하고 '사실(事實)' 부분에서 "시인의 시를 창작하는 사상에 사악한 생각이 없다"고 규정한다. 설문(設問)방식의 수사법의 자문자답으로 문장을 일단락 짓고 있다. 여기서 기술한 문장법에 내재된 논리를

93 이 책 p.16에 보임.

정리하면 다음 <표-46>과 같다.

<표-46> 내재논리 분석도

구분		내용
점(點)		'『詩』300편' 창작상의 용의(用意)
염(染)	가설(假設)	한 마디로 '『詩』300편'의 창작용의를 개괄한다면
	사실(事實)	시인의 시를 창작 사상에 사악한 생각이 없음

신역(信譯)

공자께서 "『詩經』 300편에 대해 한마디로 이를 개괄한다면 생각에 사악함이 없다는 것이다"라고 말씀하셨다.

달역(達譯)

공자께서 "제자들이여 『詩經』 300편에 대해 한마디로 그 용의를 개괄한다면 시인의 시 창작 사상에 사악함이 없다는 것입니다"라고 말씀하셨다.

아역(雅譯)

공자께서 "제자들이여 『詩經』300편 창작상의 용의에 대해 한마디로 그것을 총결하여 개괄한다면 바로 시인의 창작 의도와 사상에 전혀 사악함이 없고 순수하며 바르기에 성정(性情)을 올바르게 하는 효용이 있다는 것입니다"라고 말씀하셨다.

함축의미 분석도

<표-47> 함축의미 분석도

『詩』300편' 창작상의 용의	⇨	• 한 마디로 '『詩』300편'의 창작용의를 개괄한다면
		• 시인의 시 창작 사상에 사악한 생각이 없다

생각열기

문학, 예술 작품의 이해에 가장 중요한 점은 무엇일까? 서양철학과 비교하여 동양철학 정신의 경지는 주로 어디에 구현되어 있을까? '권선징악(勸善懲惡)'과 서양 미학의 관점은 공유될 수 있는 가치일까?

제3장

— 제아무리 완벽하고 결점이 없는 법치라도 덕치만 못함

子曰: "道之以政, 齊之以刑, 民免而無恥; 道之以德, 齊之以禮, 有恥且格。"

zǐyuē dàozhīyǐzhèng qízhīyǐxíng mínmiǎnérwúchǐ dàozhīyǐdé qízhīyǐlǐ yǒuchǐqiěgé

관련 편장(篇章)

"夫教之以德, 齊之以禮, 則民有格心; 教之以政, 齊之以刑, 則民有遯心。" (『禮記·緇衣』篇)

주석(注釋)

① 도(道): 동 '導'자와 같음. 유도하다, 인도하다, 설득하여 이끌다.

② 지(之): 대 백성, 국민.

③ 이(以): 전 ……로써, 써서. 현대 중국어 '用(yòng)', '拿(ná)'에 해당함.

④ 정(政): 명 정령(政令) 즉 정법명령(政法命令).

⑤ 제(齊): 동 정돈하여 질서 있게 하다.

⑥ 형(刑): 명 형벌.

⑦ 면(免): 동 면하다, 피하다.

⑧ 치(恥): 명 염치, 수치심(羞恥心), 치욕감.

⑨ 차(且): 접 아울러, 게다가. 현대 중국어 '而且(érqiě)'에 해당함.

⑩ 격(格): 동 고쳐 바로잡아 바르게 하다.

석의(析義)

① 면(免): 先秦시대 고적 중에 '免'자는 흔히 '免罪(죄를 면하다)'. '免刑(형벌을 면하다)', '免禍(재앙을 피하다)'라는 의미로 사용되었다.

② 격(格): 『尙書 · 冏命』편에 "오직 저 한 사람이 어진 덕행이 없기에 사실 사방의 지위 있는 관원들에 기대 그 미치지 못함을 바로잡고 새끼줄의 분산된 실마리를 찾아 얽어 묶듯이 그 잘못된 마음을 바로잡아 선열들을 계승할 수 있게 하였다"[94]고 하였고, 『孟子 · 离婁上』에 "오직 대인은 군왕 마음의 옳지 않음을 바로잡아 옳게 할 수 있는 것이다"[95]라 하였고, 하안의 『論語集解』에 "格, 正也(격은 바르게 되돌리는 것이다)"[96]라 하였다.

문법구조(文法構造)

전체 원문은 서사성 복합 문장이다. 인용부호 속의 앞 3구는 조건관계로 구성된 장문이다. 조건 단문 "道之以政, 齊之以刑" 2구 모두 서사성 단문이 결합된 형태의 평행관계로 구성된 장문이다. '道'와 '齊'는 술어이고 '之'는 지시대명사로 '國民(百姓)'을 가리키는 목적어이며 '以'는 전치사

94 "惟予一人無良, 實賴左右前後有位之士, 匡其不及, 繩衍糾繆, 格其非心, 俾克紹先烈."(『尙書』, 十三經注疏本, 臺北: 藝文印書館, 1989, p.294)

95 "惟大人爲能格君心之非."(『孟子』, 十三經注疏本, 臺北: 藝文印書館, 1989, p.136)

96 王熙元, 『論語通釋』(上), 臺北: 學生書局, 1988, p.42.

로 뒤 '政'과 '刑'이라는 보어를 이끄는 기능을 해낸다. "民免而無恥" 1구는 태도를 표시하는 단문과 1구의 '有無' 관계의 단문이 역접관계로 구성된 것이며 앞 2구 조건 단문의 후속결과 장문이다. '民免'은 '民免於政、刑'의 생략 형태이고 '而'는 역접관계를 표시하는 접속사이며 '無恥'는 술어 '無'와 목적어 '恥'가 어휘결합으로 구성된 형태이다.

인용문 뒤 3구 역시 조건관계로 구성된 장문이다. 조건 단문 2구도 모두 서사성 단문이 결합된 형태의 평행관계로 구성된 장문으로 앞 인용문 중의 조건 단문 형식과 같기에 더 이상 분석하지 않는다. '有恥且格'은 조합 형태의 관계로 구성된 장문인데 '有恥'는 유무관계의 단문이고 술어 '有'와 목적어 '恥'가 더해진 것이다. '且'는 접속사이고 '格'은 태도를 표현하는 술어이며 그 주어는 넓은 의미의 '국민(백성)'인데 생략되었다. '格'자는 하안(何晏)의『注』에 "正也(바르게 되돌리는 것이다)"라고 하였다.

문장법 분석(文章法分析)

본문 내용은 '편(偏)-전(全)'구조의 변화를 통한 전개이다. 전체문장은 국가를 정령과 형벌이란 수단을 통한 법치와 도덕과 예절이란 수단을 통한 덕치의 우열을 가려 일깨우는 내용이다. 첫 번째 3구는 '편(偏)'에 속하는데 다시 '서(敍)-론(論)'을 포함한 관계이다. '서(敍)'는 사례로 '사일(事一)-사이(事二)'를 포함한 관계이다. 즉 정법명령(政法命令)으로 통치기강을 바로잡아 이끌어가며, 수형체벌(受刑體罰)로 풍기질서를 가지런히 정돈한다는 조건을 전제한다. '논(論)'은 이치로 '정(正)-반(反)'을 포함한 관계이다. 즉 정령과 형벌의 저촉을 피하지만 도리어 염치가 없어진다는 이미 전제한 조건 충족을 위한 부정적 후속결과다. 두 번째 3구는 '전(全)'에 속하는데 다시 '서(敍)-론(論)'을 포함한 관계이다. '서(敍)'는 사례로 '사일(事一)-사이(事二)'를 포함한 관계이다. 즉 윤리도덕(倫理道德)으로 통치기강을 바로잡아 이끌어가며 예의범절(禮儀範節)로 풍기질서를 가지런히 정돈한다는 조건을 전제한다. '논(論)'은 이치로 '조(粗)-정(精)'을 포함한 관계이다. 즉 국민들이 염치를 지닐 뿐 아니라 마음을 되돌려 따른다는 이미 전제한 조건 충족을 위한 긍정적 후속결과다. 조건의 전제에 따른 후속결과로 전개된 사리(事理)를 비교하여 그 우세를 보여주며 품격 있는 정치의 구현, 정치가의 출현을 기대하며 문장을 일단락 짓고 있다. 여기서 기술한 문장법에 내재된 논리를 정리하면 다음 <표-48>과 같다.

<표-48> 내재논리 분석도

편(偏)	서(敍)-사(事)	사일(事一)	정령(政令)을 통치기강으로 이끌어가고
		사이(事二)	형벌(刑罰)를 풍기질서로 따르게 하면
	논(論)-이(理)	정(正)	정령과 형벌의 저촉을 피할지라도
		반(反)	도리어 염치가 없어짐
전(全)	서(敍)-사(事)	사일(事一)	도덕(道德)을 통치기강으로 이끌어가고
		사이(事二)	예절(禮範)을 풍기질서로 따르게 하면
	논(論)-이(理)	조(粗) 천(淺)	국민들이 염치가 있을 뿐 아니라
		정(精) 심(深)	바르게 마음을 되돌림

신역(信譯)

공자께서 "정령(政令)으로 국민을 이끌어가고, 형벌(刑罰)로 국민을 따르게 하면 정령과 형벌의 저촉을 피하지만 도리어 염치가 없어진다. 비교하여 도덕(道德)으로 국민을 이끌어가고 예절(禮節)로 국민을 따르게 하면 염치가 있으며 게다가 바르게 마음을 되돌린다"라고 말씀하셨다.

달역(達譯)

공자께서 "제자들이여 정령(政令)으로 국민들을 이끌고 유도하며, 형벌(刑罰)로 국민들을 믿고 따르게 하면 그들이 정령과 형벌의 저촉을 피하지만 도리어 염치가 없어집니다. 이에 비해 도덕(道德)으로 국민을 이끌고 유도하며, 예절(禮節)로 국민들을 믿고 따르게 하면 그들이 염치 있을 뿐 아니라 바르게 마음을 되돌릴 것입니다"라고 말씀하셨다.

아역(雅譯)

공자께서 "제자들이여 정법명령(政法命令)에 의거해 나라조정의 통치기강 확립하여 국민들을 이끌어 유도하고, 수형체벌(受刑體罰)에 의거해 나라조정의 풍기질서 정돈으로 국민들을 믿고 따르게 하면 정법명령과 수형체벌의 저촉을 피할지라도 도리어 염치가 없어집니다. 이에 비해 윤리도덕(倫理道德)에 의거해 나라조정의 통치기강 확립으로 국민들을 이끌어 유도하고, 예의범절(禮儀範節)에 의거해 나라조정의 풍기질서 정돈으로 국민들을 믿고 따르게 하면 염치가 있을 뿐 아니라 그들이 바르게 마음을 되돌릴 것입니다" 라고 말씀하셨다.

함축의미 분석도

<표-49> 함축의미 분석도

조건		결과
• 정령(政令)을 통치기강으로 이끌어가고 • 형벌(刑罰)를 풍기질서로 따르게 하면	⇨	정령과 형벌의 저촉을 피할지라도 도리어 염치가 없어짐
• 도덕(道德)을 통치기강으로 이끌어가고 • 예절(禮範)을 풍기질서로 따르게 하면	⇨	국민들이 염치가 있을 뿐 아니라 바르게 마음을 되돌림

생각열기

'법가(法家)'의 주장대로 '법대로' 즉 '법치를 위한 법치'로 모든 문제가 해결될 수 있을까? 그런데 세상 모든 문제에 오직 법의 잣대만을 들이댈 수는 없다. 왜냐하면 법을 모든 상황에 적용할 수 없기 때문이다. 자체로 완벽하지 않을 뿐 아니라 그 한계가 분명해 보인다. 그렇다면 보다 유효한 방식은 없는 것일까? '법령'과 '예절'의 조화가 유효한 질서유지의 방식은 아닐까?

제4장

— 학문 추구와 실행 및 수양을 거친 덕성 함양으로 중용의 도리에 이르는 과정

子曰: "吾十有五而志於學; 三十而立; 四十而不惑; 五十而知天命; 六十而耳順, 七十而從心所欲, 不踰矩。"

zǐyuē wúshíyòuwǔérzhìyúxué sānshíérlì sìshíérbùhuò wǔshíérzhītiānmìng lìushíérěrshùn qīshíércóngxīnsuǒyù bùyújǔ

관련 편장(篇章)

子曰: "學而時習之, 不亦說乎; 有朋自遠方來, 不亦樂乎; 人不知而不慍, 不亦君子乎?" (「學而」篇 第1章)

子曰: "三人行, 必有我師焉, 擇其善者而從之, 其不善者而改之。" (「述而」篇 第22章)

子曰: "君子博學於文, 約之以禮, 亦可以弗畔矣夫?" (「雍也」篇 第26章)

"顏淵喟然歎曰: '……夫子循循然善誘人, 博我以文, 約我以禮。'" (「子罕」篇 第10章)

子曰: "興於詩, 立於禮, 成於樂。" (「泰伯」篇 第8章)

子曰: "不知命, 無以爲君子也。不知禮, 無以立也。不知言, 無以知人也。" (「堯曰」篇 第6章)

"齊景公待孔子, 曰: '若季氏, 則吾不能, 以季孟之間待之。' 曰: '吾老

矣，不能用也。’孔子行。”(「微子」篇 第3章)

子曰: “加我數年，五十以學 『易』，可以無大過矣!”(「述而」篇 第17章)

子曰: “後生可畏，焉知來者之不如今也。四十、五十而無聞焉，斯亦不足畏也已!”(「子罕」篇 第22章)

子曰: “予欲无言。” 子贡曰: “子如不言, 则小子何述焉? ” 子曰: “天何言哉? 四时行焉, 百物生焉, 天何言哉? ”(「陽貨」篇 第19章)

子曰: “唯仁者，能好人，能惡人。”(「里仁」篇 第3章)

주석(注釋)

① 유(有): 부 ‘又’자와 같음. 옛사람들은 습관적으로 연령을 말할 때 정수와 다음 단위 정수 사이의 ‘0’을 대신해서 사용하였는데, 그래서 ‘十有五’는 바로 15세이다.

② 이(而): 접 그런 후(에), 현대 중국어 ‘然後(ránhòu)’에 해당함.

③ 지(志): 동 뜻이 있다, 뜻이 향하다. 뜻을 세워 결심하다.

④ 학(學): 명 학문 즉 ‘詩’와 ‘書’, ‘禮’, ‘樂’, ‘射’, ‘御’, ‘術’ 등 ‘육례(六禮)’를 포함한 사회 진출에 필요한 소양(사회적 능력)을 갖추기 위한 학과 분야영역의 지식이론 정보를 가리킨다.

⑤ 입(立): 동 언행이 바르고 단정하게 자신을 확립하여 다른 사람과 교류 왕래할 수 있는 사람이 되다.

⑥ 혹(惑): 동 의혹(疑惑)을 품다, 의심하여 분별하지 못하다; 미혹(迷惑)되다, 맹목적으로 따르며 변별 판단하지 못하다.

⑦ 지(知): 동 분명히 알다, 깨달아 알다. 현대 중국어 ‘明白’에 해당함.

⑧ 천명(天命): 명 우주대자연의 모든 사람, 사물의 생성, 변화, 발전에 관한 운행의 원리를 가리킨다.

⑨ 이순(耳順): 언사가 귀에 거슬리는 곳을 느끼지 못하다.

⑩ 종심소욕(從心所欲): '從'자는 '順'과 같고 현대 중국어 '順着(shùnzhe)', '順從(shùncóng)' 그리고 '隨(suí)'에 해당함. 마음이 하고자하는 것을 따르다.
⑪ 불유구(不踰矩): '踰'는 넘다, 초과하다, 벗어나다는 의미이다. '矩'는 규범, 법도, 규범도리의 의미이다. 본문에서 해당 어휘는 "최고의 가치와 궁극적 도리를 벗어나지 않다"라는 의미이다.

석의(析義)

① 지어학(志於學): 지식이론 정보의 학습, 실천으로 관점과 견해를 정립하고 자기수양을 거쳐 덕성을 함양하는데 뜻을 세워 결심하다.
② 입(立): '입신처세(立身處世)' 즉 "수양을 거친 덕성함양, 몸에 익힌 예의범절의 절제력 발휘로 언행이 바르고 단정한 자신을 확립하여 다른 사람과 교류왕래하다"라는 의미이다.
③ 불혹(不惑): 인간세상의 사람, 사물 관련 지식이론 정보를 융합 연계하여 얻어진 도리(이치)를 믿고 따르며 변별하거나 판단하지 못한 것이 없다. 즉 인간세상의 사람, 사물 관련 도리(이치)를 체득하여 미혹된 곳이 없다. 「子罕」편 28장에 "공자께서 '지혜를 지닌 사람은 미혹되지 않고 사랑의 정감을 지닌 사람은 근심하지 않으며 용기를 지닌 사람은 두려워하지 않는다'라고 말씀하셨다"[97] 라 하였고 「憲問」편 29장에 "공자께서 '군자의 도리는 3가지인데 나는 말할 수 없지! 사랑의 정감을 지닌 사람은 근심하지 않고 지혜를 지닌 사람은 미혹되지 않으며 용기를 지닌 사람은 두려워하지 않는다'고 말씀하셨다"[98]라고 하였다. 여기서 '不惑'은 '知(智)者不惑' 중의 의미와 같다.
④ 천명(天命): 주희의 『論語集注』에 "천명은 즉 하늘의 이치가 흘러가고 만물에

97 "子曰: '知(智)者不惑, 仁者不憂, 勇者不懼.'"(『論語』, 十三經注疏本, 臺北: 藝文印書館, 1989, p.81)

98 "子曰: '君子道者三, 我無能焉! 仁者不憂, 知(智)者不惑, 勇者不懼.'"(『論語』, 十三經注疏本, 臺北: 藝文印書館, 1989, p.128)

부여해서 사 물이 연유한 당연한 이치이다"[99]라고 하였다. 부연하자면 천명은 (우주대)자연의 모든 사람, 사물의 생성·변화·발전·소멸 등에 관한 운행 원리이다.

⑤ 종심소욕(從心所欲): : '縱'자로 해석하는 사례로 황간의『論語義疏』에 '縱'이라 읽고 '방종(放縱)'[100]이라 해석하였고 유종원의『與楊晦之書』에 "孔子七十而縱心"이라하였으며 '所欲' 2글자를 다음 구에 더해 읽어 "七十而縱心, 所欲不踰矩"라 읽어야 한다[101]고 하였다. 그러나 문언 체에서 '縱'은 부정의미 어휘 즉 '폄의사(貶義詞)'로 사용되는 것이 일반적이기에 이보다는 마땅히 현대 중국어 '순착(順着)', '순종(順從)'에 해당하는 '……에 따라', '……에 순종하여' 등의 의미로 해석해야 한다.

⑥ 구(矩): 파생하여 최고의 가치와 궁극적 도리 즉 '도덕'으로 해석할 수 있다.

문법구조(文法構造)

전체 원문은 서사성 복합 문장이다. 인용부호 속의 제1구 "吾十有五而志於學"은 시간의 선후 관계로 구성된 장문이며 접속사 '而'는 현대 중국어 '然後(ránhòu)'에 해당한다. 앞 구의 '吾十有五'는 한 마디 태도룰 표시하는 단문인데 주어는 '吾'이고 술어는 '十有五'이며 어휘연계 형태로 접속사 '有'가 정수와 다음 단위 정수가 사이에 더해진 것이다. '有'자는 '又'자와 같으며 현대 중국어는 이를 사용하지 않는다. 즉 '十又五' 역시 본래 '十又加五'이지만 술어 '加'가 생략되었다. 뒤 구의 '志於學'은 서사성 단구이다. 앞 문장에 이어 '吾'가 주어이고 생략된 형태며 '志'가 동사로 술어

99 "天命, 即天道之流行而賦於物者, 乃事物所以當然之故也."(『四書章句集注』, 臺北: 長安出版社, 1990, p.54)

100 楊伯峻,『論語譯注』, 臺北: 漢京文化事業有限公司, 1987, p.13.

101 위의 주62)의 책에 보임.

이며 '下決心(뜻을 세우기로)결심하다'라는 의미이다. '於'는 장소 전치사이고 '學'은 보어이며 술어에 대해 보충 설명한다.

"三十而立"도 시간의 선후 관계로 구성된 장문이며 그 가운데 2구는 모두 태도를 표시하는 단문이다. 뒤 "四十而不惑"과 문법이 일치하며 단지 '不惑'이 어휘결합 형태일 뿐이다. "五十而知天命"은 시간의 선후 관계로 구성된 장문이며 앞 1구 태도를 표시하는 단문과 뒤 1구 서사성 단문이 연결된 형태이다. "六十而耳順"도 시간의 선후 관계로 구성된 장문이며 앞뒤 2구 모두 태도를 표시하는 단문이다.

"七十而從心所欲, 不踰矩" 역시 시간의 선후 관계로 구성된 장문인데 제1구 '七十'은 태도를 표시하는 단문이고, 제2구 '從心所欲, 不踰矩'는 연합형태의 조합 관계로 구성된 장문이다. '從心所欲'은 한 마디 서사성 단문인데 주어 '吾'는 생략되었고 '從'은 술어이며 '心所欲'은 자체가 어휘조합 형태의 목적어이다. '心'은 소주어 '所欲'은 중심(주제)어이다. '不踰矩'는 서사성 단문이고 주어는 어떠한 한마디 언사, 한차례 행동을 폭넓게 가리킨다. '不'는 부사어이고 '踰'는 술어이며 '矩'는 목적어이다.

문장법 분석(文章法分析)

본문 내용은 '천(淺)-심(深)'구조의 시간 선후변화를 통한 전개이다. 전체문장은 학문추구와 실행으로 사회적 소양을 겸비한 후 수양을 거친 덕성함양에 의지가 있거나, 예절을 익혀 자신을 확립하고 타인과 교류 왕래할 수 있거나 인간 세상의 사람과 사물의 도리를 깨달아 변별 판단할 수 있거나, (우주)대자연의 사람과 사물 등에 관한 운행 원리를 깨달아 알거나, 어떤 언사든 그 관점에 대해 초월할 수 있어 귀에 거슬림 없이 받아들일 수 있거나, 마음속으로 하려한 생각에 따라 실행하지만 최고의 가치와 궁극적 도리를 초과하지 않는다는 내용이다. 첫 번째 1구는 '천(淺)'에 속하는데 다시 '선(先)'을 포함한 관계이다. 즉 15세에 학습, 실천의 병행으로 사회적 소양을 겸비한 후 수양을 거쳐 덕성을 함양하려는 의지가 있었다 한다. 두 번째부터 여섯 번째까지 5구는 '심(深)'에 속하는데 다시 후일(後一, 30세), 후이(後二, 40세), 후삼(後三, 50세), 후사(後四, 60세), 후오(後五, 70세) 등의 변화 발전 상황을 포함한 관계이다. 후일(後一, 30세)에는 예의범절을 익혀 언사가 바르고 품행이 단정하게 자신을 확립하여 다른 사람과 교류 왕래할 수 있는 사람이 된 것이다. 후이(後二, 40세)에는 인간세상의 사람, 사물에 관한 도리를 체득하여 변별 판단하지 못하는 것이 없다는 것이다. 후삼(後三, 50세)에는 (우주)대자연의 모든 사람, 사물에 관한 생성·변화·발전·소멸 등 그 운행의 원리를 체득하게 되었다는 것이다. 후사(後四, 60세)에는 각종 언사의 상대적 관점에 대해 초월적 태도와 입장을 견지할 수 있어 귀에 거슬림 없는 중용의 단계에 이르렀다는 것이다. 후오(後五, 70세)에는 마음속에 의향이 있어 하고자하는 것을 따라 실행하지만, 결코 최고의 가치와 궁극적 도리를 지나쳐 벗어나지 않는다는 경지를 시간적 그리고 단계적으로 제시하며 일단락 짓고 있는 것이다. 여기서 기술한 문장법에 내재된 논리를 정리하면 다음 <표-50>과 같다.

<표-50> 내재논리 분석도

구분	단계	내용
천(淺)	선(先) 十有五	사회적 소양 겸비에 의지가 있어 학습, 실천의 병행 및 수양을 거쳐 덕성을 함양하기로 결심
심(深)	후일(後一)三十	예의범절을 익혀 자립하여 타인과 교류 왕래할 수 있게 됨
	후이(後二)四十	인생의 사람, 사물 관련 도리를 체득하여 변별 판단하지 못하는 것이 없음
	후삼(後三)五十	우주대자연의 모든 사람과 사물에 관한 운행원리를 체득하여 알게 됨
	후사(後四)六十	각종 언사의 상대적 관점에 대해 초월할 수 있어 귀에 거슬림 없는 단계에 이름
	후오(後五)七十	마음속으로 하려는 의향에 따라 실행하지만 최고의 가치, 궁극적 도리를 벗어나지 않는 경지

신역(信譯)

공자께서 "나는 15살에 학문추구부터 덕성함양까지에 뜻이 있었고, 30살에 예절을 익혀서 자립하여 타인과 교류 왕래하였고, 40살에 인간세상의 도리에 미혹되지 않았고, 50살에 우주대자연의 원리를 깨달아 알았고, 60살에 어떤 언사든 마음에 순리적으로 들렸고, 70살에 마음속으로 하고자 한 것에 따라 실행하는데 가치와 도리를 벗어나지 않았다"라고 말씀하셨다.

달역(達譯)

공자께서 "제자들이여 나는 15살에 학문 추구와 실행 및 수양을 거친 덕성함양에 뜻이 있었고, 30살에 예의범절을 익혀서 자립하여 타인과 교류 왕래하였고, 40살에 인간세상의 도리를 체득하였기에 미혹되어 분별력 없지 않았고, 50살에 우주대자연의 순환운행의 원리를 체득하였고, 60살에 각기 다른 견해가 마음에 거슬림 없이 순리적으로 들렸고, 70살에 마음속으로 하고자한 것에 따라 실행하는데 가치와 도리를 벗어나지 않았습니다"라고 말씀하셨다.

아역(雅譯)

공자께서 "제자들이여 나는 15살에 학문 추구와 실행 및 수양을 거친 덕성함양에 뜻이 있었고, 30살에 예의범절을 익혀서 언사가 바를 뿐 아니라 품행이 단정하게 자립하여 다른 사람과 교류 왕래하였고, 40살에 인간세상 사람, 사물에 관한 지식이론 정보의 융합 연계로 도리(이치)를 체득하였기에 어떤 것에도 미혹되어 분별력·판단력 없지 않았고, 50살에 우주대자연 모든 사람, 사물의 생성·변화·발전·소멸 등에 관한 순환운행의 원리를 체득하였고, 60살에 각기 언급한 견해의 상대적 관점에 대해 초월적 태도와 입장을 견지할 수 있어 귀에 거슬림 없이 좋아할 수도 혹은 싫어할 수도 있는 중용의 단계에 이르렀고, 70살에 마음속에 의향이 있어 하고자한 것에 따라 실행하는데 객관성과 합리성 그리고 보편성이 확보되어 결코 최고의 가치와 궁극적 도리를 지나쳐 벗어나지 않은 경지에 도달할 수 있었습니다"라고 말씀하셨다.

함축의미 분석도

<표-51> 함축의미 분석도

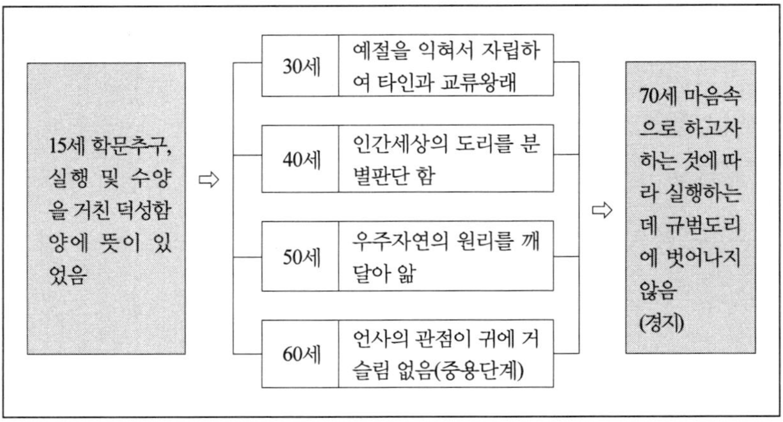

생각열기

계획성을 지닌 절도있는 삶이란 어떤 것일까? 지금껏 걸어온 인생을 돌이켜보면 만감이 교차할 것이다. 도대체 무엇을 위해 산 삶일까? 어떻게 살아온 삶일까? 각 시기별 걸어온 인생을 자리매김할 수 있을까? 결국 어떻게 귀결해야 바람직할까?

제5장

— 예의범절에 따라 마음과 온힘을 다한 효도의 도리

孟懿子問孝。子曰: “無違。”樊遲御, 子告之曰: “孟孫問孝於我, 我對曰: ‘無違。’” 樊遲曰: “何謂也?”子曰: “生, 事之以禮; 死, 葬之以禮, 祭之以禮。”

mèngyìzǐwènxiào zǐyuē wúwéi fánchíyù zǐgàozhīyuē mèngsūnwènxiào yúwǒ wǒduìyuē wúwéi fánchíyuē héwèiyě zǐyuē shēng shìzhīyǐlǐ sǐ zàngzhīyǐlǐ jìzhīyǐlǐ

관련 편장(篇章)

曾子曰: “愼終追远, 民德归厚矣。”(「學而」篇 第9章)

子游問孝, 子曰: “今之孝者, 是謂能養。至於犬馬, 皆能有養, 不敬, 何以别乎?”(「爲政」篇 第7章)

“子夏問孝。子曰: ‘色難。有事, 弟子服其勞; 有酒食, 先生饌, 曾是以爲孝乎?’”(「爲政」篇 第8章)

子曰: “事父母幾諫, 見志不從, 又敬不違. 勞而不怨。”(「里仁」篇 第19章)

子曰: “父母在, 不遠遊, 遊必有方。”(「里仁」篇 第20章)

子曰: “父母之年, 不可不知也。一則以喜, 一則以懼。”(「里仁」篇 第22章)

“禮者, 謹於治生死者也。生, 人之始也; 死, 人之終也。”(『荀子·禮論』)

"子貢問喪, 子曰: 敬為上, 哀次之, 瘠為下。"(『禮記·雜記下』)
"君子反古復始, 不忘其所由生也。"(『禮記·祭義』)

주석(注釋)

① 맹의자(孟懿子): 노(魯)나라 대부로 성은 중순(仲孫), 이름은 하기(何忌), 이(懿)는 사후의 휘호이다.
② 효(孝): 명 효도.
③ 무위(無違): '無'자는 '不'자와 같고 '違'는 동사로 현대 중국어 '위역(違逆wéinì)', '위배(違背wéibèi)'의 의미이다.
④ 번지(樊遲): 공자의 제자로 제(齊)나라 사람인데 이름은 수(須)이고 자는 자지(子遲)이다.
⑤ 어(御): 동 탈것을, 수레를 몰다.
⑥ 맹손(孟孫): 바로 맹의자를 가리킨다.
⑦ 생(生): 부모생전(父母生前), 부모님께서 살아계실 때.
⑧ 사(事): 시봉(侍奉) 즉 받들어 모시다.
⑨ 지(之): 대 그들, 부모님.
⑩ 이(以): 전 '……로'. '……써서', 현대 중국어 '用(yòng)'에 해당함.
⑪ 예(禮): 명 예, 예의, 예절, 예의범절.
⑫ 사(死): 부모사후(父母死後), 부모님께서 돌아가신 후.
⑬ 장(葬): 염(殮liàn), 빈(殯bìn)의 상례(喪禮)와 매관안장(埋棺安葬)의 장례(葬禮)를 포함하는 개념이다.
⑭ 제(祭): 부모께서 돌아가신 후 매년 주기적으로 추도하고 기억하는 의식(儀式)을 가리킨다.

석의(析義)

① 맹의자의 부친은 맹희자(孟僖子)인데 『左傳·昭公七年』조[102]에 맹희자가 죽음

102 "九月, 公至自楚, 孟僖子病, 不能相禮, 乃講學之, 苟能禮者從之, 及其將死也。召

에 이르러 그 아들 맹의자(孟懿子)에게 공자께 예(禮)에 대해 배우도록 유언한 까닭에 공자께 '효도'에 관해 물은 것이다.

② 번지(樊遲): 어떤 이는 노나라 사람이라는 견해도 있다. 공자 보다 36세 혹은 46세나 어렸다고 하였다.

③ 어(御): 소나 말 2필이나 4필이 끄는 수레를 몰 수 있어야 했다. 지금의 자동차 운전능력에 해당한다.

④ 맹손(孟孫): 맹의자의 부친 중손 씨가 일찍이 맹손자(孟孫子)로 고쳐 부른데서 유래하였다.

⑤ 이례(以禮): 일정한 예의범절로(써). 고대의 예의범절은 신분에 따라 일정한 등급, 차별이 있어서 천자(天子), 제후(諸侯), 대부(大夫), 사(士), 서인(庶人) 등으로 각기 달리 적용되었다. 사실 등급, 차별 역시 부득이한 적용방법이다. 왜냐하면 '예(의범절)' 자체가 추상적인 질서이고 좋은 감정을 행동에 이입하여 표출해내는 것이기 때문이다.

⑥ 제(祭): 부모께서 돌아가신 후 매년 주기적으로 추도하고 기억하며 보본의식(報本意識)을 고취하는 동시에 세대와 세대를 연계하는 근본의식(根本意識)이 반영된 일종의 제사의식(祭祀儀式)을 가리킨다.

문법구조(文法構造)

"孟懿子問孝"는 한 마디 서사성 단문이다. "子曰: '無違'"는 한 마디 서사성 복합 문장인데 '無'자는 '毋'자와 통하고 부사어이며 '違'는 술어이다. 이 2구는 시간관계로 구성된 복문이다.

'樊遲御'는 서사성 단문이다. "子告之曰: '孟孫問孝於我, 我對曰: 無

其大夫曰: '禮, 人之幹也。無禮, 無以立, 吾聞將有達者曰孔丘, 聖人之後也, 而滅於宋。……'我若獲沒, 必屬說與何忌於夫子, 使事之, 而學禮焉, 以定其位。故孟懿子與南宮敬叔師事仲尼。仲尼曰: '能補過者, 君子也。'『詩』曰: '君子是則是效。'孟僖子可則效已矣。"(『左傳』, 臺北: 禮文印書館, 1989, p.766)

違'"는 한 마디 서사성 복합 문장인데 '(孔)子'는 주어이고 '告之'는 전치사와 목적어가 결합한 전치사구이며 '之'는 '樊遲'를 가리키는 대명사이다. '曰'은 술어이며 다음 인용한 2구가 목적어이다. 그 중에 제1구는 서사성 단문으로 '孟孫'이 주어이고 '問'이 술어이며 '孝'가 목적어이다. '於'는 전치사이며 '我'는 보어로 술어 '問'을 보충 설명하는 것이다. "我對曰: '無違'"는 한 마디 서사성 복합 문장이인데 '對曰'은 연합식의 의미결합 어휘이며 '無違'는 어휘결합 형태의 목적어이다.

"樊遲曰: '何謂也'"는 한 마디 서사성 복합 문장인 까닭에 목적어 '何謂'는 어휘결합 형태의 목적어이고 자체로 '何'는 목적어이며 '謂'는 술어이다. 다만 '何'자는 의문대명사로 문언문 용례에 따라 술어 앞에 놓이게 된 것이다. 이 어휘결합 형태가 점차 의미결합 형태의 복합어휘로 전환되며 위에 언급한 각 한 마디에 의문을 제기하려할 때, 마침 이 복합어휘를 사용한다.

"子曰: '生, 事之以禮; 死, 葬之以禮, 祭之以禮'"는 한 마디 서사성 복합 문장이며 '曰'자의 목적어는 보충관계로 구성된 장문이다. "生, 事誌以禮"는 시간관계로 구성된 장문이고 술어 '生'은 비록 1글자이지만 1구의 단문으로 간주되는데 단지 주어 '父母'가 생략되었을 뿐이며 '事之以禮'는 시간적으로 술어 '生'을 보충 설명하는 것이다. '事之以禮'는 서사성 단문이고 '事'의 주어는 '子女'이지만 생략되어 있으며 '之'자는 '父母'를 가리키는 대명사, '以'는 술어와 보어 사이에 더해져 보어 '禮'를 이끄는 전치사이다. "死, 葬之以禮, 祭之以禮"는 역시 시간관계로 구성된 장문인데 '死' 역시 주어 '父母'가 생략되었고 서사성 단문이며 '葬之以禮, 祭之以禮' 2구는 서사성 단문이 평행관계로 구성된 장문이다. 2개의 '之'는 모두

'父母'를 가리키는 대명사이며 나머지는 '事之以禮'와 구조가 일치하는 까닭에 더 이상 분석하지 않는다.

문장법 분석(文章法分析)

본문 내용은 '범(泛)-구(具)'구조의 시간 선후와 보충 사례를 통한 전개이다. 전체문장은 맹의자의 '효도'에 대한 물음에 공자께서 예절을 위배하지 않아야 '효도'를 다한 것이라 대답하는데, 이를 수레를 몰던 번지에게 알려주자 '어떤 의미인지' 의문을 표시하고 구체적인 사례를 들어 질문에 설명해주는 내용이다. 첫 번째 3구는 '범(泛)'에 속하는데 먼저 '선(先)-후(後)'를 포함하고 다시 '선(先)'은 '문(問)-답(答)'을 포함하며 게다가 '문(問)'은 '전언'을 포함한 관계이다. 그리고 '후(後)'는 '문(問)-답(答)'을 포함하며 게다가 '답(答)'은 '문(問)-답(答)'을 포함한 관계이다. 즉 맹의자가 '효도'에 대해 질문하자 공자께 예절을 위배하지 않아야 비로소 '효도'를 다한 것이라 대답하셨다. 그리고 수레를 몰던 번지에게 "맹의자의 '효도에 대해 예절을 위배하지 않아야 비로소 '효도'를 다한 것이다'"라고 문답한 내용을 들려주셨다. 두 번째 2구는 '구(具)'에 속하는데 '문(問)-답(答)'을 포함하고 다시 '답(答)'은 '생(生)-사(死)'를 포함하며 그리고 '사(死)'는 '장(葬)-제(祭)'를 포함한 관계이다. 즉 공자께서 알려주신 그와 맹의자 사이의 '효도'에 대한 문답을 경청한 후 번지가 공자께 '어떤 의미인지' 분명한 이해를 도울 수 있도록 설명해주시길 바란다. 이에 공자께서 부모님께서 살아계실 때는 예의범절에 따라 그 뜻과 마음을 헤아려 받들어 모시고, 부모님께서 돌아가신 후에는 예의범절에 따라 상례와 장례 치르거나 제례를 지내야 한다는 구체적인 사례를 들어 설명하며 문장을 일단락 짓고 있다. 여기서 기술한 문장법에 내재된 논리를 정리하면 다음 <표-52>와 같다.

<표-52> 내재논리 분석도

- 범(泛)
  - 선(先)
    - 문(問): 전언 - 맹의자가 공자께 효(孝)를 물음
    - 답(答): 예절을 위배하지 않는 것이 '효'를 다함
  - 후(後)
    - 문(問): 공자께서 수레를 모는 번지에게 알려주심
    - 답(答)
      - 문(問): 맹의자가 '효'를 물은 것에 대해
      - 답(答): 공자께서 "예절을 위배하지 않는 것이 '효'를 다함"이라 대답
- 구(具)
  - 문(問): 번지가 구체적으로 "어떤 의미입니까"하고 물음
  - 답(答)
    - 생(生): 부모님께서 살아계실 때는 예의범절에 따라 그 의향, 마음을 헤아려 받들어 모심
    - 사(死)
      - 장(葬): 예의범절에 따라 빈과 염 포함한 상례, 매관 안장하는 장례 치름
      - 제(祭): 매 주년 예의범절에 따라 추도하고 기억하기 위한 제사를 지냄

신역(信譯)

맹의자가 '효'를 물었다. 공자께서 "예를 거스르지 않는 거다"라고 말씀하셨다. 번지가 수레를 몰고 있는데 공자께서 그에게 "맹의자가 나에게 '효'를 묻기에 내가 그에게 '예를 거스르지 않는 거다'라고 답하셨다"고 알려주셨다. 번지가 "무엇을 이르는 것입니까?"하고 말하였다. 공자께서 "부모님께서 살아계실 때는 '예'로써 그들을 받들어 섬기고, 돌아가신 후에는 '예'로써 그들을 장사지내야 하며 '예'로써 그들을 제사지내야 한다"고 말씀하셨다.

달역(達譯)

맹의자가 공자께 '효도'를 물었다. 공자께서 "예절을 거스르지 않아야 하는 것이다"라고 말씀하셨다. 번지가 수레를 몰고 있는데 공자께서 그에게 "맹의자가 나에게 '효도'를 묻기에 내가 그에게 '예절을 거스르지 않아야 하는 것이다' 대답하셨다"라고 알려주셨다. 번지가 "선생님께서는 무엇을 일러 말씀하신 것입니까?"라고 말하였다. 공자께서 "부모님께서 살아계실 때는 '예절'로써 그들을 받들어 섬기고, 돌아가신 후에는 '예절'로써 그들을 애도하며 장사지내야 하며 '예절'로써 그들을 추모하며 제사지내야 합니다"라고 말씀하셨다.

아역(雅譯)

맹의자가 '효도'를 물었다. 공자께서 "예의범절을 거스르지 않고 '효도'를 다 하는 것입니다"라고 말씀하셨다. 번지가 수레를 몰고 있는데 공자께서 그에게 "맹의자가 나에게 '효도'를 묻기에 내가 그에게 '예의범절을 거스르지 않고 '효도'를 다하는 것입니다'라고 대답하셨다"고 알려주셨다. 번지가 "선생님께서는 구체적으로 무엇을 일러 말씀하신 것입니까"라고 말하였다. 공자께서 "부모님께서 살아계실 때는 '예의범절'에 따라 그들의 뜻과 마음을 깊이 헤아려 받들어 모시길 다하고, 돌아가신 후에는 '예의범절'에 따라 그들을 지극한 애도(哀悼)의 감정으로 엄숙하게 염殮·빈殯을 포함한 조문출빈(弔問出殯)의 상례를 치른 후 매관안장(埋棺安葬)의 절차대로 장사(葬事)지내야 하며 '예의범절'에 따라 그들을 지극한 추모(追慕)의 마음으로 정성스럽게 제사(祭祀)지내야 합니다"라고 말씀하셨다.

함축의미 분석도

<표-53> 함축의미 분석도

• '효도'를 물음 • 예절을 거스르지 않음	• '효도'는 예절을 거스르지 않음 • 어떤 일을 일컫는지?	생(生)	부모님들의 뜻과 마음 헤아려 받들어 모시길 다함
		사(死)	• 장례-애도의 감정으로 장사지냄
			• 제례-추모의 마음으로 제사지냄

생각열기

우리 사회에서 애사(哀事), 경사(敬事)에 상부상조하는 아름다운 전통은 예부터 전해지던 향약의 정신을 계승한 것이다. 부모님과 자녀의 관계는 어떠해야 하는 것일까? 그 관계의 아름다운 귀결은 어떤 것일까?

제6장

— 자식된 이는 그 몸을 건강하게 유지하는 것이 바로 부모님께 효도하는 것임

孟武伯問孝。子曰: “父母唯其疾之憂。”

mèngwǔbówènxiào zǐyuē fùmǔwéiqíjízhīyōu

관련 편장(篇章)

“仲尼居, 曾子侍。……子曰: ‘夫孝, 德之本也, 敎之所由生也。復坐, 吾語汝。身體髮膚, 受之父母, 不敢毁傷, 孝之始也。身行道, 揚名於後世, 以顯父母, 孝之終也。夫孝, 始於事親, 中於事君, 終於 身。「大雅」云: ‘無念爾祖, 聿脩厥德。’ ” (『孝經·開宗明義章』第一)

주석(注釋)

① 맹무백(孟武伯): 맹의자(孟懿子)의 아들 중손체(仲孫彘)이며, 무(武)는 시호이다.

② 유(唯): 부 오직, 오로지, 유독(惟獨), 홀로, 유일하게.

③ 기(其): 대 제3인칭 대명사로 현대 중국어 ‘他們的(tāmende그들의)’에 해당하는

데 '그들'은 '부모님'을 가리키며 '의'는 소유격으로 '그들이 낳은 자녀'를 가리킨다.

④ 질(疾): 동 병을 앓다, 병에 걸리다.

⑤ 지(之): 어조 문언 체에 보이는 목적어와 술어의 어순도치 용법에 사용한다.

⑥ 우(憂): 동 걱정하다, 근심하다.

석의(析義)

① 기(其): '부모님'과 '그들의 자녀' 2종류 해석이 존재한다. 먼저 '其'자를 '부모님'으로 해석한 사례를 들면, 『孝經 · 紀孝行章』에 "효자가 부모의 뜻과 마음을 헤아려 받들어 모시는 것이며,…… 병은 바로 그 부모님 걱정에 이른 것이다"[103]라고 하였다. 『淮南子 · 說林訓』편에도 "부모님의 병을 걱정하는 것은 자녀다"라고 하며 고유(高誘)의 『注』에 인용한 "『논어』에 '부모님은 오직 자녀들이 그들의 병을 걱정한다'고 말하였으므로 걱정하는 이는 자식이다"[104]라 하였다. 왕충(王充)의 『論衡 · 問孔』편에도 "무백이가 부모님을 걱정하길 좋아하므로 오직 자녀들이 그의 병을 걱정한다고 말하였다"[105]라고 하였다. 이어서 '其'자를 '그들의 자녀'로 해석한 사례를 들면, 마융(馬融)은 "비록 효자가 그릇되게 망령되지 않지만 오직 질병이 든 후에 부모님를 걱정하게 한다고 말하였다"[106]라고 하였다. 주희의 『論語集注』에도 "부모님들이 자식을 사랑하는 마음은 미치지 않는 곳이 없는데 오직 자녀들이 질병이 든 것을 두려워하며 늘 걱정이 되는 것이다 말하였다"[107]라고 하였다. 후자의 해석이 비교적 객관적인

---

103 "孝子之事親也, 居則致其敬, 養則致其樂, 病則致其憂, 喪則致其哀, 祭則致其嚴, 五者備矣, 然後能事親."(『孝經』, 十三經注疏本, 臺北: 藝文印書館, 1989, p.42)

104 "憂父之疾者子, 治之者醫; 進獻者祝, 治祭者庖."; "『論語』曰:'父母唯其疾之憂', 故曰: 憂之者子."(劉文典,『淮南鴻烈集解』, 臺北: 文史哲出版社, 1992, p.585)

105 "武伯善憂父母, 故曰: '唯其疾之憂.'"(黃暉,『論衡校釋』, 北京: 中華書局, 1996, p.399)

106 "言孝子不妄爲非, 唯疾病然後使父母憂." (『論語』, 十三經注疏本, 臺北: 藝文印書館, 1989, p.17)

107 "言父母愛子之心, 無所不至, 唯恐其有疾病, 常以爲憂也."(朱熹,『四書章句集注』, 臺北: 長安出版社, 1990, p.55)

데 왜냐하면 '효도'는 자녀들의 부모님에 대한 사랑의 정감 즉 '인(仁)'의 발현이기 때문이다. 따라서 부모님께서 걱정하시지 않도록 하는 것이 바로 '효도'의 시작이라 할 수있다.

② 지(之): 문언 체 중에 목적어와 술어가 어순도치 될 경우 목적어 뒤, 술어 앞에 어기조사가 더해지는 것이 일반적이다. 현대 중국어에서는 이러한 사례를 찾을 수 없다.

문법구조(文法構造)

"孟武伯問孝"는 한 마디 서사성 단문이다. "子曰: '父母唯其疾之憂'"는 한 마디 서사성 복합 문장인데 왜냐하면 목적어가 어휘결합 형태이기 때문이다. 이 어휘조합의 주어는 '父母'이고 '唯'는 부사어이며 '其疾'은 목적어 그리고 '憂'는 술어이다. 여기서 목적어가 술어 앞에 위치하는데 반드시 그 사이에 어기조사 '之'자가 더해져야 한다. 바로 문언 체의 일반적인 문법이며 현대 중국어에는 없는 수법이다. 목적어 '其疾'은 어휘조합으로 제3인칭 대명사 '其'가 앞에 더해지며 '父母所生之子女(부모님께서 낳은 자녀)'를 가리킨다.

문장법 분석(文章法分析)

본문 내용은 '문(問)-답(答)'구조를 통한 전개이다. 전체문장은 맹무백이 '효도'를 묻자 공자께서 '부모님께서는 오직 그 자녀들의 질병을 걱정한다'고 말씀하신 내용이다. 첫 번째 1구는 '문(問)'에 속하며 맹의자의 아들 맹무백이 공자께 '효도'를 물은 것이다. 두 번째 1구는'답(答)'에 속하고 공자께서 맹무백에게 "부모님께서는 오직 그 자녀들의 질병을 걱정하신다"라고 대답해주시며 구체적인 사례를 들어 그 이해를 도우며 문장을 일단락 짓고 있다. 여기서 기술한 문장법에 내재된 논리를 정리하면 다음 <표-54>와 같다.

<표-54> 내재논리 분석도

문(問)	'효도'를 물음
답(答)	"부모님께서는 오직 자녀들이 질병이 있을까 걱정하신다"는 쉽게 이해할 수 있는 구체적 사례를 들어 대답

신역(信譯)

맹무백이 '효'를 물었다. 공자께서 "부모님께서는 오직 자녀들이 질병이 있는 것을 걱정하신다"라고 말씀하셨다.

달역(達譯)

맹무백이 공자께 '효도'에 대해 물었다. 공자께서 "부모님께서는 오로지 그들의 자녀들이 몹쓸 질병을 얻을까 걱정하신다"라고 말씀하셨다.

아역(雅譯)

맹무백이 공자께 '효도'에 대해 여쭈었다. 공자께서 "부모님께서는 오직 한 생각으로 늘 그들의 자녀들이 혹시라도 치료하기 어려운 질병을 얻어 앓을까 걱정하신다"라고 말씀하셨다.

함축의미 분석도

<표-55> 함축의미 분석도

• '효'를 물음	⇨ ⇦	부모님께서는 그 자녀들이 질병이 있을까 걱정 (자식들은 건강을 지켜 부모님께서 걱정하지 않도록 함)

생각열기

사람의 마음을 헤아리는 것은 가장 어렵고, 중요한 일이다. 천륜, 인륜의 관계에 전제되는 조건은 무엇일까? 특히 그 관계가 부모님과 자녀들일지라도 결코 예외는 아니다. '양지(良知)'가 곧 그 전제 조건인 것일까?

제7장

— 효도는 부모님께 마음을 다해 공경하며 생활하실 수 있도록 봉양하는 것임

子游問孝, 子曰: "今之孝者, 是謂能養。至於犬馬, 皆能有養, 不敬, 何以别乎?"

zǐyóuwènxiào zǐyuē jīnzhīxiàozhě shìwèinéngyàng zhìyúquǎnmǎ jiēnéngyǒuyàng bùjìng héyǐbiéhū

관련 편장(篇章)

曾子曰: "愼終追远, 民德归厚矣。" (「學而」篇 第9章)

"孟懿子問孝。子曰: '無違。' 樊遲御, 子告之曰: '孟孫問孝於我, 我對曰: 無違。" 樊遲曰: '何謂也?' 子曰: '生, 事之以禮; 死, 葬之以禮, 祭之以禮。'" (「爲政」篇 第5章)

"子夏問孝。子曰: '色難。有事, 弟子服其勞; 有酒食, 先生饌, 曾是以爲孝乎?'" (「爲政」篇 第8章)

子曰: "事父母幾諫, 見志不從, 又敬不違. 勞而不怨。" (「里仁」篇 第19章)

子曰: "父母在, 不遠遊, 遊必有方。" (「里仁」篇 第20章)

子曰: "父母之年, 不可不知也。一則以喜, 一則以懼。" (「里仁」篇 第22章)

"子貢問喪, 子曰: 敬為上, 哀次之, 瘠為下。" (『禮記·雜記下』)

子曰: "孝子之事親也，居則致其敬，養則致其樂，病則致其憂，喪則致其哀，祭則致其嚴，五者備矣，然後能事親。事親者，居上不驕，爲下不亂，在醜不爭。居上而驕則亡，爲下而亂則刑，在醜而爭則兵。三者不除，雖日用三牲之養，猶爲不孝也。" (『孝經·紀孝行章』 第10章)

子曰: "教民愛親，莫善於孝。教民禮順，莫善於悌。移風易俗，莫善於樂。安上治民，莫善於禮。禮者，敬而已矣。故敬其父，則子悅；敬其兄，則弟悅；敬其君，則臣悅。敬一人，而千萬人悅。所敬者寡，而悅者衆，此之謂要道矣。" (『孝經·廣要道章』 第12章)

주석(注釋)

① 자유(子游): 공자의 제자로 성은 언(言)이고 이름은 언(偃)이며 자가 자유이다.

② 양(養): 동 봉양하다, 부양(생활에 도움을 제공하여 삶을 영위하게)하다.

③ 지어(至於): ……에 관해 이야기하면, ……에 대해 말하면.

④ 양(養): (가금, 가축 등의 동물을 먹여)기르다.

⑤ 경(敬): 동 공경하다. '불경(不敬bújìng)'은 '예로써 공경하지 않다'는 의미이다.

⑥ 별(別): 동 분별하다, 구별하다.

석의(析義)

① 자유(子游): 오(吳)나라 사람이고 공자보다 45세나 어렸으며 문학에 조예가 있었는데 노나라 무성읍(武城邑) 관리로 경대부(卿大夫)의 가신이었다.

② 지어(至於): 양백준의 『論語譯注』에 인용한 "(장상의 『詩詞曲語詞彙釋』)에 '至於'를 '卽使', '就是'로 해석하는데, 이 한 단락 중 진실로 문자가 순조롭게 이야기될 수 있지만 그러나 '至於'의 이 한 종류 용법은 선진 고전 중에 겨우 이 한 차

례 보여 다시 근거로써 긍정하기는 어렵다. 나는 이 하나의 '至於'와『孟子 · 告子上』의 '오직 귀가 역시 그러하다, 소리를 말하면 천하가 사광에 기대하는데 천하의 귀가 같은 것이다. 오직 눈이 역시 그러하다. 자도를 말하면 천하가 그 아름다움을 알지 못하지 않은 것이다'의 '至於'용법이 같다. 모두 '……에 관해 이야기하면', '……에 대해 말하면'으로 그것을 해석한다. 해석하지 않을 수도 있다"[108]고 말하였다.

문법구조(文法構造)

"子游問孝"는 한 마디 서사성 단문이다. '子曰'이하 인용부호 속의 제1구 "今之孝者, 是謂能養"은 단지 의미상 술어가 존재하는 장문이다. '今之孝者'는 어휘조합으로 주어이고 '是'자는 '祇'자로 해석되며 부사어로 의미상 존재 동사 '謂'를 수식하는 문장성분이다. '能養'은 어휘결합 형태로 '謂'자의 목적어이다. '至於犬馬, 皆能有養'과 '不敬, 何以別乎'는 역접 관계로 구성된 한 마디 장문이다. '至於犬馬, 皆能有養' 중의 제1구는 자체로 태도를 표시하는 단문이다. '至於'는 어휘조합 형대로 현대 중국어 '談到(tándào)', '講到(jiǎngdào)'에 해당한다. 주어 '犬馬'는 어휘연계 형태이고 술어 '皆能有養'은 유무 단문이며 '皆'와 '能'은 모두 부사어로 술어 '有'를 수식하는 구조인데 뒤에 목적어 '養'을 이끈다. 여기서 '養'자는 '被養'의 의미이다.

108 "張相的『詩詞曲語詞彙釋』把'至於'解作'卽使'、'就是'. 這一段中固然能够講得文從字順, 可是'至於'的這一種用法, 在先秦古書中僅此一見, 還難於據以肯定。我認爲這一'至於'和『孟子 · 告子上』的'惟耳亦然. 至於聲, 天下期於師曠, 是天下之耳相似也. 惟目亦然. 至於子都, 天下莫不知其姣也'的'至於'用法相似。都可用'談到'、'講到'來譯它。不譯也可。"(楊伯峻,『論語譯注』, 臺北: 漢京文化事業有限公司, 19 87, p.15)許世瑛, 「『論語』、『孟子』中'於'字用做動詞解」(『淡江學報』第三期).

'不敬, 何以別乎'는 역접관계 장문의 제2구이며 자체가 조건관계로 구성된 장문이다. '不敬'은 태도를 표시하는 복합 문장의 술어로 '不'는 부사어이고 '敬'은 태도를 표시하는 어휘이다. '何以別乎' 역시 태도를 표시하는 복합 문장의 술어로 자체가 서사성 복합 단문이고 '何'는 구실을 표시하는 보어로 의문대명사이기에 이를 이끄는 전치사 '以'가 그 뒤에 위치한 것이다. '別'는 술어이며 뒤에 보어 '孝者養犬馬'가 생략되어 있다.

인용문 전체 문장 즉 위 "今之孝者, 是謂能養" 2구와 "至於犬馬, 皆能有養, 不敬, 何以別乎" 4구도 역접관계로 구성된 것이다.

문장법 분석(文章法分析)

본문 내용은 '문(問)-답(答)'이라는 시간 선후의 비교를 통한 구조 전개이다. 과거에 해당하는 '문(問)'부분이 생략되고 '답(答)'부분을 포함하는 '고(敲)-격(擊)' 관계 위주로 전개하고 있다. 전체문장은 당시의 효라는 것이 부모님을 부양하여 생활할 수 있도록 하는 것을 말한다며 개와 말 모두 먹이를 주어 기룰 수 있는 것처럼 만약 공경의 마음을 결여한다면 어디 개와 말을 기르는 것과 다르지 않다는 내용이다. 과거와 당시를 비교 첫 번째 2구는 '고(敲)'에 속하며 '인사(人事)'에 대한 것이다. 즉 지금의 이른바 효도라는 것은 단지 부모님께 도움을 제공하여 생활할 수 있도록 부양하는 것이라 말한다. 두 번째 4구는 '격(擊)'에 속하는데 '정(正)-반(反)'을 포함한 관계이다. 그중에 '정(正)'은 '사물의 일(物事)'에 대한 것이고 '반(反)'은 다시 '가설(假設)-후속결과(後果)'를 포함한 관계이다. 즉 말하자면 개, 말 모두 마찬가지로 먹이를 공급해주며 기를 수 있는데 만약 예절로 공경하는 마음을 결여한다면 어디 개, 말에게 먹이를 공급해주며 기르는 것과 분별이 있겠는가라고 설문(設問)방식의 수사법을 통해 독자의 "개, 말에게 먹이를 공급해주며 기르는 것과 분별이 없다"는 대답을 유도하는 방식으로 문장을 일단락 짓고 있다. 여기서 기술한 문장법에 내재된 논리를 정리하면 다음 <표-56>과 같다.

<표-56> 내재논리 분석도

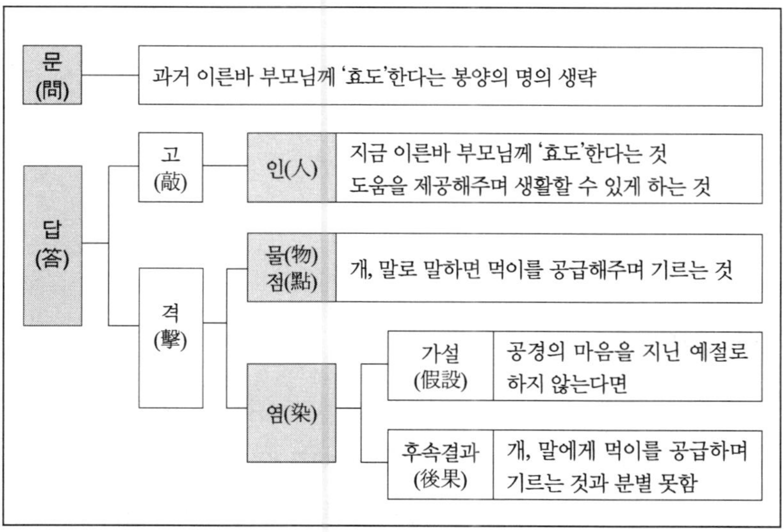

신역(信譯)

자유가 공자께 '효'에 대해 물었다. 공자께서 "지금의 '효'라는 것은 단지 부모님을 부양할 수 있는 것이다. 개, 말로 말하면 모두 기르는 것일 수 있다. 그러나 예로 공경하지 않는다면 무엇으로 분별 하리오?"라고 말씀하셨다.

달역(達譯)

자유가 공자께 '효도'에 대해 물었다. 공자께서 "자유야 지금의 '효도'라는 것은 단지 부모님께 도움을 제공해주어 생활할 수 있도록 부양하는 것입니다. 개, 말로 말하면 모두 먹이를 공급해주며 기르는 것일 수 있습니다. 그러나 사람인 부모님께 예절로써 공경하지 않는다면 개, 말에게 먹이를 공급해주며 기르는 것과 무엇으로 분별 하겠습니까?"라고 말씀하셨다.

아역(雅譯)

자유가 공자께 '효도'에 대해 물었다. 공자께서 "자유군 지금의 '효도'라는 것은 단지 부모님께 삶이 영위되도록 도움을 제공해주어 생활할 수 있도록 받들어 부양하는 것입니다. 개, 말로 말하면 모두 역시 먹을 것을 공급해주며 기르는 것일 수 있습니다. 그러나 만약 사람인 부모님께 예의범절로써 공경하지 않는다면 지금의 효도가 개, 말에게 먹이를 공급해주며 기르는 것과 무엇으로 분별하겠습니까?(무엇으로도 분별하지 못한다)"라고 말씀하셨다.

함축의미 분석도

<표-57> 함축의미 분석도

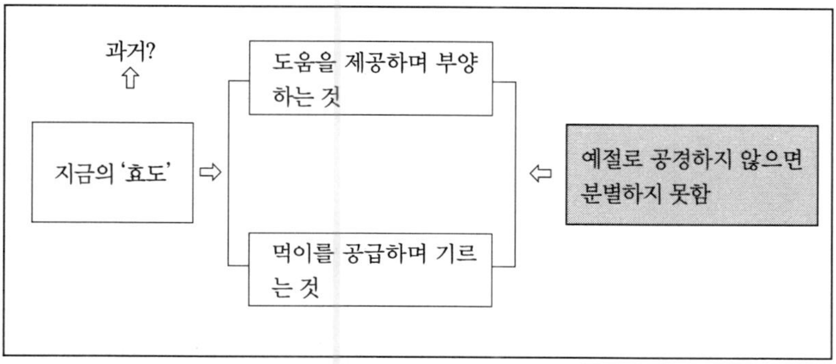

생각열기

인간관계에서 '예절'을 결여할 수 있을까? 그 대상이 부모님일 때 제공된 도움, 표시한 사랑과 공경 등을 결합하여 '효'를 구현해낼 필수적 전제는 무엇일까? '예절'을 결여한 그 행위가 효과를 낼 수 있을까? 그 행위가 유의미한 작용을 일으킬 수 있을까?

제8장

— 진정한 효도란 온화한 열굴, 기쁜 기색으로 마음을 헤아리며 온힘을 다해 봉양하는 것

子夏問孝。子曰: “色難。有事, 弟子服其勞; 有酒食, 先生饌, 曾是以爲孝乎?”

zǐxiàwènxiào zǐyuē sènán yǒushì dìzǐfúqíláo yǒujiǔsì xiānshēngzhuàn céngshìyǐ wèi xiàohū

관련 편장(篇章)

“孝子之有深愛者, 必有和氣; 有和氣者, 必有愉色; 有愉色者, 必有婉容。”(『禮記·義祭』篇)

주석(注釋)

① 색(色): 명 안색, 얼굴과 낯빛.

② 난(難): 형 얻기 어렵다. 현대 중국어 ‘難得(nándé)’에 해당한다.

③ 사(事): 명 일, 사정. 현대 중국어 ‘事情(shìqíng)’에 해당한다.

④ 제자(弟子): 명 다른 사람의 자녀 된 동문수학한 사람(제자)들.

⑤ 노(勞): 동 ……를 위해 힘쓰다, 수고하다. 현대 중국어 ‘效勞(xiàoláo)’, ‘代勞

(dàiláo)'에 해당한다.

⑥ 식(食): 명 음식물, 먹는 것.

⑦ 선생(先生): 명 부모님.

⑧ 찬(饌): 동 (飮食yǐnshí)마시고 먹다, 현대 중국어 '吃喝(chīhē)'에 해당한다.

⑨ 증(曾): 부 결국, 마침내. 현대 중국어 '竟(jìng)', '竟然(jìngrán)'에 해당한다.

석의(析義)

① 색(色): 2종류 해석이 있는데 한 종류는 '부모님의 안색'을 가리키고 다른 한 종류는 '자녀의 안색'을 가리킨다. 전자의 예를 들면, 포함(包咸)의 『注』에 "안색 얻기가 어렵다는 것은 부모님의 안색을 이어받아 따르는 것이 곧 어려움이다 이른다"[109]고 하였고 마융의 『注』에 "부모의 안색을 이어받아 따르는 것이 곧 효도이다"[110]라고 말하였다. 후자의 예를 들면, 정현의 『注』에 "온화한 얼굴, 기쁜 기색을 띠기 어려운 것임을 언급한다"[111]고 하였고 황간의 『論語義疏』에 안연지(顔延之)의 견해를 인용하여 "무릇 기색이 온화하면 감정과 뜻이 통한다. 부모를 봉양하는 뜻이 훌륭한 사람은 반드시 먼저 그 안색을 온화하게 해야 하므로 얻기에 어렵다 말한 것이다"[112]라고 하였다. 후자로 해석하는 것이 본문의 의도에 부합할 것이라 본다.

② 색난(色難): 자녀가 부모님을 받들어 모실 때 보여야할 얼굴, 기색을 말한다.

③ 제자(弟子), 선생(先生): 유태공의 『論語駢枝』에 인용한 "『논어』에 '弟子'를 7번 언급하는데 그 2번은 모두 나이 어린사람이며 그 나머지 5번은 동문수학한 사람이다. '先生'을 2번 언급하며 모두 연장자를 일컫는다"[113]라고 말하였

109 "色難者, 謂承順父母色乃爲難."(『論語』, 十三經注疏本, 臺北: 藝文印書館, 1989, p.17)

110 "承順父母顔色, 乃爲孝也."(위의 주에 보임)

111 "言和顔悅色爲難也."(王熙元,『論語通釋』(上), 臺北: 學生書局, 1988, p.53)

112 "夫氣色和, 則情志通, 善養親之志者, 必先和其色, 故曰難也."(위의 주73에 보임)

113 "『論語 』言'弟子'者七, 其二皆年幼者, 其五謂門人。言'先生'者二, 皆謂年長者."(楊伯峻, 『論語譯注』, 臺北: 漢京文化事業有限公司, 1987, p.15-16)

다. 그러나 주목할 점은 바로 '효(孝)'를 전제한 관계이며 그 대상, 범위가 자녀의 부모님에 대한 사랑의 정감 즉 '인(仁)'을 실행하는 덕목(대명사-명칭개념)이라는 것이다. 따라서 '弟子'는 다른 사람의 자녀된 동문수학한 사람(제자)들을 가리키며 '先生'은 '弟子'의 대칭으로 부모님을 가리킨다.

문법구조(文法構造)

"子夏問孝"는 한 마디 서사성 단문이다. '子曰' 뒤 인용부호 속의 제1구 '色難'은 한 마디 태도를 표시하는 단문이다. '色'은 주어이고 '難'은 술어이며 모두 한 글자 어휘이다. "有事, 弟子服其勞; 有酒食, 先生饌, 曾是以爲孝乎"는 한 마디 판단성 복합 문장인데 주어 '有事, 弟子服其勞'와 '有酒食, 先生饌'은 2구의 보충관계로 구성된 장문이다. '有事, 弟子服其勞'는 조건관계로 구성된 장문인데 '有事'는 한 마디 유무 단문이며 '弟子服其勞'는 한 마디 서사성 단문이다. '有酒食, 先生饌' 역시 한 마디 유무 단문으로 다른 한 마디 서사성 단문과 조건관계로 구성된 장문이다.

'曾是以爲孝乎'는 술어로 의중에 존재한 복합 문장인데 '曾'은 부사어로 '竟'에 해당한다. '是'자는 의향 동사 '以'에 대해 말하면 목적어이고 접속사 '爲'에 대해 말하면 주어이다. 술어는 '孝'인데 주의할 점은 지시대명사 '是'가 단지 의향을 지닌 복합 문장 '以'의 목적어와 주어를 겸하며 그 위치는 도리어 술어 '以' 앞이다.

'色難'과 뒤 각 문장도 보충관계로 구성된 장문이라 할 수 있다.

문장법 분석(文章法分析)

본문 내용은 '문(問)-답(答)'구조를 통한 전개이다. 전체문장은 효도란 물질적인 생활의 부양을 넘어 온화한 얼굴, 기쁜 기색으로 마음을 헤아리고 온힘을 다해 받들어 모셔야 한다는 내용이다. 첫 번째 1구는 '문(問)'에 속하고 도리(이치)를 언급한 것이다. 즉 자하가 공자 께 '효도'에 대해 여쭈었다. 두 번째 4구는 '답(答)'에 속하는데 '범(凡)-목(目)-범(凡)'을 포함하고 다시 '목(目)'은 '목일(目一)-목이(目二)'를 포함한 관계이다. 즉 온화한 얼굴, 기쁜 기색으로 부모님을 받들어 모시기는 매우 어렵다. 일이 있을 때면 다른 사람의 자녀 된 문하의 제자들이 부모님들을 위해 힘써 일하고, 술과 먹을 것이 있으면 먼저 부모님께 드시도록 하는데 결국 이것으로 효도를 다한 것일까? 설문(設問) 방식의 수사법을 통해 '효도를 다한 것이 아니다'라는 대답을 기대하는 내용으로 문장을 일단락 짓고 있다. 여기서 기술한 문장법에 내재된 논리를 정리하면 다음 <표-58>과 같다.

<표-58> 내재논리 분석도

문(問)			'효도'에 대해 물음
답(答)	범(凡)		온화한 얼굴, 기쁜 기색으로 부모님을 받들어 모시기는 매우 어려움
	목(目)	목일(目一)	일이 있을 때면 자녀 된 제자들이 부모님들을 위해 힘써 일함
		목이(目二)	술과 먹을 것이 있으면 부모님께 드시도록 함
	범(凡)		결국 이것으로 효도를 다한 것일까?(아니다)

신역(信譯)

자하가 공자께 '효도'에 대해 물었다. 공자께서 "온화하고 기쁜 안색으로 부모님을 대하기가 어렵다. 일이 있으면 자녀 된 문하의 제자들은 부모님을 위해 힘써 일하고, 술과 먹을 것이 있으면 부모님께서 드시도록 하는데, 결국 이것으로 효도를 다한 것일까요"라고 말씀하셨다.

달역(達譯)

자하가 공자께 '효도'에 대해 물었다. 공자께서 "자녀가 온화한 얼굴, 기쁜 기색의 예절로 부모님을 받들어 모시기가 가장 어렵습니다. 일이 있을 때면 다른 사람의 자녀 된 문하의 제자들은 부모님을 대신하여 힘써 일하고, 술과 먹을 음식이 있으면 먼저 부모님께서 드시도록 하는데, 결국 이것으로 효도를 다한 것입니까?"라고 말씀하셨다.

아역(雅譯)

자하가 공자께 '효도'에 대해 물었다. 공자께서 "자녀가 온화한 얼굴, 기쁜 기색의 예의범절로 부모님께서 마음이 흐뭇해하시도록 받들어 모시기가 가장 어렵습니다. 일이 있을 때면 다른 사람의 자녀 된 문하의 제자들은 부모님을 대신하여 힘써 일하고, 술과 먹을 음식이 있으면 먼저 부모님께서 드시도록 하는데, 결국 이것으로 효도를 다한 셈이라 생각합니까?(생각하지 않습니다)"라고 말씀하셨다.

함축의미 분석도

<표-59> 함축의미 분석도

'효'를 물음	⇦	온화하고 기쁜 안색의 예절로 부모님을 대함	+	일 있을 때 자녀가 부모님 대신 힘써 일함 먹고 마실 때 부모님께서 먼저 드시게 함	≠	결국 이것으로 효도를 다한 것일까요? (아니다)

생각열기

'예절'은 추상적인 질서이다. 그것은 무엇으로 표현되는 것일까? 어떻게 표현되는 것일까? '예절'은 행동으로 표현되는데 좋은 마음, 온화한 표정을 결코 결여할 수 없는 부분이다. 그러나 이 부분들을 결여한 '예절'이라면 과연 상대방이 공감하며 받아들일까?

제9장

— 강론의 관점에 대한 긍정적으로 수용, 비판적 반추를 거친 자기 주도적 심화 발전

子曰: “吾與回言終日, 不違如愚; 退而省其私, 亦足以發。 回也不愚。”

zǐyuē wúyǔhuíyánzhōngrì bùwéirúyú tuìérshěngqísī yìzúyǐfā huíyěbùyú

관련 편장(篇章)

“子謂子貢曰: ‘(汝)與回也孰愈?’ 對曰: ‘賜也, 何敢望回? 回也聞一以知十, 賜也聞一以知二。’ 子曰: ‘弗如也! 吾與女(汝)弗如也!’” (「公冶長」篇 第11章)

주석(注釋)

① 여(與): 동 ……에게 주다, 현대 중국어 ‘給與(gěiyǔ)’, ‘給予(gěiyú)’, ‘授與(shòuyǔ)’에 해당한다.

② 회(回): 공자의 가장 뛰어난 제자인데 성이 안(顏)이고 이름이 회(回)이며 자가 자연(子淵)이다.『論語』중에 대부분 ‘子’자가 생략되며 안연(顏淵)이라 불렀다.

③ 종일(終日): 명 온 종일, 하루 종일, 아침 일찍부터 저녁 늦게까지.

④ 불위(不違): 반대 의견이나 의문을 제기하지 않다.

⑤ 우(愚): 명 어리석은 사람,

⑥ 퇴(退): 동 '퇴신(退身)', '퇴당(退堂)' 즉 몸을 물리다, 교수·학습 현장을 떠나다는 의미이다.

⑦ 성(省): 동 살피다, 관찰하다.

⑧ 기사(其私): 명 그 교수·학습 후 개인적인 이해에 관한 언행의 의미이다.

⑨ 족이(足以): 조동 ……할 수 있다. 현대 중국어 '能够(nénggòu)'에 해당한다.

⑩ 발(發): 동 발휘(發揮)하다, 심화 발전시키다.

⑪ 우(愚): 형 어리석다, 현대 중국어 '愚笨(yúbèn)', '愚蠢(yúchǔn)'에 해당한다.

석의(析義)

① 회(回):『論語』중에 대부분 '子'자가 생략되며 안연(顔淵)이라 불렀다. 노나라 사람으로 공자보다 30세가 적었다지만 후인들의 고증에 근거하면 40세 적었다고 하였다.

② 발(發): 공자께서 강론(講論)하신 학설에 언급한 핵심내용을 능동적인 발휘를 통해 보다 객관적이고 합리적인 관점, 견해로 구현해내다.

문법구조(文法構造)

전체 원문은 서사성 복합 문장이다. 인용부호 속의 제1, 2구 "吾與回言終日, 不違如愚"와 제3, 4, 5구는 역접관계로 구성된 장문이며 "退而省其私, 亦足以發"과 "回也不愚" 사이는 추론관계이다. '吾與回言終日'는 한 마디 서사성 단문인데 주어는 '吾'이고 '與回'는 접속사와 목적어가 결합한 전치사구 형태이며 '言'은 술어 그리고 '終日'은 결합식 의미조합 형태의 시간보어이다. '不違如愚'는 한 마디 판단성 복합 문장이고 주어는 어휘결합 형태의 '不違'이며 '如'는 부사어로 술어 '愚'를 수식한다.

'退而省其私'는 시간 선후관계로 구성된 장문이다. 술어 '退'의 주어는 '回'인데 비록 생략되었지만 한 마디 서사성 단문으로 간주한다. '省其私' 역시 한 마디 서사성 단문으로 주어는 '吾'이고 생략되었으며 '其私'는 술어 '省'의 목적어이다. '退而省其私'와 '亦足以發'은 시간 관계로 구성된 장문이다. '亦'은 '也'와 같은 의미이고 부사어로 사용되었다. '足以發'의 주어는 '回'이며 역시 생략되었다. 단지 술어 '發' 뒤에 목적어 '其對吾言之議論'가 생략되었을 따름이고 '足'은 부사어이며 뒤에 전치사 '以'를 이끌고 있는 것이다.

"回也不愚"는 한 마디 태도를 표시하는 복합 문장인데 주어 '回'는 1글자 어휘이고 뒤에 어기조사 '也'자가 더해지며 술어 '不愚'는 어휘결합 형태이다. 위 "退而省其私, 亦足以發"과 추론관계로 구성된 장문이다.

문장법 분석(文章法分析)

본문 내용은 '정(正)-반(反)'의 시간 선후 관계를 통한 구조 전개이다. 전체문장은 교수·학습 관점을 긍정적으로 수용한 후 물러나 비판적 반추를 거쳐 자기 주도적으로 심화 발전시켜야 한다는 내용이다. 첫 번째 1, 2구는 '정(正)'에 속하는데 '강론(講論)-판단(判斷)'을 포함한 관계이다. 즉 공자께서 안회에게 하루 종일 강론해주었는데 그는 아무튼 조용히 경청할 뿐 아직 아무런 반대 의견이나 의문을 제기하지 않는데 마치 어리석은 것 같아 보였다 한다. 두 번째 3, 4와 5구는 '반(反)'에 속하는데 '선(先)-후

(後)'의 사실 전제와 추론 결과가 더해진 구조를 포함한 관계이다. 즉 공자께서 학당을 물러나온 후, 안회의 공자의 강론에 대한 개인적인 이해가 반영된 언행을 살펴보면 공자께서 강론할 때 언급한 도리를 심화하여 자기 주도적으로 충분히 발휘해낼 수 있었다. 이처럼 안회가 실재로 결코 어리석지 않다고 평가하며 격려하는 사제지간의 믿음이 돈독한 감정을 느낄 수 있는 장면으로 문장을 일단락 짓고 있다. 여기서 기술한 문장법에 내재된 논리를 정리하면 다음 <표-60>과 같다.

<표-60> 내재논리 분석도

구분	항목	세부	내용
정(正)	강론(講論)		공자께서 안회에게 하루 종일 강론해줌
	판단(判斷)		다른 견해를 제기치 않아 마치 어리석은 것 같음
반(反)	추론(推論)	선(先)	학당을 나온 후 안회의 강론에 대한 개인적인 언행을 살펴보면
		후(後)	강론할 때 언급한 도리를 반추하고 자기 주도적으로 충분히 심화할 수 있음
	사실(事實)		안회가 실재로 역시 어리석지 않음(기대대로임)

신역(信譯)

공자께서 "내가 안회에게 하루 종일 강론해주었는데 의문을 제기하지 않아 마치 어리석은 것 같았다. 학당을 나온 후 그가 개인적으로 이해한 언행을 살펴보면 언급한 도리를 심화하여 충분히 발휘할 수도 있었다. 안회는 역시 어리석지 않습니다"라고 말씀하셨다.

달역(達譯)

공자께서 "제자들이여 내가 안회에게 하루 종일 강론해주었는데 그는 경청할 뿐 반대 의견이나 의문을 제기하지 않아 마치 어리석은 것 같아 보였습니다. 내가 학당을 나온 후 그의 내 강론에 대해 개인적으로 이해한 언행을 살펴보면 내가 언급한 도리를 심화하여 충분히 발휘할 수도 있었습니다. 사실 안회는 역시나 어리석지 않습니다"라고 말씀하셨다.

아역(雅譯)

공자께서 "제자들이여 내가 안회에게 하루 종일 강론해주었는데 그는 아무튼 조용히 경청할 뿐 아직 어떤 반대 의견을 피력하거나 의문을 제기하지 않아 마치 어리석은 것 같아 보였습니다. 내가 학당을 물러나온 후, 그가 내 강론에 대해 개인적인으로 이해한 언행을 자세히 관찰해보면 내가 강론에서 언급한 도리를 자기 주도적 심화과정을 통해 능동적으로 충분히 발휘하여 보다 객관적이고 합리적인 정신적 경지로 구현해낼 수 있었습니다. 이로부터 생각하면 사실 안회는 역시나 어리석지 않습니다(기대대로 지혜롭고 총명합니다)"라고 말씀하셨다.

함축의미 분석도

<표-61> 함축의미 분석도

공자께서 안회에게 하루 종일 강론해줌

경청할 뿐 어떤 반대 의견도 제시하지 않음

공자께서 학당을 나온 후 안회가 이해한 언행을 살펴보면

언급한 도리를 반추, 심화하여 충분히 발휘할 수 있음

⇩

'안회는 역시 어리석지 않습니다'라는 추론 결과에 도달함

생각열기

흔히 과거 동양의 교육을 주입식이라 일컬었다. 과연 이 말은 사실일까? 예외 없이 모두 사실일 수는 없다. 예외적 사실의 사례를 들어 반박할 수 있을까? 과거에도 능동적, 주도적 교수·학습이 이루어졌을까?

제 10 장

— 한 사람이 실천한 행위의 동기, 과정, 결과를 주도면밀히 관찰해야 그 시비선악 판단

子曰: “視其所以, 觀其所由, 察其所安, 人焉廋哉? 人焉廋哉?”

zǐyuē shìqísuǒyǐ guānqísuǒyóu chāqísuǒān rényānsōuzāi rényānsōuzāi

관련 편장(篇章)

子曰: “始吾於人也, 聽其言而信其行。今吾於人也, 聽其言而觀其行, 於予與改是。” (「公冶長」篇 第13章)

주석(注釋)

① 시(視): 동 보다, 현대 중국어 ‘看’에 해당한다.

② 시기소이(視其所以): 즉 『大戴禮 · 文王官人』편에 ‘考其所爲’라 하는데 ‘以’자를 ‘爲’로 기록하고 있다. 한 것, 한 행위. 중국어 ‘所作所爲(suǒzuòsuǒwèi)’에 해당한다.

③ 소유(所由): 한 것, 한 행위로 말미암은 것, 비롯된 것, 거친 것. 중국어 ‘由此所作所爲之結果(是非, 善惡)’에 해당한다.

④ 소안(所安): 안정되어 적당히 그러한 것, 중국어 '安定適然(āndìngshìrán)'에 해당한다.

⑤ 수(廋): 동 은닉하다, 숨겨 감추다, 현대 중국어 '隱藏(yǐncáng)', '隱匿(yǐnnì)', '藏匿(cángnì)'에 해당한다.

석의(析義)

① 시(視): 『穀梁傳·隱公五年』기록에 "평상시 보는 것은 '시'라 말하고 비상시에 보는 것은 '觀'이라 말한다"[114]고 하였다. 『說文解字·見部』에 "'視'는 보다(바라보다, 우러러보다)이다"[115]라고 하였다. 부연하면 일반적으로 보는 것은 '視'이고 자세히 보는 것은 '觀'이며 더욱 자세히 살펴보는 것은 '察'이다. 그 의미 정도의 차이에 따른 구분이라 할 수 있다.

② 시기소이, 관기소유, 찰기소안(視其所以, 觀其所由, 察其所安): 유사한 맥락의 문구가 『大戴禮·文王官人』편에 "그 행한 것을 살피고, 그 연유를 관찰하며, 그 안정됨을 자세히 관찰한다"[116]라 하여 '視其所以'을 '考其所爲'로 기술하였다. 또한 『逸周書·官人解』에 "그 행한 것을 살피고, 그 연유를 관찰한다"[117]라 하였는데 단지 '察其所安' 4글자를 결여할 뿐이다. 소이(所以), 소유(所由), 소안(所安) 등은 각기 행위, 방법, 태도를 언급한 평행관계로 시간적 선후 구분이 없다.

③ 소안(所安): '安'자는 「陽貨」편 제21장에 언급한 "그대가 편안하고 적절하다면 바로 이를 실행하라"[118] 중의 '安'와 통하는데 현대 중국어 '安適(ānshì)'에 해당하며 '편안하고 적절하다'라는 의미이다. 즉 심정, 태도에 관한 문제라 할 수 있다.

---

114 "『傳』曰: '常視曰視, 非常曰觀。'"(『穀梁傳』, 十三經注疏本, 臺北: 藝文印書館, 1989, p.21)

115 "視, 瞻(zhān)也。"(魯實先, 『說文解字注』, 臺北: 黎明文化事業有限公司, 1994, p.412)

116 "考其所爲, 觀其所由, 察其所安。"(程樹德, 『論語集釋』第一輯, 北京: 中華書局, 1996, p.93)

117 "考其所爲, 觀其所由。"(위 주78의 책에 보임)

118 "女(汝)安, 則爲之。"(『論語』, 十三經注疏本, 臺北: 藝文印書館, 1989, p.157)

문법구조(文法構造)

전체 원문은 서사성 복합 문장이다. 인용부호 속의 앞 3구와 마지막 2구는 조건관계로 구성된 장문이다. 앞 3구는 모두 서사성 단문이기도 서로 평행관계로 구성된 장문이기도 하다. '其所以', '其所由', '其所安'은 모두 어휘조합 형태이며 목적어이다. 그리고 '視', '觀', '察'은 술어이며 '所以', '所由', '所安' 등 앞에 놓인 '所'는 중심어로 배열성 복합어휘를 이끄는 용법이다. '人焉廋哉'는 한 마디 서사성 단문이며 반문어기를 표시하는 형식을 채택한 것이다. '人'은 주어이고 '焉'은 중국어 '何'에 해당하는 부사어이며 뒤 술어 '廋'를 수식하는 것으로 그 아래 목적어 '人之所作所爲善惡'이 생략된 형태이다.

문장법 분석(文章法分析)

본문 내용은 '목(目)-범(凡)'의 구조를 통한 전개이다. 전체문장은 한 사람이 실천한 행위의 선악을 관찰하는 방법을 제시한 내용이다. 첫 번째 1, 2, 3구는 '目(目)'에 속하며 '목일(目一)-목이(目二)-목삼(目三)'을 포함한 관계이다. 즉 '한 사람의 그 한 행위의 동기가 선한지 악한지를 보고 그 한 행위의 방법이 채택된 연유를 자세히 보며 그 한 행위의 결과가 적절한지 여부를 더욱 자세히 살펴본다면'이라는 조건을 전제하고 있다. 두 번째 4, 5구는 '범(凡)'에 속하는 앞 3구의 전제에 대한 후속 결과이다. 즉 '사람이 그 선악의 여부를 어떻게 숨겨 감추겠습니까'라는 의문을 제기한다. 사실

4, 5구는 자문자답(自問自答) 방식의 설문(設問) 방식의 수사법을 통해 반문투의 긍정적 대답을 기대하며 문장을 일단락 짓고 있다. 여기서 기술한 문장법에 내재된 논리를 정리하면 다음 <표-62>와 같다.

<표-62> 내재논리 분석도

목(目)	조건(條件)	그 한 행위의 동기가 선한지 악한지를 봄
		그 한 행위의 방법이 채택된 연유를 자세히 봄
		그 한 행위의 결과가 마땅하고 적절한지 여부를 더욱 자세히 살펴봄
범(凡)	후속결과(後續結果)	사람이 한 행위의 선악 여부를 어떻게 숨겨 감추지 못함

신역(信譯)

공자께서 "그 한 행위의 동기가 선한지 악한지를 보고 그 한 행위의 방법이 채택된 연유를 자세히 보며 그 한 행위의 결과가 안정되어 그러한지 여부를 더욱 자세히 살펴본다면, 한 사람이 실천한 행위의 선악 여부를 어떻게 숨겨 감추겠는가?"라고 말씀하셨다.

달역(達譯)

공자께서 "제자들이여 한 사람의 그 한 행위의 동기가 선한지 악한지를 보고 그 한 행위의 수단방법이 채택된 연유를 자세히 보며 그 한 행위의 결과가 안정되어 적절한지를 더욱 자세히 살펴본다면, 한 사람이 실천한 행위의 선악 여부를 어떻게 숨겨 감추겠습니까?"라고 말씀하셨다.

아역(雅譯)

공자께서 "제자들이여 한 사람의 그 한 행위의 동기가 선한지 악한지를 보고 그 한 행위의 수단방법이 채택된 연유를 자세히 보며 그 한 행위의 결과가 안정되어 마땅히 그러한지를 더욱 자세히 살펴본다면, 그러면 한 사람이 실천한 행위가 선한지 악한지 여부를 어떻게 숨겨 감추겠습니까? (감추지 못하겠지요?)"라고 말씀하셨다.

함축의미 분석도

<표-63> 함축의미 분석도

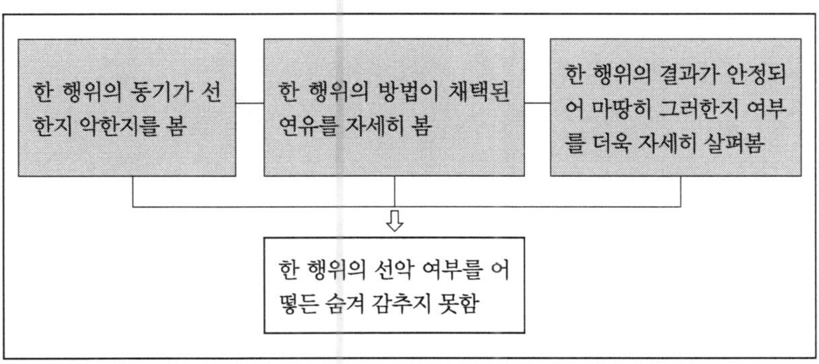

생각열기

흔히 사람은 이성적 동물이라 일컫는다. 과연 정말로 그러할까? 어떤 때보면 사람들이 이성적이기 보다는 오히려 감성적일 때가 많다는 느낌을 지울 수 없는데, 왜일까? 누구나 자신의 행위에 대해 책임져야 한다. 그런데 그 행위의 선악을 판단하려면 동기, 과정, 방법, 결과 등에 대해 주도면밀한 관찰과 종합적인 검토를 진행해야 하지 않을까? 물론 그렇다. 하지만 여전히 그 행위의 동기, 과정, 방법 등과 결과 사이에 존재하는 양면성은 불가피한 것 아닐까? 즉 그 행위의 동기, 과정, 방법 등이 좋다할지라도 그 결과가 좋을 수도, 나쁠 수도 있지 않을까?

제11장

— 전해진 옛 지식정보를 익히고 새 지식정보를 체득하며 서로 융합연계헤서 확고한 견해와 관점을 지닌 이론으로 정립(선생님의 조건)

子曰: "溫故而知新, 可以爲師矣。"

zǐyuē wēngùérzhīxīn kěyǐwéishīyǐ

관련 편장(篇章)

子曰: "學而時習之, 不亦說乎; 有朋自遠方來, 不亦樂乎; 人不知而不慍, 不亦君子乎?" (「學而」 第1章)

"玉不琢, 不成器; 人不学, 不知道。是故古之王者建国君民, 教学为先。……是故学然后知不足, 教然后知困。知不足然后能自反也, 知困然后能自强也。故曰教学相长也。" (『礼记·学记』)

주석(注釋)

① 온(溫): 동 학습하여 습득하다.

② 고(故): 명 과거부터 이미 존재하고 현재까지 전해지는 지식이론 정보를 가리킨다.

③ 이(而): 접 게다가, 거기에. 현대 중국어 '而且(érqiě)'에 해당한다.

④ 지(知): 동 알다, 깨닫다, 체득하다.
⑤ 신(新): 명 현재 출현하거나 미래에 출현하게 될 새로운 지식이론 정보를 가리킨다.
⑥ 가(可); 조동 ……할 수 있다.
⑦ 위(爲): 동 되다. 현대 중국어 '做(zuò)', '做爲(zuòwéi)'에 해당한다.
⑧ 사(師): 동 (스승)선생님이 되다, 선생님 노릇하다. 현대 중국어 '做(爲)老師(zuòwéilǎoshī)'에 해당한다.

석의(析義)

① 온(溫): 현대 중국어 '溫習'에 해당하는데 각 학과에 따라 '학습(예습과 복습을 포함)', '실습', '연습'하고 실천을 병행하며 '체득'하는 모든 과정을 포함한다.
② 온고지신(溫故知新): 과거의 구지식이론 정보와 현재, 미래의 신지식이론 정보를 학습하고 실천하며 체득하여 객관적, 합리적 이론체계로 정립한다면 관련 지식이론 정보에 대해 확고한 관점과 견해를 견지할 수 있게 된다. 그래서『禮記·學記』편에 "옥석의 바탕이 비록 훌륭할지라도 다듬지 않으면 그릇이 될 수 없을 것이고 사람이 비록 만물의 영장일지라도 학습하지 않으면 인류, 대자연의 이치를 알 수 없을 것이다. 이 까닭에 고대의 왕들은 나라를 세우고 백성을 다스리는데 교수·학습을 최우선의 임무로 삼았다. ……이 까닭에 학습하고 그런 후에 자신의 부족함을 알고 다른 사람을 가르치고 그런 후에 자신의 곤혹스러움(통달하거나 정통하지 못함)을 안다. 부족함을 알고 그런 후에 스스로 반성할 수 있고 곤혹스러움을 알고 그런 후에 스스로 노력하여 향상시킬 수 있다. 그러므로 '교수'와 '학습'은 서로 영향을 미치고 촉진하며 제고되어 발전한다"[119]라고 하였다.

---

119 "玉不琢, 不成器; 人不学, 不知道。是故古之王者建国君民, 教学为先。……是故学然后知不足, 教然后知困。知不足然后能自反也, 知困然后能自强也。故曰教学相长也。"(『禮記』, 十三經注疏本, 台北: 藝文印書館,1988, p.648)

문법구조(文法構造)

전체 원문은 서사성 복합 문장이다. 인용부호 속의 앞뒤 2구는 조건관계로 구성된 장문이다. 앞 1구 문장 '溫故而知新'은 2구의 서사성 단문인데 더해져 조합된 관계로 구성된 장문이며 이 2구 서사성 단문의 주어는 모두 넓은 의미로 '人'을 가리키며 생략되어 언급되지 않았을 뿐이다. '可以爲師矣'의 주어는 '溫故而知新'이고 생략되었다. 문장 중의 '可'는 뒤 준 접속어 '爲'를 수식하는 부사어이고 '以'자는 부사어 '可'와 준 접속어 '爲'에 속하는 성분이다. 주의할 점은 바로 '可以'를 현대 중국어의 '可以'로 오해하면 안 된다. 고문은 한 글자가 한 가지 의미와 용법으로 사용되는 것이 일반적이다. 다만 '可'와 '以'가 연계 결합된 형식이 전용 변화하여 현대 중국어의 '可以'라는 복합어휘가 되었다.

문장법 분석(文章法分析)

본문 내용은 '목(目)-범(凡)'의 구조를 통한 전개이다. 전체문장은 과거의 지식이론 정보, 현재와 미래의 지식이론 정보에 대한 이론체계 정립하여 확고한 견해를 견지하며 연계 활용할 수 있는 사람은 선생님 노릇할 수 있다는 내용이다. 첫 번째 1구는 '目(目)'에 속하며 '목일(目一)-목이(目二)'을 포함한 관계로 조건을 전제한 것이다. 즉 과거부터 전해진 지식이론 정보 그리고 현재 출현하거나 미래에 출현할 지식이론 정보에 대한 학습, 실천을 거쳐 습득하고 이론적 체계를 정립하여 확고한 관점 및 견해를 견지할 수 있다 말한다. 두 번째 1구는 '범(凡)'에 속하며 첫 번째 구에서 전제한 조건에 대한 후속 결과이다. 즉 과거, 현재와 미래의 지식이론 정보를 체득하고 시대의 장벽을 초월해서 적절히 서로 조화하며 응용할 수 있는 이론적 체계를 정립하여 확고한 관점 및 견해를 견지하는 사람은 다른 사람의 선생님 노릇을 할 수 있다 말한다. 다른 사람의 선생님 노릇 할 사람은 마땅히 어떠해야 한다는 조건의 전제에 따른 도출 결과, 결과를 도출하기 위한 전제 조건을 일깨워주며 문장을 일단락 짓고 있다. 여기서 기술한 문장법에 내재된 논리를 정리하면 다음 <표-64>와 같다.

<표-64> 내재논리 분석도

목(目)	조건(條件)	과거부터 전해진 지식이론 정보에 대한 학습, 실행을 거쳐 습득하고 이론적 체계를 정립하여 확고한 견해를 견지
		현재 출현하거나 미래에 출현하게 될 지식이론 정보에 대한 학습, 실행을 거쳐 습득하고 이론적 체계를 정립하여 확고한 견해를 견지
범(凡)	후속결과(後續結果)	과거, 현재와 미래의 지식이론 정보를 체득하고 그 체계를 정립하며 확고한 견해를 지닌 채 시대를 초월하여 적절히 조화 응용할 수 있는 이는 선생님이 될 수 있음

신역(信譯)

공자께서 "옛 지식이론 정보를 수용하여 익히고 새로운 지식이론 정보를 학습, 실행하여 체득해서 활용 면을 살린다면 바로 선생님이 될 수 있다"라고 말씀하셨다.

달역(達譯)

공자께서 "제자들이여 과거부터 존재한 지식이론 정보를 수용하여 익히고 현재 출현하거나 미래 출현할 지식이론 정보를 학습, 실행으로 체득하며 체계적 이론으로 정립하여 확고한 견해를 견지한 채 활용할 수 있다면 바로 선생님이 될 수 있습니다"라고 말씀하셨다.

아역(雅譯)

공자께서 "제자들이여 과거부터 전해져 이미 존재한 지식이론 정보를 선택적으로 적절히 수용하여 익히고 현재 출현하거나 미래 출현할 지식이론 정보를 학습, 실행으로 체득하며 체계적 이론으로 정립하여 그 관련 확고한 관점 및 견해를 견지한 채 시대를 초월하여 서로 연계해서 적절히 활용할 수 있다면 바로 선생님 노릇을 할 수 있습니다"라고 말씀하셨다.

함축의미 분석도

<표-65> 함축의미 분석도

과거 지식이론 정보의 학습, 실행을 거친 체득으로 이론체계 정립, 확고한 견해 견지	+	과거, 현재와 미래의 지식이론 정보의 체득으로 이론체계 정립 및 확고한 견해 지녀 시대를 초월하여 서로 연계 적절히 활용할 수 있는 사람은 선생님이 될 수 있음
현재, 미래 지식이론 정보의 학습, 실행을 거친 체득으로 이론체계 정립, 확고한 견해 견지		

생각열기

중국 당나라 때 한유(韓愈)는 「師說」이란 글에서 "옛날의 학인들은 반드시 선생님이 있었는데 왜냐하면 선생님이 인간 및 우주대자연의 도리(이치)를 전수해주거나, 지식이론 정보를 교수·학습하고 나아가 전수하는 선생님을 기르거나, 학습실천하는 가운데 품게 된 의혹을 해소해주는 까닭이었다(古之學者必有師, 師者所以傳道、授業、解惑也)"라고 말하였다. 이 가운데 아쉽게도 '양현(讓賢)' 즉 '선현여능(選賢與能)'의 줄임말인데 '인품이 어질고 출중한 능력을 지닌 사람을 선발하여 그 역량을 발휘해 가도록 길을 열어주는 임무'를 결여하고 있다. 그렇다면 선생님이 교수·학습을 위해 추구할 지식이론 정보는 어떤 것들일까? 이로부터 '무엇을 교수·학습할 것인가', '어떻게 교수·학습할 것인가', '왜 교수·학습해야 하는가' 등 문제를 고려할 수 있을까?

제12장

ㅡ 군자는 다방면의 재능과 학식을 겸비한 까닭에 그 용도, 발휘에 제한이 없음

子曰: "君子不器。"

zǐyuē jūnzǐbùqì

관련 편장(篇章)

"子貢問曰: '賜也如何?' 子曰: '女(汝)器也。' 曰: '何器也?' 曰: '瑚璉也。'" (「公冶長」篇 第4章)

주석(注釋)

① 군자(君子): 명 학문추구와 실행하고 수양을 거쳐 덕성을 함양하여 어느 편에도 치우치지 않는 중용의 도리를 갖춘 이상인격의 인물형상을 가리킨다.

② 기(器): 명 기물(器物), 기구(器具).

석의(析義)

① 기(器): 본문에서 비유 의미로 일종의 학식(學識)과 재능(才能)을 겸비한 사람

을 가리킨다. 그 관련 기록이 『禮記·學記』에 보이는데 "옥은 쪼아 다듬지 않으면 그릇이 되지 못한다. 사람은 배워 체득하지 못하면 인륜, 자연의 이치를 알지 못한다"[120]하였고 "군자는 위대한 덕성은 한 가지 직무에 편중되지 않고 위대한 도리는 한 종류의 사물에 국한되지 않으며 크나큰 믿음의 실질은 맹약에 규정되지 않을 뿐 아니라 항구적인 시간은 전부 (사시의)한 절기에 귀속하지 않는다. 이 4가지 상황을 자세히 살펴야 학문추구에 뜻을 지녔다 할 수 있다"[121]라고 하였다.

문법구조(文法構造)

전체 원문은 서사성 복합 문장이다. 인용부호 속의 1구는 태도를 표시하는 복합 문장인데 왜냐하면 술어 '不器'는 어휘결합 형태이기 때문이다. '器'가 비록 명사이지만 여기서는 도리어 술어 중의 표시 어휘이고 바로 형용사의 어휘 성격을 지닌 품사로 변한 것이다.

문장법 분석(文章法分析)

본문 내용은 '논(論)'의 구조를 통한 전개이다. 그리고 '논(論)'속에 다시 '전(全)-편(偏)'을 포함한 관계이다. 전체문장은 군자라는 이상 인물형상이 단지 한 가지 용도에 국한되어 다른 방면에 사용할 수 없는 용기처럼

---

120 "玉不琢, 不成器; 人不學, 不知道."(『禮記』, 十三經注疏本, 台北: 藝文印書館, 1988, p.648)

121 "君子大德不官, 大道不器, 大信不約, 大時不齊, 察於此四者, 可以有志於學矣."(위 주82의 책, p.65 6))

한 종류의 학식이나 재능을 구비한 사람이 아니라는 내용이다. 부연하면 군자는 학식을 추구하고, 재능을 겸비하며, 수양을 거쳐 덕성을 함양하였기에 그 조예를 다방면에 걸쳐 적절히 발휘할 수 있는 사람이라는 것이다. 마치『詩經』의 '흥(興)', 비(比) 수사법을 연상시키는 방식으로 사물의 일로 사람의 일을 상징적 비유를 통해 함축의미를 내포하는 문장으로 일단락 짓고 있다. 여기서 기술한 문장법에 내재된 논리를 정리하면 다음 <표-66>과 같다.

<표-66> 내재논리 분석도

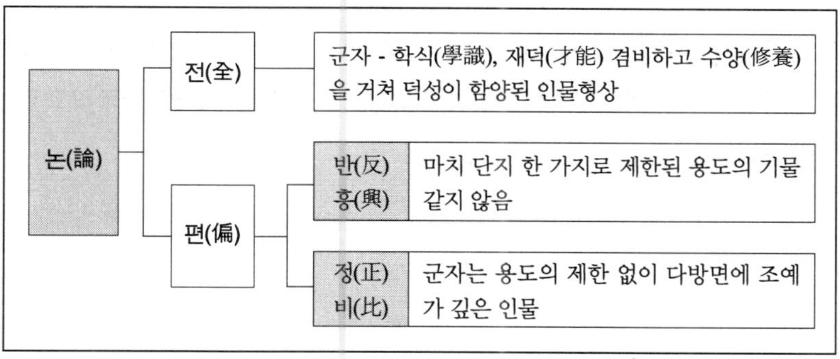

신역(信譯)

공자께서 "군자는 단지 제한된 용도를 지닌 기물이 아니다"라고 말씀하셨다.

달역(達譯)

공자께서 "제자들이여 학식, 재능을 겸비하고 수양을 거쳐 덕성을 함양한 군자는 단지 제한된 용도 외에 사용할 수 없는 기물처럼 한 종류 학식이나 재능을 지닌 사람이 아닙니다"라고 말씀하셨다.

아역(雅譯)

공자께서 "제자들이여 학식, 재능을 겸비하고 수양을 거쳐 덕성을 함양한 군자는 마치 단지 한 가지 용도를 제외하고 달리 사용할 수 없는 기물처럼 한 종류의 학식이나 재능을 지닌 사람이 아니며 그 조예가 다방면인 까닭에 각 분야영역의 용도에 따라 적절히 능력을 발휘할 수 있는 사람입니다"라고 말씀하셨다.

함축의미 분석도

<표-67> 함축의미 분석도

군자? 학식, 재능을 겸비하고 수양을 쌓아 덕성이 함양된 인물 형상	단지 제한된 용도로 사용되는 기물처럼 한 종류 재능이나 기예를 갖춘 사람 아님
	오히려 다방면에 조예를 지녀 각 분야영역의 용도에 따라 능력을 발휘할 수 있는 사람

생각열기

'백면서생(白面書生)'이란 말이 있다. 글만 읽어 실제 경험이 없고 세상 물정에 어두운 나머지 그 외에 할 줄 아는 것이 전혀 없는 사람을 가리킨다. 오직 전공학과 이론지식 정보에 매몰된 학습 추구와 무엇이 다를까? 학습을 위한 학습에 머물러 있는 셈이다. 이보다는 먼저 전공학과 이론지식 정보의 학습, 실천에 깊이 파고드는 방식으로 추구한 후 관련 학과 및 기타 학과 이론지식 정보와 연계 융합하여 그 폭을 넓히는 방식으로 추구하는 것이 바람직하지 않을까? 글로벌 시대에 필요한 인재상은 어떤 것일까?

제13장

— 군자는 말보다 그 실천을 선행하며 언행이 서로 일치하는 인물형상

子貢問君子。子曰: “先行其言, 而後從之。”

zǐgòngwènjūnzǐ zǐyuē xiānxíngqíyán érhòucóngzhī

관련 편장(篇章)

子曰: “君子食無求飽, 居無求安, 敏於事而愼於言, 就有道而正焉, 可謂好學也已。” (「學而」篇 第14章)

子曰: “古者言之不出, 恥躬之不逮也。” (「里仁」篇 第23章)

子曰: “其言之不怍, 則爲之也難。” (「憲問」篇 第21章)

子曰: “君子恥其言而過其行。” (「憲問」篇 第28章)

주석(注釋)

① 행(行): 동 실행하다, 실천하다.

② 언(言): 명 하려는 말, 하려 생각하는 말. 의중에 있는 말.

③ 이후(而後): 그런 후에, 현대 중국어 ‘然後(ránhòu)’에 해당한다.

④ 종(從): 동 따르다, 말하다, 언급하다.

⑤ 지(之): 대 그 말, 즉 앞 구에 언급된 ‘其言’을 가리킨다.

석의(析義)

① 기언(其言): '其'는 '君子'이고 '言'은 군자가 언급하려는 말이다. 현대 중국어 '君子要說的話(jūnziyàoshuōdehuà)'에 해당한다.

② 지(之): 이와 관련하여 2종류 견해가 존재하는데 한 종류는 '之'자를 지시대명사, 다른 한 종류는 '之'자를 어기조사로 간주하는 것이다. 전자는 주부(周孚)의 해석에 "'그런 후 그 말을 한다'는 것은 이미 그 말을 실행한 후에 이를 말한다"[122]라고 하였고 후자는 허세영 太師의 『論語二十篇句法硏究』에 "필자는 '從之'의 '之' 그것을 술어 '從'자 뒤쪽의 문미 어미 즉 어미조사라 간주할 수도 있어서 '從之'는 구어체 '말해냈다, 말하였다'라는 말에 해당한다"[123]라고 말하였다.

문법구조(文法構造)

'子貢問君子'는 한 마디 서사성 단문이다. 인용부호 속의 2구는 시간 선후관계로 구성된 장문인데 앞 1구 '先行其言'은 한 마디 서상선 단문이고 주어는 '君子'이며 생략되었다. '先'은 부사어로 술어 '行'을 수식하고 '其言'은 목적어이며 '其心中所欲言'의 의미이다. '而後'는 현대 중국어 '然後(ránhòu)'나 '如此之後(rúcǐzhīhòu)'와 같고 자체로 어휘조합 형태이며 시간 선후관계를 표시하는 장문 속에서 제2구의 문두에 놓여 접속사로 사용된다. 그래서 '而後' 2글자는 연음하여 읽어야하고 뒤 '從'자와 연음

---

122 "而後從之'者, 言之於旣行之後。"(朱熹, 『四書章句集注』, 臺北: 長安出版社, 1990, p.57)

123 "筆者以爲, '從之'的'之', 也可以把它看做述詞'從'字後面跟的詞尾。'從之'相當於口語說: '說了出來'。"(臺北: 黎明文化事業有限公司, 1990, p.22)

해서 읽을 수 없으며 '後'자를 뒤 '從'자를 수식하는 부사어로 오해해서는 안 된다는 것이다. '從'자는 여기서 '언급이 있다는 의미'이기 때문에 필자는 '從之'의 '之' 그것을 술어 '從'자 뒤쪽의 문미 어기조사라 간주할 수도 있어서 '從之'는 구어체 '말해냈다, 말하였다'에 해당한다고 여긴다. 이렇게 문미 어기조사 '之'가 목적으로 사용되는 '之'자로부터 변화 발전해 온 사실을 분명히 추정할 수 있다.

문장법 분석(文章法分析)

본문 내용은 '문(問)-답(答)'의 구조를 통한 전개이다. 전체문장은 자공이 군자라는 이상 인물형상의 명칭의의에 대해 물었고 이에 공자께서 그 하려는 말을 먼저 실행하고 그런 후에 하려는 말을 언급한다는 내용이다. 첫 번째 문장은 '문(問)'에 속하며 자공이 공자께 군자라는 이상 인물형상의 명칭의의에 대해 물은 것이다. 두 번째 문장은 '답(答)'에 속하는데 다시 '선(先)-후(後)'를 포함한 관계이다. 즉 공자께서 "그 마음속에 하려던 말을 먼저 실행에 옮기고 이 처럼 한 후에 그 마음속에 하려던 말을 언급하는 사람"이라 하셨다. 군자라는 명의에 대해 구체적인 사례를 들어 설명하여 제자를 일깨우며 문장을 일단락 짓고 있다. 여기서 기술한 문장법에 내재된 논리를 정리하면 다음 <표-68>과 같다.

<표-68> 내재논리 분석도

- 문(問) — 군자-학식, 재능을 겸비하고 수양하여 덕성이 함양된 인물형상
- 답(答)
  - 선(先) — 그 마음속으로 하려던 말을 먼저 실행에 옮기고
  - 후(後) — 그런 후에 그 마음으로 하려던 말을 하는 사람

신역(信譯)

자공이 군자에 대해 물었다. 공자께서 "먼저 그 하려는 말을 실행하고 그런 후 그 하려던 말을 하는 사람이다"라고 말씀하셨다.

달역(達譯)

자공이 어떻게 해야 군자인지를 공자께 물었다. 공자께서 "먼저 그 마음속으로 하려던 말을 실행에 옮기고 그런 후에 비로소 그 마음속으로 하려던 말을 하는 사람입니다"라고 말씀하셨다.

아역(雅譯)

자공이 어떻게 해야 군자라 부를 수 있는지를 공자께 물었다. 공자께서 "먼저 그 마음속에 뜻으로 존재한 채 아직 입 밖으로 내뱉지 않은 말을 실행에 옮기고 이처럼 한 후에 비로소 그 마음속에 뜻으로 존재한 채 아직 입 밖으로 내뱉지 않은 말을 비로소 언급하는 사람입니다"라고 말씀하셨다.

함축의미 분석도

<표-69> 함축의미 분석도

군자?		
학문을 추구, 실행하고, 수양하여 덕성이 함양된 인물형상	⇦	그 마음속으로 하려던 말을 먼저 실행에 옮기고
		그런 후 그 마음속으로 하려던 말을 하는 사람

생각열기

명나라시기 왕수인(王守仁)의 "양명학(陽明學)"에 '지행합일(知行合一)' 설이 제기된 이래, 현대에 이르러 존 듀이의 "프래그머티즘(Paragmatism)"이 중국에 유입되는데 그 영향아래 도행지(陶行知)가 '行知'설을 주장하였다. 흔치 않지만 늘 말만 앞세우는 사람들을 심심찮게 보게 된다. 그런데 마음속 의도를 드러내 말하기에 앞서 실행하는 '선행후언(先行後言) 즉 먼저 실행하고 그런 후 언급하다'라는 마음가짐과 태도를 지녀야 하지 않을까?

제14장

— 군자는 공적인 도의를 위해 단결하지만 사적인 이해를 위해 결탁(군자와 소인의 차이)

子曰: “君子周而不比, 小人比而不周。”

zǐyuē jūnzǐzhōuérbùbǐ xiǎorénbìérbùzhōu

관련 편장(篇章)

“陳司敗問: ‘昭公知禮乎?’ 孔子曰: ‘知禮。’ 孔子退, 揖巫馬期而進之, 曰: ‘吾聞君子不黨, 君子亦黨乎?……’ ” (「述而」篇 第31章)

子曰: “君子矜而不爭, 群而不黨。” (「衛靈公」篇 第22章)

주석(注釋)

① 주(周): 동 (도의로 다른 사람과 서로)단결하다.

② 비(比): (이해로 다른 사람과 서로)결탁하다.

③ 소인(小人): 명 품위를 결여한 천박한 사람, 『論語』중에 ‘군자’와 대비되는 인물형상이다.

석의(析義)

① 주(周): 공적인 도의 추구를 위해 친근하고 돈독하게 단결하다. 현대 중국어 '普遍親厚地團結(pǔbiànqīnhòudituánjié)'에 해당한다.

② 비(比): 사적인 이해를 꾀하려 다른 사람과 결탁하다. 현대 중국어 '結黨營私地勾結(jiédǎngyíngsīdigōujié)'에 해당한다.

③ 소인(小人): ❸ 품위를 결여한 천박한 사람, 『論語』중에 흔히 '君子'와 '小人'은 서로 대비되는 인물형상이다. 군자와 소인은 모두 공(公)과 사(私), 도의(道義)와 이해(利害) 중에 어디에 치우치는지가 구별점이다. 군자가 될지언정 소인이 되지 않아야 한다는 것이 공자께서 견지하신 입장이라 할 수 있다.

문법구조(文法構造)

전체 원문은 서사성 복합 문장이다. 인용부호 속의 2구는 평행, 보충관계로 구성된 장문이다. 앞 문장은 한 마디 태도를 표시하는 단문과 태도를 표시하는 단문이 결합된 구성이다. 역접관계로 구성된 장문으로 전체 주어는 '君子'이고 앞 단문의 술어는 한 글자 어휘 '周'이며 뒤 단문의 술어는 어휘결합 형태의 '不比'이다. 뒤 장문 '小人比而不周'는 앞 장문과 문법이 완전히 일치하는 형태이기에 분석을 생략한다. 단지 앞 단문의 술어는 '比'이고 뒤 단문의 술어는 어휘결합 형태의 '不周'로 뒤바뀌어 다를 뿐이다.

문장법 분석(文章法分析)

본문 내용은 '정(正)-반(反)'의 구조를 통한 전개이다. 전체문장은 군자가 공적인 도의 추구에 치중하고 소인이 사적인 이해 추구에 편향되어 완전히 상반되는 면모를 띤다는 내용이다. 첫 번째 문장은 '정(正)'에 속하는데, 군자는 공적인 도의 추구를 위해 친근하고 돈독하게 단결하지만 사적인 이해 추구를 위해 다름 사람과 결탁하지 않는다는 것이다. 두 번째 문장은 '반(反)'에 속하는데, 소인은 사적인 이해 추구를 위해 다름 사람과 결탁하지만 공적인 도의 추구를 위해 친근하고 돈독하게 단결하지 않는다는 것이다. 앞뒤 2구는 같은 문장 구조를 배열을 통한 강렬한 대비 효과에 이르는 배열대비(排比) 방식의 수사법으로 군자를 지향해야 한다는 점을 일깨우며 문장을 일단락 짓고 있다. 여기서 기술한 문장법에 내재된 논리를 정리하면 다음 <표-70>과 같다.

<표-70> 내재논리 분석도

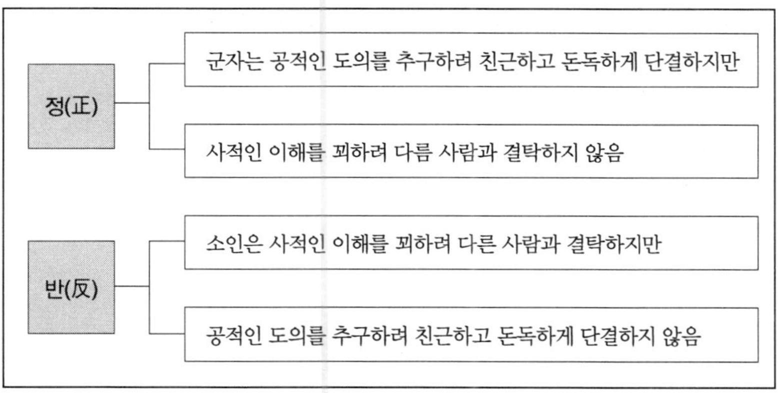

신역(信譯)

공자께서 "군자는 모두를 위해 단결하지만 다른 사람과 결탁하지 않고 소인은 다른 사람과 결탁하지만 모두를 위해 단결하지 않는다"라고 말씀하셨다.

달역(達譯)

공자께서 "제자들이여 군자는 공적인 도의를 추구하려 단결하지만 사적인 이해를 꾀하려 결탁하지 않고 소인은 사적인 이해를 꾀하려 결탁하지만 공적인 도의를 추구하려 단결하지 않습니다"라고 말씀하셨다.

아역(雅譯)

공자께서 "제자들이여 군자는 공적인 도의를 추구하기 위해 친근하고 돈독하게 단결하지만 사적인 이해를 꾀하기 위해 다른 사람과 은밀하게 결탁하지 않고 소인은 사적인 이해를 꾀하기 위해 은밀하게 결탁하지만 공적인 도의를 추구하기 위해 친근하고 돈독하게 단결하지 않습니다"라고 말씀하셨다.

함축의미 분석도

<표-71> 함축의미 분석도

군자		소인
공적인 도의를 위해 단결하지만 사적인 이해를 위해 결탁하지 않음	⇔	사적인 이해를 위해 결탁하지만 공적인 도의를 위해 단결하지 않음

생각열기

공적 영역과 사적 영역의 구분이 없거나 모호하면 안 된다. 그 구분이 없다거나 모호하다면 어떤 결과를 불러올까? 공사 두 영역이 서로 대립, 충돌한다면 어느 쪽을 우선해야 할까? 공적 영역이 무너진다면 어떤 문제들을 초래할까?

제15장

— 열심히 학습하고 창의적으로 사고하며 관련 이론과 실제가 부합하게 구현해 내야 함

子曰: "學而不思, 則罔; 思而不學, 則殆。"

zǐyuē xuéérbùsī zéwǎng sīérbùxué zédài

관련 편장(篇章)

子曰: "學而時習之, 不亦說乎; 有朋自遠方來, 不亦樂乎; 人不知而不慍, 不亦君子乎?" (「學而」篇 第1章)

曾子曰: "吾日三省吾身: 爲人謀而不忠乎? 與朋友交而不信乎? 傳不習乎?" (「學而」篇 第4章)

子曰: "君子食無求飽, 居無求安, 敏於事而愼於言, 就有道而正焉, 可謂好學也已。" (「學而」篇 第14章)

子曰: "賜也, 女以予爲多學而識之者與? 對曰: '然, 非與?' 曰: '非也! 予一以貫之。'" (「衛靈公」篇 第3章)

子曰: "吾十有五而志於學; 三十而立; 四十而不惑; 五十而知天命; 六十而耳順, 七十而從心所欲, 不踰矩。" (「爲政」篇 第4章)

子夏曰: "博學而篤志, 切問而近思, 仁在其中矣!" (「子張」篇 第6章)

주석(注釋)

① 학(學): 동 깨달다, 학습하여 전수받다.

② 이(而): 접 가령……한다면, 바로……. 현대 중국어 "假如(jiǎrú)……, 就(jiù)"에 해당한다.

③ 사(思): 동 사고하다, 사색하다, 고려하다.

④ 칙(則): 접 (조건으로 인해 생겨난 후속결과 단문을 동반)……한다면, 바로 …….

⑤ 망(罔): 형 얻는 것이 없이 망연하다(해석하지 못해 분명치 않다, 해석하지 못해 의혹에 빠지다), 즉 연구하여 창조해낸 것이 없다는 의미이다.

⑥ 태(殆): 형 성취한 것이 없이 위태롭다(진전이 없이 몸이 힘들고 피폐해지다), 즉 아무런 성취가 없다는 의미이다.

석의(析義)

① 이(而): 역접관계를 표시하나 의미상 가설관계로 전용 변화한 까닭에 "……, 卻(하지만, 도리어)"로 해석하지 않고 "假如……, 就(가령……한다면, 바로)"로 해석해야 한다.

② 칙(則): 본래 "(若ruòo)……, 則(zé)" 형식으로 현대 중국어 "(如果rúguǒ)……. 就(jiù)"에 해당한다.

③ 망(罔): 『論語』중에 3종류 용례가 있다. 한 종류는 "學而不思, 則罔"(「爲政」편)구 중의 '罔'자로 '惘'자와 통하며 파생되어 '迷惑(미혹되다)', '迷惘(분별하지 못해 어찌할지 모르다)'라는 의미를 지니는데 형용사로 사용된 것이다. 다른 한 종류는 "可欺也, 不可罔也"(「雍也」편)구 중의 '罔'자로 '誷'자와 통하며 파생되어 '欺誷(기망하다, 속이다)', '欺騙(허황한 언행으로 진상을 가려 다른 사람이 속임에 걸려들게 하다)'라는 의미인데 동사로 사용되었다. 마지막 한 종류는 "人之生也直, 罔之生也幸而免"(「雍也」편)구 중의 '罔'자로 '亡'자와 통하며 파생되어 '誣誷(날조한 나쁜 일을 억지로 다른 사람에게 덮어씌워 속이다)', '虛無(텅비어 소유한 것이 없다)'라는 의미인데 부사로 사용되었다.

④ 태(殆):『論語』중에 3종류 용례가 있다. 한 종류는 "多見闕殆, 愼行其餘, 則寡悔"(「爲政」편)이며 포함의『注』에 "'殆'는 위태로움이다"[124]라고 한 것이다. 다른 한 종류는 "鄭聲淫, 佞人殆"(「衛靈公」편)이며 공안국의『注』에 "다른 사람이 음란하고 위태롭게 하다"[125]라고 한 것이다. 마지막 한 종류는 "今之從政者殆而"(「微子」편)이며 황간의『疏』에 "'殆而'는 지금 정치에 나가면 모두 위태롭다는 것을 말한다"[126]라고 한 것이다. 본문을 포함한『論語』중의 '殆'자에 관한 4종류를 옛사람들은 일반적으로 '危殆'로 해석하였다. 그런데 청나라 시대에 접어들어 왕념손(王念孫)은「爲政」편 "多聞闕疑, 愼行其餘, 則寡憂; 多見闕殆, 愼行其餘, 則寡悔"구와 연계 배열대비 방식의 수사법에 근거하여 '對文'(즉 '互文')으로 보아 앞 구 '疑'자로 뒤 구 '殆'자를 해석하지만 그 오류를 아들 왕인지(王引之)의『經義述聞·通說上』에서『公羊傳·襄五年春』중의 "往殆乎晉"구를 하휴(何休)의『注』에 "殆, 疑。擬讞於晉, 齊人語"라 해석하였다. 즉 하휴(何休)의『注』에 언급한 '擬讞於晉'구와 비교하면 '殆'가 '疑'와 같은 것과 '疑'가 '讞'과 같은 것이다. '疑'와 '讞' 2글자 의미가 서로 일치해야 하지만 그렇지 않다. 따라서 '疑'는 '疑惑'의 의미, '讞'은 '議罪(죄를 심의하다)'의 의미로 해석할 수 있다고 그 오류를 지적한 것이다.[127]

문법구조(文法構造)

전체 원문은 서사성 복합 문장이다. 인용부호 속의 2구는 평행관계와 보충관계를 겸하여 구성된 장문이다. 제1단문 '學而不思'와 '則罔'은 조건관계로 구성된 장문인데 '學而不思'는 한 마디 서사성 단문과 다른 한

124 "殆, 危也。"(『論語』, 十三經注疏本, 台北: 藝文印書館, 1988, p.18)

125 "使人淫亂危殆。"(위 주86의 책, p.138)

126 "殆而者, 言今從政者皆危殆。"(위 주86의 책, p.165)

127 陳蒲淸,「論『論語』中的'殆'以及'對文見義'」(『古漢語硏究』, 2004. 03), p.86. 姜聲調,「教學"漢文講讀"教科所面臨的疑義問題-以王念孫解釋"學而不思, 則罔; 思而不學, 則殆"二句的考辨爲中心」(『中國語文論叢』第89輯, 2018. 10), p.283.

마디 서사성 단문이 역접관계로 구성된 장문이다. 주어는 '學而不思的人'이고 생략되었으며 '罔'은 태도를 표시하는 단문의 술어이다. '則'은 접속사로 조건이 만들어낸 후속결과 단문의 문두에 놓인다. 제2단문 "思而不學, 則殆"는 문법상에 있어 제1단문과 완전히 일치하는 구조이기에 그 분석을 생략한다.

문장법 분석(文章法分析)

본문 내용은 '점(黜)-염(染)'의 구조를 통한 전개이다. 전체문장은 "학습한 후 깊고 폭넓게 사고하고, 깊고 폭넓게 사고한 후 다시 관련 이론지식을 학습하여 이론과 실제를 구현해야 한다"라는 내용이다. 첫 번째 문장은 '점(黜)'에 속하는데 '조건(條件)-후속결과(後果)'를 포함하고 다시 '조건(條件)'은 '정(正)-반(反)'을 포함한 관계이다. 즉 지식이론 정보의 학습, 사실 경험의 실제에 부합하도록 구현하지만 깊고 폭넓게 창의적인 사고를 하지 않으면 얻은 것이 없기에 창조해낼 수 없어 망연자실하게 된다고 한다. 두 번째 문장은 '염(染)'에 속하는데 '조건(條件)-후속결과(後果)'를 포함하고 다시 '조건(條件)'은 '정(正)-반(反)'을 포함한 관계이다. 즉 깊고 폭넓게 창의적인 사고를 하지만 관련 지식이론 정보의 학습, 사실경험의 실제에 부합하도록 구현하지 않으면 진전이 없어 성취해낼 수 없다고 한다. 앞뒤 2구 문장구조가 일치하는 배열대비 방식의 수사법을 채택하지만 각기 단계가 다른 발전적 측면의 함축의미를 내포하는 방식으로 문장을 일단락 짓고 있다. 여기서 기술한 문장법에 내재된 논리를 정리하면 다음 <표-72>와 같다.

<표-72> 내재논리 분석도

구분	항목	세부	내용
점(點)	조건(條件)	정(正) 가설	학습실행으로 이론 추구, 실제 구현하였지만
		반(反) 사실	관련 도리를 깊고 폭넓게 창의적으로 사고 않으면
	후속결과(後果)		얻은 것(창조한 것) 없어 어찌할 줄 몰라 망연자실함
염(染)	조건(條件)	정(正) 가설	나아가 도리를 깊고 폭넓게 창의적으로 사고하지만
		반(反) 사실	관련 이론 추구와 실제의 구현에 힘쓰지 않으면
	후속결과(後果)		진전된(성취한) 것이 없어 심신이 피폐해져 위태로워짐

신역(信譯)

공자께서 "학습, 실행하지만 관련하여 사고하지 않는다면 얻은 것이 없어 망연자실하며 사고하지만 관련하여 학습, 실천하지 않는다면 진전된 것이 없어 위태롭다"라고 말씀하셨다.

달역(達譯)

공자께서 "지식이론 정보의 학습, 실행을 추구하지만 관련 도리를 깊고 폭넓게 사고하지 않는다면 얻은 것이 없어 망연자실하게 되며 도리를 깊고 폭넓게 사고하지만 진일보하여 관련 지식이론 정보의 학습, 실천을 추구하지 않는다면 진전된 것이 없어 위태롭게 될 것입니다"라고 말씀하셨다.

아역(雅譯)

공자께서 "제자들이여 지식이론 정보의 학습과 실천을 병행하지만 깊고 폭넓게 창의적인 사고를 하여 이론과 실제가 부합하는 확고한 관점을 지닌 견해로 정립하지 않는다면 얻은 것(터득해낸 것)이 없어 어찌할 줄 몰라 망연자실하게 되며 깊고 폭넓게 창의적인 사고를 하지만 한 걸음 나아가 관련 지식이론 정보의 학습과 실천을 병행하여 이론과 실제가 부합한 확고한 관점을 지닌 견해로 뒷받침하지 않는다면 진전된 것(성취해낸 것)이 없어 심신이 피폐해져 위태롭게 될 것입니다"라고 말씀하셨다.

함축의미 분석도

<표-73> 함축의미 분석도

조건	결과
지식이론 정보의 학습, 실천을 추구하지만 관련 도리를 깊고 폭넓게 창의적인 사고를 하지 않는다면 ⇨	얻은 것이 없어 망연자실하게 됨
⇩ 도리를 깊고 폭넓게 창의적인 사고를 하지만 관련 지식이론 정보의 학습, 실천을 추구하지 않는다면 ⇨	진전된 것이 없어 위태롭게 됨

생각열기

국가적으로 '지식정보 기반사회'를 추구하였지만 그 축적된 결과가 모두 유용하였을까? '노하우(know-how, 즉 사물의 사용 방법과 절차의 지식)'과 지혜는 어떻게 다른 것일까?

제16장

— 사물의 이치에 대한 한 가지 관점에 치우친 견해만을 고집하지 말라

子曰: "攻乎異端, 斯害也已。"

zǐyuē gōnghūyìduàn sīhàiyěyǐ

관련 편장(篇章)

子曰: "由也, 女(汝)聞六言六蔽矣乎?" 對曰: "未也。" "居! 吾語女, 好仁不好學, 其蔽也愚; 好知(智)不好學, 其蔽也蕩; 好信不好學, 其蔽也賊; 好直不好學, 其蔽也絞; 好勇不好學, 其蔽也亂; 好剛不好學, 其蔽也狂。" (「陽貨」篇 第8章)

子曰: "君子之於天下也, 無適也, 無莫也, 義之與比。" (「里仁」篇 第11章)

"子路問: '聞斯行諸?' ……求也問: '聞斯行諸?' 子曰: '聞斯行之。' 赤也惑, 敢問? 子曰: '求也退, 故進之。由也兼人, 故退之。'" (「先進」篇 第22章)

"微生畝謂孔子曰: '丘何爲是栖栖者與(歟)? 無乃爲佞乎?' 子曰: '非敢爲佞也, 疾固也。'" (「憲問」篇 第33章)

"……我則異於是, 無可無不可。" (「微子」篇 第8章)

주석(注釋)

① 공(攻): 동 공격(攻擊)하다. 학문을 깊고 진지하게 연구하다.
② 호(乎): 전 ……에게, 중국어 '於'와 '向'에 해당한다.
③ 이단(異端): 명 이단학설, 즉 2가지로 하나는 사물의 이치에 대해 지닌 일정한 관점의 견해를 가리키는 것이며, 다른 하나는 공자학단의 학설과 다른 주장을 가리키는 것이다. 원문은 전자의 의미이다.
④ 사(斯): 접 이것이 바로, 그것이 바로. 중국어 '則', '就'에 해당한다.
⑤ 해(害): 동 유해하다, 위해(폐해)가 있다.
⑥ 이(已): 어조 '矣'와 통용된다.

석의(析義)

① 공(攻):『論語』중에 몇 차례 보이는데 모두 '공격하다'의 의미이다. 예를 들면 "小子鳴鼓而攻之"(「先進」편), "攻其惡, 無攻人之惡"(「顔淵」편) 등에 보인다.
② 이단 (異端): 일반적으로 말하는 학파를 달리한 왜곡, 편향된 학설이론을 가리키지 않는다.『論語』중에 언급된 '異端'은 공자학단에서 견지하는 학설과 다른 주장으로 논쟁 여지를 지닌 정확하지 이론에 기초한 것이다.
③ 이(已): 동사로 간주하여 '止'의 의미로 해석하는 사람도 있다.

문법구조(文法構造)

전체 원문은 서사성 복합 문장이다. 인용부호 속의 2구는 조건관계로 구성된 장문이다. '攻乎異端'은 한 마디 서사성 단문인데 주어는 범칭의 '人'이고 생략되었다. '攻'은 술어이고 '乎'는 '於'와 같은 전치사이며 '異端'

은 어휘조합 형태의 목적어이다. '斯害也已'는 태도를 표시하는 단문이다. '斯'는 '則'과 같이 조건이 만들어낼 후속결과를 표시하는 뒤 단문 머리에 위치하는 접속사이고 주어는 '攻乎異端之人的行爲'이며 생략되었다. '害'는 '有害於社會'의미의 술어이며 문언 체에서 함축적 의미를 내포하는 간략한 '微言大義'식 간결한 표현이다. '也已'의 '已'자는 '矣'와 통용되는 문말 어기조사이다.

문장법 분석(文章法分析)

본문 내용은 '과(果)-인(因)'의 구조를 통한 전개이다. 전체문장은 본래 학설의 취지를 벗어나 논쟁 여지를 지닌 정확하지 않은 이론에 기초한 주장을 바로잡아야 하는데, 왜냐하면 불필요한 사회적 갈등이나 대립을 초래할 수 있어 유해하기 때문이라는 내용이다. 첫 번째 앞 단문은 '과(果)'에 속하며 '조건(條件)'을 전제한 것이다. 즉 공자학단의 학설의 취지를 위배하여 논쟁의 여지를 지닌 정확하지 이론에 기초한 주장을 깊고 진지하게 연구하여 바로잡아 배척해야 한다 말한다. 두 번째 뒤 단문은 '인(因)'에 속하며 전제한 조건의 후속결과이다. 즉 왜냐하면 전제한 논쟁의 여지를 지닌 정확하지 않은 이론에 기초한 주장이 사회적 갈등, 대립을 조장하기 때문이라고 말한다. 결과에 도달한 원인을 조건과 후속결과의 관계로 구성하여 주장의 정당성 확보에서 나아가 설득력을 얻어내는 방식으로 문장을 일단락 짓고 있다. 여기서 기술한 문장법에 내재된 논리를 정리하면 다음 <표-74>와 같다.

<표-74> 내재논리 분석도

과(果)	조건(條件)	공자 학설의 취지에 위배되는 논쟁여지가 있는 주장을 심도 깊게 연구하여 공격하여 바로잡아야함
		⇧
인(因)	후속결과(後果)	왜냐하면 그 주장이 바로 사회적 갈등, 대립을 조장하기 때문

신역(信譯)

공자께서 "본래 학설의 취지에 벗어난 주장을 공격(배척)해야 하는데 바로 사회에 유해하다"라고 말씀하셨다.

달역(達譯)

공자께서 "제자들이여 본 학단 학설의 취지에 위배되는 정확하지 않은 주장을 배척해야 하는데 그 주장이 바로 사회적 갈등, 대립을 초래하기에 유해합니다"라고 말씀하셨다.

아역(雅譯)

공자께서 "제자들이여 본 학단 학설의 취지를 벗어나 한 가지 관점, 견해를 고집하여 논쟁 여지가 있는 정확하지 않은 이론에 기초한 주장을 바로잡아야 하는데, 왜냐하면 그 정확하지 않은 이론에 기초한 주장이 바로 불필요한 사회적 갈등이나 대립을 초래할 수 있어 유해하기 때문입니다"라고 말씀하셨다.

함축의미 분석도

<표-75> 함축의미 분석도

본 학단 학설의 취지를 벗어나 논쟁 여지를 지닌 정확하지 않은 이론에 기초한 주장을 바로잡아야 함	⇦	왜냐하면 그 주장이 바로 사회적 갈등, 대립을 초래하기에 유해함

생각열기

'공호이단(攻乎異端)'은 무슨 의미일까? 성리학을 국가 주도사상, 이념으로 삼았던 조선시대 '사화(士禍)'의 명분은 무엇이었을까? '공호이단(攻乎異端)'과 '사문난적(斯文亂賊)'은 어떤 연계성을 지닐까? 당나라 유종원(柳宗元)이 지은 '붕당론(朋黨論)'은 어떤 일을 경계한 글일까?

제17장

— 식견을 갖춘 지식이 진정한 앎

子曰: "由, 誨女知之乎! 知之爲知之, 不知爲不知, 是知也。"

zǐyuē yóu huìrǔzhīzhīhū zhīzhīwéizhīzhī bùzhīwéibùzhī shìzhīyě

관련 편장(篇章)

"或問禘之說。子曰: '不知也。知其說者之於天下也, 其如示諸斯乎?' 指其掌。" (「八佾」篇 第11章)

"故君子知之曰知之, 不知曰不知, 言之要也。" (『荀子 · 子道』篇)

"知之曰知之, 不知曰不知, 內不自以誣, 外不自以欺。" (『荀子 · 儒效』篇)

"言而當, 知也; 默而當, 亦知也。" (『荀子·非十二子』篇)

주석(注釋)

① 유(由): 공자의 제자로 성이 중(仲), 이름이 유(由), 자가 자로(子路) 혹은 계로(季路)라 불렀다.

② 회(誨): 동 가르쳐주다, 현대 중국어 '教誨(jiàohuì)'에 해당한다.

③ 여(女): 대 '汝(rǔ)'자와 같고 '너'의 의미이며 현대 중국어 '你'에 해당한다.
④ 지(知): 동 지식을 추구하다, 현대 중국어 '求知(qíuzhī)'에 해당한다.
⑤ 지(之): 대 가리킴이 없는 대칭(代稱)이다.
⑥ 위(爲): 동 ……라고 하다, ……라고 여기다. 현대 중국어 '以爲(yǐwèi)'에 해당한다.
⑦ 시(是): 대 이, 이것. 중국어 '此'에 해당한다.

석의(析義)

① 유(由): 노나라 변읍(卞邑: 지금의 山東省 泗水縣 동쪽 50리에 위치함) 사람이다. 공자 보다 9세가 적었다. 무를 숭상하고 용맹하여 위나라 읍재(邑宰)를 역임하였다. 그러나 공자 생전에 공리(孔悝)의 난에 연루되어 목숨을 잃었다.
② 지(之): 이미 어휘에 덧붙여진 접미사에 해당하는 어미조사로 전용 변화하였다. 뒤 '之'자 모두 마찬가지다.

문법구조(文法構造)

전체 원문은 서사성 복합 문장이다. 인용부호 속의 제1구는 한 마디 서사성 단문이다. '由'는 독립된 어휘인데 공자께서 제자인 자로의 이름을 부른 것이고 단독으로 분리된 것이라 간주해야하며 이 서사성 단문의 문법 성분에 포함해서는 안 된다. 주어는 '我'인데 생략되었고 '誨'는 술어이며 '女'는 피동 대상으로 간접목적어 그리고 '知之'는 직접목적어이다. '知之'는 형식상 마치 어휘결합 형식처럼 보이지만 '知'는 동사이며 '之'는 관련 목적어이다. 하지만 이 목적어 '之'자는 가리킴 없는 지시대명사 같은데 사실 이미 어기조사인 까닭에 이 문장은 서사성 단문으로 간주해야지 복합 문장으로 간주하면 안 된다는 것이다. '乎'는 문말 의문 투의 어기조사이며 현대 중국어 '吧'에 해당한다. 이 한 마디와 뒤 한 마디는 보충관계로 구성되며 '知之'의 이치를 해석한 것이다.

"知之爲知之, 不知爲不知, 是知也"는 한 마디 판단성 복합 문장이다. '知之爲知之, 不知爲不知'는 주어이고 한 마디 판단성 단문과 한 마디 판단성 복합 문장이며 평행관계 겸 보충관계로 구성된 장문이다. 앞 판단성 단문의 주어 '知之'와 술어 '知之' 중의 2개 '之'자도 어미로 간주되어야 하고 주어, 술어가 이끈 어기조사로 단문이라는 점에 의심의 여지가 없다. 뒤 판단성 복합 문장의 주어 '不知'와 술어 '不知' 모두 어휘결합 형태이며 당연히 복합 문장이다. '是知也' 중의 '是'자는 지시대명사로 형식상의 주어이고 '此'와 같은 의미이다. '知'는 술어이며 주어 '是'를 접속사로 오인하지 않아야 한다.[128]

문장법 분석(文章法分析)

본문 내용은 '서(敍)-론(論)'의 구조를 통한 전개이다. 전체문장은 "자로에게 학습, 실천하여 확정된 관점을 지닌 견해의 지식이란 확정된 관점을 지닌 견해(인식)의 지식은 지식이라 여기며 확정되지 않은 관점을 지닌 견해(인식)의 지식은 지식이 아니라 여기는 이것이 확정된 관점을 지닌 견해(인식)의 지식이라 가르쳐주셨다"라는 내용이다. 첫 번째 앞 1구는 '서(敍)'에 속하며 공자께서 자로에게 학습, 실행하여 확정된 관점을 지닌 견해의

128 許世瑛, 『論語』中"是、玆、此、斯"四字用法硏究」(『淡江學報』第1期, 1958).

지식에 대해 가르쳐주신 것이다. 두 번째 뒤 3구는 '론(論)'에 속하는데 '목(目)-범(凡)'을 포함하고 다시 '목(目)'은 '목일(目一)-목이(目二)'를 포함한 관계이다. 즉 학습, 실천하여 확정된 관점을 지닌 견해(인식)의 지식은 지식이라 여기며 확정되지 않은 관점을 지닌 견해(인식)의 지식은 지식이 아니라 여긴다. 첫 번째 앞 1구에 언급된 지식 추구의 가르침에 대해 보충하여 열거하는 방식으로 문장을 일단락 짓고 있다. 여기서 기술한 문장법에 내재된 논리를 정리하면 다음 <표-76>과 같다.

<표-76> 내재논리 분석도

서(敍)			자로에게 학습, 실행하여 확정된 식견에 대해 가르쳐줌
논(論)	목(目)	목일(目一)	학습, 실행하여 확정된 식견을 갖춘 지식은 지식임
		목이(目二)	학습, 실행하여 확정되지 않은 식견을 갖춘 지식은 지식이 아님
	범(凡)		지식인지 아닌지를 변별해내는 이것이 지식임

신역(信譯)

공자께서 "중유(자로)군, 그대에게 지식을 추구하는 것에 대해 가르쳐주지요! 확정된 관점을 지닌 견해의 지식은 지식이고 확정되지 않은 관점을 지닌 견해의 지식은 지식이 아니라는 이것이 바로 지식이다"라고 말씀하셨다.

달역(達譯)

공자께서 "중유(자로)군, 내가 그대에게 학습, 실천하여 확정된 관점을 지닌 견해의 지식을 추구하는 것에 대해 가르쳐주지요! 학습, 실천하여 확정된 관점을 지닌 견해의 지식은 지식이고 학습, 실행하여 확정되지 않은 관점을 지닌 견해의 지식은 지식이 아니라는 이것이 바로 지식입니다"라고 말씀하셨다.

아역(雅譯)

공자께서 "중유(자로)군, 내가 그대에게 학습, 실천하여 확고부동한 관점을 지닌 견해(인식)의 지식을 추구하는 것에 대해 가르쳐주지요! 학문을 추구, 실천하여 확고부동한 관점을 지닌 견해(인식)의 지식은 지식이라 여기고 확고부동하지 않은 관점을 지닌 견해(인식)의 지식은 지식이 아니라 여기는 이것이 확고부동한 관점을 지닌 견해(인식)의 지식입니다"라고 말씀하셨다.

함축의미 분석도

<표-77> 함축의미 분석도

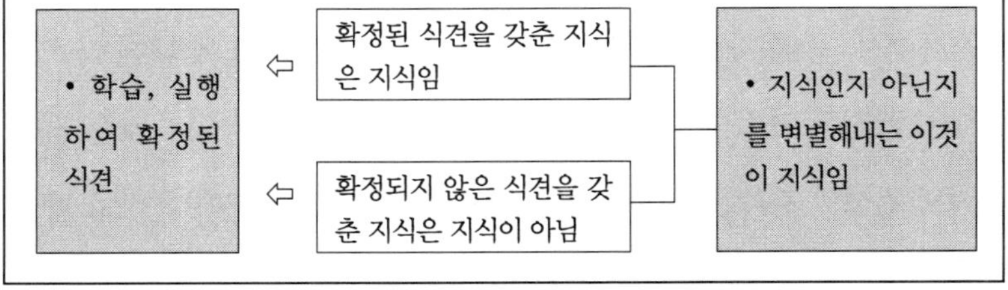

생각열기

"진리가 너희를 자유롭게 할 것이다"(『성경·요한복음』 제8장 32절)라는 구절이 있다. 사실 진리 추구의 길은 멀고도 험한 여정이다. 그 시작은 아주 피상적인 앎으로부터 상식(常識, common sens 즉 사리 분별을 위한 일반적인 기본 지식), 지식(知識, Knowledge 즉 학습을 통해 주관적, 객관적으로 확실한 견해가 정립된 인식), 지혜(智慧, Wisdom 즉 효과, 효율적으로 지각과 지식을 적용하여 사물의 이치를 깨우치고 정확하게 처리하는 정신적 능력)에 이르기까지 다양한 유형이 존재한다. 이 가운데 추구해야할 유형은 어떤 것일까? 단순히 지식의 추구에 그칠 것인가? 지식 추구의 최종 목적지는 어디일까?

제18장

— 듣고 본 의심, 위험을 제외한 나머지에 대해 신중히 언행하면 우려와 후회가 적은데 벼슬하고 봉록을 추구해 가야할 길

子張學干祿。子曰："多聞闕疑，愼言其餘，則寡憂；多見闕殆，愼行其餘，則寡悔。言寡憂，行寡悔，祿在其中矣"

zǐzhāngxuégānlù zǐyuē duōwénquèyí shènyánqíyú zéguǎyōu duōjiànquèdài shèn xìngqíyú zéguǎhuǐ yánguǎyōu xìngguǎhuǐ lùzàiqízhōngyǐ

관련 편장(篇章)

子曰："不患無位，患所以立。不患莫己知，求爲可知也。"(「里仁」篇 第15章)

"子路曰：……子曰：'野哉！由也。君子於其所不知，蓋闕如也。'"(「子路」篇 第3章)

주석(注釋)

① 자장(子張): 공자의 제자로 성은 전손(顓孫), 이름은 사(師), 자는 자장이었다.

② 간(干): 동 추구해 얻다, 현대 중국어 '求(qíu)', '求取(qíuqǔ)'에 해당한다.

③ 록(祿): 명 옛 관리들의 봉급을 가리키며, 현대 중국어 '俸祿(fènglù)', '祿位(lùwèi)'에 해당한다.

④ 궐(闕): 동 비워두다, 보류하다, 미루어두다. 현대 중국어 '保留(bǎolíu)', '擱置(gézhì)'에 해당한다.

⑤ 의(疑): 명 의심을 품은 곳, 회의가 드는 곳. 현대 중국어 '有懷疑的地方(yǒuhuáiyídedìfang)'에 해당한다.

⑥ 신(愼): 형 삼가고 신중하다. 현대 중국어 '謹愼(jǐnshèn)', '愼重(shènzhòng)'에 해당한다.

⑦ 과(寡): 형 적다, 줄이다. 현대 중국어 '少(shǎo)', '減少(jiǎnshǎo)'에 해당한다.

⑧ 우(憂): 명 우려할만한 일, 근심할 만한 일. 현대 중국어 '可憂愁的事(kěyōuqíudeshì)'에 해당한다.

⑨ 태(殆): 명 위험한 상황, 위태로운 지경.

⑩ 회(悔): 명 후회할만한 일, 후회하며 원망할 일.

석의(析義)

① 자장(子張): 진(陳)나라 사람이며 공자보다 48세나 젊었다.

② 궐(闕): 궁전 대문 앞 양쪽 누각 사이는 도로이고 텅 비어 있기에 결여하다는 '空缺(kòngquē)'의미로 '결(缺quē)'과 같다. 이로부터 파생되어 '保留(보류하다)', '擱置(놓아 배치하다)'의 의미가 되었다.

③ '의(疑)'와 '태(殆)': 이 둘을 왕념손은 두 문장의 '대문(對文: 互文)'으로 보아 '의(疑)'와 '태(殆)'가 같다고 하였다. 이 보다 배열대비 방식의 수사법을 채택한 문장으로 간주할 수 있는데 왜냐하면 각기 전제한 행위가 다르기 때문에 해당 행동양식에 따라 논리전개의 단계, 전달하려는 의미도 다를 수밖에 없다고 판단한다.

문법구조(文法構造)

'子張學干祿'은 한 마디 서사성 복합 문장인데 '子張'은 주어이고 '學'은 술어이며 '干祿'은 어휘결합 형태의 목적어이다. '干'자는 '求'의 의미이다. 인용부호 속의 제1구 '多聞闕疑, 愼言其餘, 則寡憂'는 한 마디 조건관계로 구성된 장문인데 '多聞闕疑, 愼言其餘'는 조건 앞 단문이며 그 자체가 시간 선후관계로 구성된 장문이다. '多聞'과 '闕疑'는 모두 단지 2글자로 구성된 서사성 단문인데 주어는 모두 '子張'인 까닭에 여기서 언급한 것이며 첫 번째 문장에 이미 '子張'이 등장해서 자연스레 생략되었다. '多聞' 중의 '多'는 부사어로 술어 '聞'을 수식하고 뒤 목적어는 개괄적 성격을 띠며 생략되었다. '闕疑' 중의 '闕'은 술어이며 '疑'는 목적어이다. 이 2구 모두 2글자로 구성되었지만 문장법이 서로 다르다. '愼言其餘' 역시 서사성 단문인데 '愼'은 부사어이고 술어 '言'을 수식하며 '其餘'는 '其餘不懷疑者'의 생략된 형태로 목적어이다. 단지 4글자로 구성되어서 마치 앞 '多聞闕疑'와 글자 수가 같지만 사실은 뒤 '則寡憂'와 서로 결합되어 있는 세 마디 서사성 단문이 시간 선후관계로 구성된 것이다. '則寡憂' 중의 '則'자는 후속결과를 표시하는 단문의 머리에 위치하는 접속사이고 현대 중국어 '就(jiù)'나 '那麽(nàme)'에 해당하며 '寡憂'는 태도를 표시하는 복합 문장의 술어이다. 이 문장의 주어는 마땅히 앞 단문의 술어 '言'인데 언급하지 않았을 뿐이고 '寡'자는 부사어로 뒤 술어 '憂'를 수식하며 그 자체가 태도를 표시하는 어휘 형용사이다.

제2구 '多見闕殆, 愼行其餘, 則寡悔'는 제1구 장문과 평행관계 겸 보충관계로 구성된 장문이며 이 2구의 문장법은 완전히 일치하기에 분석을 생략한다.

'言寡憂, 行寡悔, 祿在其中矣' 역시 조건관계로 구성된 장문인데 '言寡憂'와 '行寡悔'는 2구의 태도를 표시하는 복합 문장이고 평행관계 겸 보충관계로 구성된 것이며 조건관계 중의 조건 단문이다. '言'과 '行'은 2구 태도를 표시하는 복합 문장의 주어이고 '寡憂'와 '寡悔'는 어휘결합 형태의 술어이다. '祿在其中矣'는 후속결과 단문인데 '祿'은 서사성 단구의 주어이고 '在'는 술어이며 '其中'은 술어 '在'의 장소표시 보어이다. 여기서 술어 '在'자는 전치사의 작용를 겸하는 까닭에 뒤 장소표시 보어 앞에 다시 전치사를 더하지 않는 것이 일반적이다. '矣'는 '이미 그렇다'는 의미를 표시하는 문말 어기조사이며 현대 중국어 '了(le)'에 해당한다. 이 문장 중에 마땅히 부사어 '已經'이 더해져야 의미 전달이 더욱 분명해질 수 있다.

문장법 분석(文章法分析)

본문 내용은 '서(敍)-론(論)'의 시간적 선후관계를 통한구조 전개이다. 전체문장은 "벼슬하여 봉록을 추구하는 일에 대해 배우려하는 자로에게 공자께서 '다방면의 의견을 듣고 의심스럽지만 미뤄두고 신중하게 그 나머지를 언급한다면 바로 우려할 일이 적기도, 다방면의 면모를 보고 위험을 느끼지만 미뤄두고 그 나머지를 실행한다면 바로 후회할 일이 적기도 한데 벼슬하여 봉록을 추구하는 일이 그 속에 있다'"는 내용이다. 첫 번째 1구와 인용문 앞 3구는 '서(敍)'에 속하는데 '범(凡)-목(目)'을 포함하고 '목(目)'은 다시 '선(先)-후(後)'를 포함하며 그중에 '선(先)'은 조건과 보충조건을 포함한 관계이다. 즉 자로가 벼슬하여 봉록을 추구하는 일에 대해 배우려하기에 공자께서 '다방면의 의견을 듣고 마음속에 의심이 생길지라도 이를 잠시 보류하고 신중하게 그것을 제외한 나머지를 언급한다면 바로 우려할 일이 적다고 한다. 인용문 뒤 3구 역시 '서(敍)'에 속하는데 '목(目)'을 포함하고 다시 '선(先)-후(後)'를 포함하며 그중에 '선(先)'은 조건과 보충조건을 포함한 관계이다. 즉 다방면의 면모를 보고 마음속에 위태로움이 느껴질지라도 이를 잠시 보류하고 신중하게 그것을 제외한 나머지를 실행한다면 바로 후회할 일이 적다고 한다. 두 번째 3구는 '론(論)'에 속하는데 '목(目)-범(凡)'을 포함하며 그중에 '목(目)'은 다시 '조건(條件)-후속결과(後果)'를 포함하는 것이다. 즉 언급은 근심하며 우려할 일이 적기도, 실행은 원망하며 후회할 일이 적기도 하다면 벼슬하여 봉록을 추구하는 일도 바로 그 속에 있다고 한다. 특히 인용문은 각 3구씩 배열대비 방식의 수사법을 채택하여 벼슬하여 봉록을 추구하는 일이 언행의 처신으로 속에 스며있기에 추구하지 않아도 저절로 얻어진다는 이치를 일깨워주며 문장을 일단락 짓고 있다. 여기서 기술한 문장법에 내재된 논리를 정리하면 다음 <표-78>과 같다.

<표-78> 내재논리 분석도

서(敍)	범(凡)			벼슬하여 봉록을 추구하는 일에 대해 배우려함
	목(目)	선(先)	조건1(條件)	다방면의 의견을 듣고 의심스러울지라도 이를 보류하고
			조건2(條件)	신중하게 그것을 제외한 나머지를 언급한다면
		후(後)	후속결과(後果)	바로 우려할 일이 적음
	목(目)	선(先)	조건1(條件)	다방면의 면모를 보고 위태로울지라도 이를 보류하고
			조건2(條件)	신중하게 그것을 제외한 나머지를 실행한다면
		후(後)	후속결과(後果)	바로 후회할 일이 적음
논(論)	목(目)	선(先)	조건1(條件)	언급은 우려할 일이 적기도 하고
			조건2(條件)	실행은 후회할 일이 적기도 하다면
	범(凡)	후(後)	후속결과(後果)	벼슬하여 봉록을 추구하는 일은 바로 그 속에 있는 일임

신역(信譯)

자로가 봉록 추구하는 일을 배우려하였다. 공자께서 "다방면으로 듣고 마음속에 의심이 있을지라도 이를 보류하고 신중하게 그 나머지를 언급한다면 바로 우려할 일이 적으며, 다방면에서 보고 마음속에 위험이 느껴질지라도 이를 보류하고 신중하게 그 나머지를 실행한다면 바로 후회할 일이 적다. 언급은 우려할 일이 적게도, 실행은 후회할 일이 적게도 한다면 벼슬자리와 봉록은 이미 그 가운데 있다"라고 말씀하셨다.

달역(達譯)

자로가 벼슬하여 봉록을 추구하는 일에 대해 배우려하였다. 공자께서 "다방면의 의견을 듣고 마음속에 의심스러움이 있을지라도 이를 보류하고 신중하게 그 나머지를 언급한다면 바로 우려할 일이 적으며, 다방면의 면모를 보고 마음속에 위태로움이 느껴질지라도 이를 보류하고 신중하게 그 나머지를 실행한다면 바로 후회할 일이 적습니다. 언급은 근심하며 우려할 일이 적게도, 실행은 원망하며 후회할 일이 적게도 한다면 벼슬자리와 봉록은 이미 그 속에 있는 일입니다"라고 말씀하셨다.

아역(雅譯)

자로가 관직, 봉록을 추구하는 일에 대해 배우려하였다. 공자께서 "다방면의 여러 의견을 듣고 마음속에 의심스러움이 있을지라도 이를 잠시 한편으로 미루어두고 신중하게 그 나머지 의심이 없는 방면을 언급한다면 바로 근심하며 우려할 일이 적으며, 다방면의 여러 면모를 보고 마음속에 위태로움이 느껴질지라도 이를 잠시 한편으로 미루어두고 그 나머지 위태롭지 않은 방면을 실행한다면 바로 원망하며 후회할 일이 적습니다. 언급은 근심하며 우려할 일이 적기도, 실행은 원망하며 후회할 일이 적기도 하다면 벼슬자리와 봉록은 이미 그 행위의 처신방식 속에서 찾을 수 있는 일이랍니다"라고 말씀하셨다.

함축의미 분석도

<표-79> 함축의미 분석도

관직, 봉록을 추구하는 일	⇨	다방면의 의견을 듣고 의심스러운 것 외에 나머지를 언급한다면 우려할 일이 적음	⇨	이미 그렇다면 관직, 봉록이 바로 그 속에 있음 (관직, 봉록을 추구하지 않아도 이미 저절로 얻어짐)
		다방면의 면모를 보고 위태로운 것 외에 나머지를 실행한다면 후회할 일이 적음		

생각열기

로우 데이터 (Raw Data, 즉 아직 정보로 처리, 가공되지 않은 상태의 원시 자료)와 빅 데이터(Big Data, 즉 양volume이 매우 많고, 종류variety가 매우 다양하고, 증가 속도 velocity가 빠르고, 진실성Veracity이 있는 자료)의 중요성을 강조한다. 빅 데이터를 분석한다는 의미는 다양한 로우 데이터를 기반으로 특정의 성과를 파악하고 더 나은 의사 결정을 제공하기 위한 프로세스이다. 정보의 홍수 속에 살고 있는 현대인들에게 그 취사선택을 거친 활용은 중요한 과제가 아닐까? 그 취사선택을 위해 추세, 패턴, 행동 및 선호도를 파악해서 더 나은 의사 결정을 제공하려면 먼저 크고 복잡한 데이터 소스 분석과정의 전제는 필수적이지 않을까?

제19장

— 국민들이 믿고 기꺼이 받들게 하려면 정직하고 어진 인재를 천거하여 기용해야

哀公問曰: "何爲則民服?" 孔子對曰: "擧直錯諸枉, 則民服。擧枉錯諸直, 則民不服。"

āigōngwènyuē héwéizémínfú kǒngzǐduìyuē jǔzhícuòzhūwǎng zémínfú jǔwǎngcuò zhūzhí zémínbùfú

관련 편장(篇章)

"樊遲問仁。子曰: '愛人。' 問知(智)。子曰: '知人。' 樊遲未達。子曰: '擧直錯諸枉, 能使枉者直。' 樊遲退, 見子夏曰: '鄉(向)也吾見於夫子而問知(智), 子曰: 擧直錯諸枉, 能使枉者直。何謂也?' 子夏曰: '富哉言乎! 舜有天下, 選於衆, 擧皐陶, 不仁者遠矣! 湯有天下, 選於衆, 擧伊尹, 不仁者遠矣!' " (「顏淵」篇 第22章)

주석(注釋)

① 애공(哀公): 노나라의 군주로 성은 희(姬)이고, 이름은 장(蔣)이며 정공(定公)의 아들로 부친을 이어 즉위하여 27년간 권좌에 있었다.

② 하위(何爲): '何'는 어느, 어떤 일, 무슨 일 등 의미이고 '爲(wéi)'는 동사로 '하다'

라는 의미이며 현대 중국어 '作爲(zuòwéi)'에 해당한다.

③ 민(民): 명 백성의 마음, 국민의 마음. 중국어 '民心'에 해당한다.

④ 복(服): 동 믿고 따르다, 기쁘게 따르다. 현대 중국어 '心服(xīnfú)', '悅服(yuèfú)'에 해당한다.

⑤ 대왈(對曰): 동 대답하여 말하다.

⑥ 거(擧): 동 들다, 추천하다, 천거하다.

⑦ 직(直): 형 곧다, 바르다.

⑧ 착(錯): 동 '措'자와 통함. 두다, 놓다, 자리하다, 위치하다.

⑨ 제(諸): ……에서, 중국어 '之於'에 해당한다.

⑩ 왕(枉): 형 굴곡지다, 바르지 못하다.

석의(析義)

① 애공(哀公): 춘추말엽시기에 권좌에 있었던 군주인데, '哀'는 그가 서거한 후 내려진 시호이다.

② 하위(何爲): 바로 '爲何'의 도치 형태 어휘이며 '어떤 일들을 하다'라는 의미로 현대 중국어 '要做什麽事(yàozuòshénmeshì어떤, 무슨 일을 하려하다)'에 해당한다.

③ 대왈(對曰): 『論語』중에 흔히 관리, 국민들이 군주의 자문에 대답할 때 사용하였으며 존경의 의미를 표시하기 위한 것이었다.

④ 거(擧): 현대 중국어 '推擧(tuījǔ)', '擧用(jǔyòng)'에 해당한다.

⑤ 직(直): 명 원문에서 '정직한 사람'을 가리킨다.

⑥ 왕(枉): 명 원문에서 '정직하지 못한 사람'을 가리킨다.

문법구조(文法構造)

제1구는 한 마디 서사성 복합 문장인데 '哀公'은 주어이고 '問曰'은 연합식 복합어휘 형태의 술어이다. 인용부호 속의 '何爲則民服'은 '問曰'의 목적어이며 그 자체가 조건관계로 구성된 장문이다. '何爲'는 서사성 단문이고 주어는 '君(哀公)'이며 개관적 성질을 지녀 생략되었다. '何'는 의문대명사로 목적어이고 '爲'는 술어이며 본래 '爲何' 형태에서 '何爲'로 도치되어 '何'는 술어 앞에 놓이게 된 것이다. '則'은 전제한 조건 단문의 후속결과에 해당하는 단문 머리에 놓이는 접속사이며 '民服'은 주술구조로 태도를 표시하는 단문이다.

"孔子對曰: '擧直錯諸枉, 則民服。擧枉錯諸直, 則民不服'" 역시 서사성 복합 문장인데 주어는 '孔子'이고 술어는 '對曰'이며 뒤 인용문 '擧直錯諸枉, 則民服。擧枉錯諸直, 則民不服'은 그 목적어이다. '擧直錯諸枉, 則民服'과 '擧枉錯諸直, 則民不服'은 2구의 조건관계로 구성된 장문이기도, 보충관계로 구성된 더욱 긴 복합 문장이기도 하다. '擧直錯諸枉'과 '則民服'은 조건관계로 구성된 장문이고 조건 단문은 2구의 서사성 단문이며 보충관계로 구성된 장문이다. '擧'와 '錯'은 2구 서사성 단문의 술어이고 '直'과 '諸枉'은 어휘결합 형태로 앞 술어가 서술하는 목적어이며 '諸'는 전치사로 중심어 '枉' 즉 '枉者'를 수식하는 것이다. '諸枉'은 현대 중국어 '那些不正直的人(nàxiēbùzhèngzhíderén: 그러한 정직하지 못한 사람들)'에 해당한다. '則'는 조건 단문 뒤 후속결과 단문 머리에 더해지는 접속사이고 '民服'은 앞 인용문에서 이미 분석하였다.

'擧枉錯諸直, 則民不服' 역시 조건 관계로 구성된 장문인데 문법이 앞 구와 거의 일치하기에 더 이상 분석하지 않으며 단지 '民不服'도 한 마디 태도를 표시하는 단문에 지나지 않을 뿐이다.

문장법 분석(文章法分析)

본문 내용은 '문(問)-답(答)'의 구조를 통한 전개이다. 전체문장은 노나라 애공이 어떻게 해야 국민들이 믿고 따르게 할 수 있는지 그 방법을 묻자 공자께서 정직한 사람을 천거해서 기용한다면 바로 국민들이 믿고 기꺼이 받들며 따른다고 대답하였다는 내용이다. 첫 번째 구의 인용문 앞 1구는 '문(問)'에 속하는데 '조건(條件)-후속결과(後果)'를 포함한 관계이다. 즉 노나라 애공이 공자께 "어떤 일들을 한다면 국민들이 믿고 기꺼이 받들며 따르는지를 물었다"고 한다. 두 번째 구 인용문 2구는 '답(答)'에 속하는데 '정(正)-반(反)'을 포함하고 그 중에 각기 '조건(條件)-후속결과(後果)'를 포함한 관계이다. 즉 공자께서 애공에게 "올곧고 바른 사람을 천거해 써서 치우쳐 비뚤어진 사람 위에 자리하게 한다면 곧 국민들이 믿고 기꺼이 받들며 따르지만, 치우쳐 비뚤어진 사람을 올곧고 바른 사람 위에 자리하게 한다면 곧 국민들이 믿고 기꺼이 받들며 따르지 않습니다"라고 대답했다 한다. 문답 내용은 대비되는 2가지 사례를 들어 어떻게 해야 국민들의 마음을 얻고 점차 믿음이 쌓이며 그 마음이 움직여 기꺼이 받들 뿐 아니라 따르게 할 수 있다라는 국가 경영의 철학을 일깨우며 문장을 일단락 짓고 있다. 여기서 기술한 문장법에 내재된 논리를 정리하면 다음 <표-80>과 같다.

<표-80> 내재논리 분석도

문(問)		조건(條件)	어떤 일들을 한다면
		후속결과(後果)	바로 국민들이 믿고 기꺼이 따를까요?
답(答)	정(正)	조건(條件)	정직한 사람을 천거해서 정직하지 않은 사람 위에 위치하게 한다면
		후속결과(後果)	곧 국민들이 믿고 기꺼이 따르지만,
	↑ 보충 ↑		
	반(反)	조건(條件)	정직하지 않은 사람을 천거해서 정직한 사람 위에 위치하게 한다면
		후속결과(後果)	곧 국민들이 믿고 기꺼이 따르지 않음

신역(信譯)

노나라 애공이 "어떻게 해야 국민들이 따르게 할 수 있을까요?"라고 물었다. 공자께서 "정직한 사람을 천거해서 정직하지 않은 사람 위에 자리하게 하면 곧 국민들이 따르지만, 정직하지 않은 사람을 천거해서 정직한 사람 위에 자리하게 하면 곧 국민들이 따르지 않습니다"라고 대답하셨다.

달역(達譯)

노나라 애공이 "공자께 어떤 일들을 해야 국민들이 믿고 따르게 할 수 있겠습니까?"라고 물었다. 공자께서 "공께서 올곧은 사람을 천거해서 비뚤어진 사람 위에 위치하게 하면 국민들이 믿고 따르지만, 비뚤어진 사람을 천거해서 올곧은 사람 위에 위치하게 하면 국민들이 믿고 따르지 않습니다"라고 대답하셨다.

아역(雅譯)

노나라 애공이 "공자께 어떤 일들을 한다면 국민들이 믿고 기꺼이 받들며 따르게 할 수 있겠습니까?"라고 물었다. 공자께서 "공께서 바르고 올곧은 사람을 천거해 써서 기울고 비뚤어진 사람 위에 자리하게 한다면 곧 국민들이 믿고 기꺼이 받들며 따르지만, 기울고 비뚤어진 사람을 바르고 올곧은 사람 위에 자리하게 한다면 곧 국민들이 믿고 기꺼이 받들며 따르지 않습니다"라고 말씀하셨다.

함축의미 분석도

<표-81> 함축의미 분석도

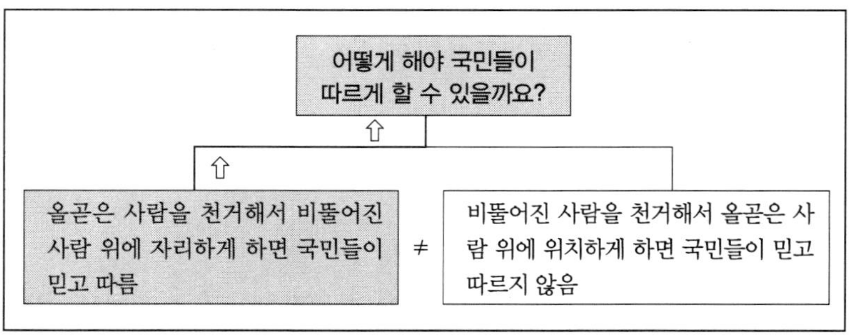

생각열기

경천(敬天, 즉 하늘을 공경함), 외천(畏天, 즉 하늘을 두려워함)의 천명(天命)사상으로부터 이성적 사고의 결과 형성된 민본(民本)과 인본(人本)주의를 가치판단의 준거로 삼았던 국가 지도자라면 어떻게 인사문제를 해결해낼까? 국가 지도자라면 "인심(人心), 민심(民心)이 곧 천심(天心)이다"라는 관점에서 통찰하고 지혜를 발휘하지 않을까? '국가 지도자'와 플라톤(Πλάτων, Plato)이 언급한 이상국가의 '수호자'는 공통점을 찾을 수 있을까?

제20장

— 도덕수양으로 국민들을 영도해야 함

季康子問: "使民敬忠以勸, 如之何?" 子曰: "臨之以莊則敬, 孝慈則忠。擧善而敎不能, 則勸。"

jìkāngzǐwèn shǐmínjìngzhōngyǐquǎn rúzhīhé zǐyuē línzhīyǐzhuāngzéjìng xiàocí zézhong jǔshànérjiàobùnéng zéquǎn

관련 편장(篇章)

子曰: "論篤是與, 君子者乎? 色莊者乎?" (「先進」篇 第21章)

曾子曰: "吾日三省吾身: '爲人謀而不忠乎? 與朋友交而不信乎? 傳不習乎?' " (「學而」篇 第4章)

"樊遲問仁。子曰: '愛人。' 問知(智)。子曰: '知人。' 樊遲未達。子曰: '擧直錯諸枉, 能使枉者直。' 樊遲退, 見子夏曰: '鄕(向)也吾見於夫子而問知(智), 子曰: 擧直錯諸枉, 能使枉者直。何謂也?' 子夏曰: '富哉言乎! 舜有天下, 選於衆, 擧皐陶, 不仁者遠矣! 湯有天下, 選於衆, 擧伊尹, 不仁者遠矣!' " (「顔淵」篇 第22章)

주석(注釋)

① 계강자(季康子): 노나라 대부 계손 씨(季孫氏)를 가리키는데 이름은 비(肥)이며, 강(康)은 시호이다.
② 사(使): 동 ……하게하다, 현대 중국어 '讓(ràng)', '叫(jiào)'에 해당한다.
③ 경(敬): 동 존경하다, 존경하여 우러러보다. 현대 중국어 '尊敬(zūnjìng)', '恭敬(gōngjìng)', '敬仰(jìngyǎng)'에 해당한다.
④ 충(忠): 동 마음과 힘을 다해 충성하다.
⑤ 이(以): 접 그리고, 게다가. 현대 중국어 '而且(érqiě)"나 '和(hé)'에 해당한다.
⑥ 권(勸): 동 권면하다, 권하고 격려하다.
⑦ 임(臨): 동 위에서 아래에 다다른 것을 가리킴.
⑧ 이(以): 전 써서, 가지고. 현대 중국어 '用(yòng)', '拿(ná)'에 해당한다.
⑨ 장(莊): 형 장중(莊重)하다, 엄숙(嚴肅)하다. 장중하고 위엄이 있다.
⑩ 칙(則): 부 곧, 바로. 현대 중국어 '就(jiù)'에 해당한다.
⑪ 효자(孝慈): 동 효도하다, 자애롭다.
⑫ 거(擧): 동 들다, 추천하다, 천거하다. 현대 중국어 '擧用(jǔyòng)', '推擧(tuījǔ)'에 해당한다.
⑬ 선(善): 명 착한 언행의 실천 능력이 있는 사람.
⑭ 이(而): 접 그리고.
⑮ 교(敎): 동 교육하다, 교화하다.
⑯ 불(不): 동 '無'자와 같아 '없다'라는 의미이다.
⑰ 능(能): 명 능력.

석의(析義)

① 계강자(季康子): 일찍이 노나라 애공의 경대부를 역임하였으며 당시 대단한 권세를 지녔던 대신이었다.
② 효자(孝慈): 효(孝)는 자녀의 부모에 대한 사랑의 정감 즉 '인(仁)'의 발현이다.

상대적 개념인 자(慈cí)는 부모의 자녀에 대한 사랑의 정감 즉 '인(仁)'의 발현이다.

문법구조(文法構造)

제1구는 서사성 복합 문장이다. '季康子'는 주어이고 '問'이 술어이며 "使民敬忠以勸, 如之何"는 '問'의 목적어인 그 자체가 태도를 표시하는 복합 문장이다. '使民敬忠以勸'은 주어로 한 마디 피동문이고 '使'는 피동문의 술어이며 뒤 '民'의 목적어인 동시에 '敬忠以勸'의 주어를 겸한다. '敬忠以勸'은 3개의 형용사가 연합해서 '民'의 술어로 사용되며 '以'는 접속사로 두 번째 형용사와 세 번째 형용사 사이에 더해진 것이다. '以'를 쓰지 않으려면 '而'로 바꾸어 쓸 수도 있는데 현대 중국어 '并且'의 의미이다. '使'자 위에 놓일 주어는 '在上者'이며 개괄성을 띠어 생략되었다. '如之何'는 '使民敬忠以勸'의 술어이고 그 자체가 결합식 의미결합 형태의 복합 어휘이며 묻고자 할 때 사용하는 현대 중국어 '怎么样的(zěnmeyàng, 어떠한 것)'에 해당한다.

제2구 역시 서사성 복합 문장이다. '子'가 주어이고 '曰'이 술어이며 뒤 조건관계로 구성된 인용문 2구는 '曰'의 목적어이다. '臨之以莊則敬'은 조건관계로 구성된 장문이며 '臨之以莊'운 서사성 단문이다. 주어는 '在上者'로 생략되었고 '臨'은 술어이며 '之'는 지시대명사로 '民'을 가리키는 목적어, '以'는 전치사로 보어 '莊'을 이끈다. '則'은 조건의 전제에 대한 후속결과를 표시하는 단문 머리에 놓이는 접속사이고 주어 '民'은 생략되었으며 '敬'은 태도를 표시하는 단문의 술어이다. '孝慈則忠'은 2구의 태도를 표시하는 단문이 조건관계로 구성된 장문이다. '孝慈'는 어휘연계 형태로 태도를 표시하는 단문의 술어이며 주어는 '在上者'로 생략되었다. '忠'은 다른 1구의 태도를 표시하는 단문의 술어이고 그 주어는 '民'이며 생략되었다.

"擧善而教不能, 則勸" 역시 조건관계로 구성된 장문이며 '擧善而教不能'은 2구의 서사성 단문이 복합관계로 구성된 장문이다. 주어는 '在上者'로 생략되었고 '擧'는 술어이며 '善'은 '行善者'의 생략 형태로 목적어이다. '教'는 술어이며 '不能'은 '無能力行善者'의 생략 형태로 목적어이다. '則'은 조건을 전제한 단문 뒤에 이어진 후속결과 단문 머리에 놓이는 접속사이고 '勸'은 태도를 표시하는 단문의 피동의 의미를 지닌 술어이며 그 주어는 '民'이며 생략되었다.

문장법 분석(文章法分析)

본문 내용은 '문(問)-답(答)'의 구조를 통한 전개이다. 전체문장은 국민들이 존경하여 우러르고 충성하며 서로 힘써 권하게 할 방법을 묻자 공자께서 윗사람이 아랫사람에게 다가가면, 자녀가 효도하거나 부모님이 자애로우면, 선의 실행력이 있는 사람을 천거해 쓰거나 선의 실행력이 없는 사람을 교육하면 서로 선의 실행을 권하며 힘쓸 것이다"라는 내용이다. 첫 번째 인용문 앞 1구는 '문(問)'에 속하는데 '범(凡)'을 포함하며 다시 '조건(條件)-후속결과(後果)'를 포함한 관계이다. 즉 계강자가 공자께 "국민들이 존경하여 우러르고 마음과 힘을 다해 충성하며 아울러 서로 권하여 힘쓰게 하려면 어떻게 해야 할까요"하고 물었다. 두 번째 인용문 3구는 '답(答)'에 속하는데 '목(目)'을 포함하며 다시 '조건(條件)-후속결과(後果)'를 포함한 관계이다. 즉 공자께서 "위에 자리한 사람이 장중하고 위엄 있게 아래 자리한 사람에게 다가간다면 존경하고 우러러 볼 것이다. 자녀가 부모님께 효도하고, 부모님이 자녀에게 자애로운 것같이 한다면 마음과 힘을 다해 충성할 것이다. 선의 실행력이 있는 사람을 천거해 쓰고 선의 실행력이 없는 사람을 교육하면 서로 선의 실행을 권하며 힘쓸 것이다"라고 대답하셨다. 국민들이 존경하며 우러러보게 하거나, 마음과 힘을 다해 충성하게 하거나, 서로 권하며 힘쓰게 하려면 어떻게 해야 할지 그 방법을 일깨우며 문장을 일단락 짓고 있다. 여기서 기술한 문장법에 내재된 논리를 정리하면 다음 <표-82>와 같다.

<표-82> 내재논리 분석도

구분	구분	구분	내용
문(問)	범(凡)	조건(條件)	국민들이 존경하여 우러르고 충성을 다하며 서로 권하여 힘쓰게 하려면
		후속결과(後果)	어떻게 해야 할까?
답(答)	목(目)	조건(條件)	윗사람이 언행을 장중하고 위엄 있게 하며 아랫사람에게 다가가면
		후속결과(後果)	존경하며 우러러 볼 것이기도,
		조건(條件)	자녀가 부모님께 효도하고, 부모님이 자녀에게 자애로운 것처럼 하면
		후속결과(後果)	충성을 다할 것이기도,
		조건(條件)	선의 실행력이 있는 사람을 천거, 선의 실행력이 없는 사람을 교육하면
		후속결과(後果)	서로 선의 실행을 권하며 힘쓸 것임

신역(信譯)

계강자가 "국민들이 존경하고 충성하며 서로 권하여 힘쓰게 하려면 어떻게 할까요?"라고 물었다. 공자께서 "윗사람이 장중함과 위엄으로 아랫사람에게 다가가면 존경할 것이다. 자녀가 부모님께 효도하고, 부모님께서 자녀에게 자애로운 것처럼 하면 충성할 것이다. 선의 실행력이 있는 사람을 천거해 쓰고 선의 실행력이 없는 사람을 교육하면 서로 선의 실행을 권하며 힘쓸 것이다"라고 말씀하셨다.

달역(達譯)

계강자가 공자께 "국민들이 우러러 보며 존경하고 마음과 힘을 다해 충성하며 아울러 서로 권하여 힘쓰게 하려면 어떻게 해야 할까요?"라고 물었다. 공자께서 "윗사람이 장중함과 위엄으로 아랫사람에게 다가간다면 우러러 보며 존경할 것입니다. 자녀들은 부모님께 효도하고 부모님께서 자녀들에게 자애로운 것처럼 하면 마음과 힘을 다해 충성할 것입니다. 선의 실행력이 있는 사람을 천거해서 쓰고 선의 실행력이 없는 사람을 교육하면 서로 권하며 힘쓸 것입니다"라고 말씀하셨다.

아역(雅譯)

계강자가 공자께 "국민들이 우러러 흠모하여 존경하고 마음과 힘을 다해 충성하며 아울러 서로 권하여 힘쓰게 하려면 어떻게 해야 할까요?"라고 물었다. 공자께서 "위에 자리한 사람은 언행의 장중함과 위엄으로 아래 자리한 사람에게 다가가면 우러러 흠모하며 존경할 것입니다. 위에 자리한 사람은 자녀들이 부모님께 효도하고 부모님께서 자녀들에게 자애로운 것처럼 하면 마음과 힘을 다해 충성할 것입니다. 위에 자리한 사람은 착한 언행의 실천 능력이 있는 사람을 천거해서 쓰고 착한 언행의 실천 능력이 없는 사람을 교육하면 서로 권하며 힘쓸 것입니다"라고 말씀하셨다.

함축의미 분석도

<표-83> 함축의미 분석도

우러러 보며 존경하게 하려면	⇨	위에 자리한 사람이 언행을 장중하고 위엄 있게 하며 아래 자리한 사람에게 다가가면
마음과 힘을 다해 충성하게 하려면	⇨	위에 자리한 사람은 자녀들이 부모님께 효도하고 부모님이 자녀들에게 자애로운 것처럼 하면
서로 권하며 힘쓰게 하려면	⇨	위에 자리한 사람은 선의 실행력이 있는 사람을 천거해 쓰고 선의 실행력이 부족한 사람을 교화하면

생각열기

개인의 언사, 행동은 진정성을 지녀 믿음 있어야 한다. 지도자의 언사, 행동은 신중함을 지녀 위엄 있어야 한다. 그래야 비로소 사람들로부터 존중 받을 수 있다. 그 가운데 지도자는 어느 누구보다 이성적이고 지혜로운 사람이다. 국가적 위기를 맞았을 때가 바로 지도자의 지혜와 통찰이 필요할 즈음이 아닐까? 어떻게 국민들의 마음을 얻고 인재를 천거해서 교화에 힘써야 서로 '선(善)'을 권하는 효과에 도달할 수 있을까?

제21장

— 벼슬에 나가 정치에 참여하는 일은 그 자리한 직위, 봉록에 있는 것이 아님

或謂孔子曰: "子奚不爲政?" 子曰: "『書』云: '孝乎惟孝, 友于兄弟。' 施於有政, 是亦爲政。奚其爲爲政?"

yǒuhuòwèikǒngzǐyuē zǐxībùwéizhèng zǐyuē shūyún xiàohūwéixiào yǒuyúxiōngdì shìyúyǒuzhèng shìyìwéizhèng xīqíwéiwéizhèng

관련 편장(篇章)

"季康子問: '使民敬忠以勸, 如之何?' 子曰: '臨之以莊則敬, 孝慈則忠。擧善而敎不能, 則勸。' (「爲政」篇 第20章)

주석(注釋)

① 혹(或): 대 불명확하게 가리키는 사람, 일, 곳, 물건, 시간 등. 여기서 '或者', '某人'과 같으며 어느 사람, 어떤 사람의 의미이다. 현대 중국어 '有人(yǒurén)'에 해당한다.

② 자(子): 대 당신, 그대. 현대 중국어 '你(nǐ)', '您(nín)'에 해당한다.

③ 해(奚): 대 '何'자와 같고 '왜', '어째서', '무엇 때문에' 등의 의미이고 현대 중국어 '为什么(wèishénme)'에 해당한다.

④ 『書』云: 선진(先秦)시대 고서의 체례에 근거하면 '『書』云' 이란 지칭을 찾을 수 없다.

⑤ 우(友): 동 우애하다, 친근하다.

⑥ 우(于): 전 ……에, ……간에, ……사이에.

⑦ 시어(施於): 동 ……에 더해주다, ……에게 얻게 하다. 현대 중국어 '施加於(shījiāyú)'에 해당한다.

⑧ 해(奚): 대 하필이면, 어째서 반드시, 중국어 '何必'에 해당한다.

석의(析義)

① 혹(或): 옛 문헌에서 '어느 사람(某人)'을 가리킬 때 이름을 일컫지 않고 흔히 약칭하여 '或'이라 일컬었다.

② "『書』云: 孝乎惟孝, 友于兄弟"은 『尙書』의 실전된 문장 즉 일문(逸文)인데 동진(東晉)시대 매색(梅賾)이 올린 『僞古文尙書』의 「君陳」편에 보임.[129]

③ 효호유효(孝乎惟孝): 효도에 대해 찬미하는 말로 그 문법과 『禮記』의 '禮乎禮', 『公羊傳』의 '賤乎賤', 『爾雅』의 '微乎微' 등과 비슷한 용례이다.

문법구조(文法構造)

"或謂孔子曰: 子奚不爲政"는 서사성 복합 문장인데 '或'은 불확정 지시대명사로 현대 중국어 '有人'에 해당하는 주어이고 '謂'는 전치사로 중국어 '與'나 현대 중국어 '給(gěi)'에 해당하며 '孔子'는 동작을 수용하는 간접목적어이다. '子奚不爲政'는 서사성 단문으로 앞 구 '曰'의 목적어이고

129 「大學」第1章: "欲治其國者, 先齊其家,……家齊而后國治, 國治而后天下平。"(朱熹, 「四書章句集注」, 臺北: 長安出版社. 1990, p.3-4)

'子'는 서사성 단문의 주어이며 '奚'는 의문대명사로 부사어, '不'는 부정을 표시하는 부사어, '爲'는 술어로 목적어 '政'을 서술한다.

'子曰' 뒤 인용부호 속 각 구는 '曰'의 목적어이고 그 중에 "『書』云: 孝乎惟孝, 友于兄弟"은 서사성 복합 문장이며 '云' 뒤 2구는 목적어로 시간 선후관계로 구성된 장문이다. 앞 구 '孝乎惟孝'는 판단 단문이고 주어 '孝' 뒤에 찬탄을 표시하는 어기조사 '乎'를 동반하며 이 '乎'자는 현대 중국어 '呀(yā)'자에 해당한다. '惟'자는 접속사로 중국어 '爲', '乃' 등 글자와 같은 의미이고 '孝'자는 본래 '孝親'이란 어휘결합 형태이지만 '親'자가 생략된 까닭에 '孝'자 단음절 어휘형태의 술어가 된 것이다. 뒤 구 '友于兄弟'는 서사성 단문이고 주어는 개괄성을 띠어 생략되었다. '友'는 술어이고 '于'는 '於', '之間'에 해당하는 전치사이며 '兄弟'는 '友'의 목적어이다.

"施於有政, 是亦爲政"과 뒤 '奚其爲爲政'은 추론관계로 구성된 장문이며 앞 2구는 추론을 표시하는 단문이다. '施於有政'은 판단성 복합 문장으로 간주할 수 있는데 "孝友之風於其家, 如爲政於其家"의 생략 형태이고 '施於' 중 '於'자는 '如'자의 의미이며 '有'자는 '爲'자의 의미이다. '施'는 주어이고 '有政'은 술어이며 '於'는 접속사이다. '是亦爲政'은 한 마디 판단성 복합 문장이고 '是'는 '施孝友之風於其家'을 가리키는 주어이며 '爲政'은 어휘결합 형태의 술어이다. 그런데 주어와 술어 사이에 접속사를 더하지 않는 대신 오히려 현대 중국어 '也(yě)'에 해당하는 부사어 '亦'자를 더한 것이다. '奚其爲爲政'은 앞 2구 추론 단문으로부터 얻어진 후속결과 단문이며 그 자체가 서사성 복합 문장이다. '奚'는 '何'에 해당하는 의문대명사로 부사어이고 '其'자 는 '問孔子的人所謂的爲政'에 해당하며 뒤 '爲'자는 술어, 뒤 '爲政'은 목적어이다.

“『書』云: 孝乎惟孝, 友于兄弟”구와 “施於有政, 是亦爲政。奚其爲爲政”구 역시 추론관계이다.

문장법 분석(文章法分析)

본문 내용은 ‘문(問)-답(答)-문(問)’의 구조를 통한 전개이다. 전체문장은 “어떤 사람이 공자께 왜 벼슬하여 국정을 수행하는 일의 참여에 대해 묻자 공자께서『書經』의 말을 인용하여 이 효도, 우애의 미덕을 벼슬에 나가 정치하는 일에 확대 실행하는 것 역시 벼슬하여 국정을 수행하는 일에 참여한 셈이라는 내용이다. 첫 번째 문장은 ‘문(問)’에 속하며 어떤 사람이 공자께 “당신은 왜 벼슬하여 국정을 수행하는 일에 참여하지 않습니까” 라고 물었다. 두 번째 문장은 ‘답(答)’에 속하는데 ‘점(點)-염(染)’을 포함하고 ‘점(點)’부분은 다시 시간 ‘선(先)-후(後)’를 포함하며 ‘염(染)’부분은 다시 ‘추론(推論)-결과(結果)’를 포함한 관계이다. 즉 공자께서 “『書經』에 ‘효도지! 오직 부모님께 효도하는 자녀들이 형제간에 우애한다’라고 하였다. 이 효도, 우애의 미덕을 국정 수행하는 일이 있는 곳에 확대 실행하는 것 이 역시 벼슬하여 국정을 수행하는 일에 참여한 셈이다”라고 대답하였다. 세 번째 문장은 ‘문(問)’에 속하며 “왜 반드시 벼슬하는 것만이 국정을 수행하는 일에 참여한 것이라 할까”라고 설문(設問)방식의 수사법을 통해 상대방이 그 의도를 파악하여 긍정적 답안을 얻도록 유도하며 문장을 일단락 짓고 있다. 여기서 기술한 문장법에 내재된 논리를 정리하면 다음 <표-84>와 같다.

<표-84> 내재논리 분석도

구분			내용
문(問)			당신은 왜 벼슬하여 국정을 수행하는 일에 참여하지 않습니까?
답(答)	점(點)	선(先)	효도지! 오직 부모님께 효도하는 자녀들이
		후(後)	(효도하는 자녀들이) 형제간에 우애함
	염(染)	추론(推論)	이 효도, 우애의 미덕을 국정 수행하는 일이 있는 곳에 확대 실행하는 것
		결과(結果)	이 역시 벼슬하여 국정을 수행하는 일에 참여한 셈
문(問)			어디 벼슬하는 것만이 국정을 수행하는 일에 참여한 것이라 할까?

신역(信譯)

어떤 사람이 "당신은 왜 벼슬하여 정치에 참여하지 않습니까?"라고 물었다. 공자께서 "『書經』에 '효도지! 오직 부모님께 효도하는 자녀들은 형제간에 우애한다'고 말하였다. 이 효도, 우애를 벼슬하여 정치하는 곳에 확대 실행하는 것 이 역시 벼슬하여 정치에 참여한 셈이다. 어디 벼슬하는 것만이 정치에 참여한 것일까?"라고 말씀하셨다.

달역(達譯)

어떤 사람이 공자께 "당신은 왜 벼슬하여 정치하는 일에 참여하지 않습니까?"라고 물었다. 공자께서 "『書經』에 '효도지요! 오직 부모님께 효도하는 자녀들은 형제간에 우애한다'고 하였다. 이 효도, 우애의 미덕을 벼슬하여 정치하는 일에 확대 실행하는데 이 역시 벼슬하여 정치하는 일에 참여한 셈입니다. 어디 그대가 물은 것처럼 벼슬자리에서 봉록을 수령하는 것만이 정치하는 일에 참여한 것일까요?"라고 말씀하셨다.

아역(雅譯)

어떤 사람이 공자께 "그대는 왜 벼슬에 나가 직위를 유지하고, 봉록을 수령하며 정사에 참여하는 일을 하지 않습니까?"라고 물었다. 공자께서 "『書經』에 '효도지요! 오직 부모님께 효도하는 자녀들은 형제간에 우애한다'고 하였습니다. 이 효도, 우애의 미덕을 벼슬에 나가 직위를 유지하고, 봉록을 수령하며 정사에 참여하는 일이 있는 곳에 확대 실행하는 것 이 역시 벼슬에 나가 직위를 유지하고, 봉록을 수령하며 정사에 참여하는 일을 하는 셈입니다. 어디 반드시 당신이 물은 것처럼 벼슬에 나가 직위를 유지하고, 봉록을 수령하며 정사에 참여하는 것만이 정치하는 일이겠습니까?(정치하는 일이 그 직위, 봉록의 추구에 있지 않습니다)"라고 말씀하셨다.

함축의미 분석도

<표-85> 함축의미 분석도

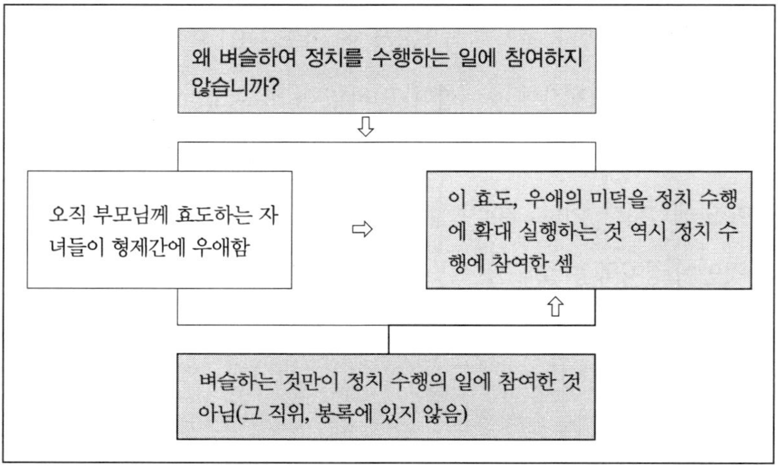

생각열기

민주주의(Democracy) 사회에서 어떤 경로, 방법으로 정치에 참여할 수 있을까? 오직 직접 정치 현장에 뛰어드는 것만이 참여일까? 게다가 정치 참여를 돈벌이나 명예 과시 수단으로 삼아도 될까? 정치는 지지자에 대한 일종의 사회적 봉사라는 접근법이 바람직한 것 아닐까? 일반 시민들도 각자 자신의 영역에서 사회적 책임을 다하는 것 역시 정치에 참여하는 길이 아닐까?

제22장

— 언행이 사실이라는 믿음이 있어야 자립하여 다른 사람과 교류할 수 있음

子曰: "人而無信, 不知其可也。大車無輗, 小車無軏, 其何以行之哉?"

zǐyuē rénérwúxìn bùzhīqíkěyě dàjūwúní xiǎojūwúyuè qíhéyǐxíngzhīzāi

관련 편장(篇章)

曾子曰: "吾日三省吾身, '爲人謀而不忠乎? 與朋友交而不信乎? 傳不習乎?' "(「學而」篇 第4章)

子曰: "道千乘之國, 敬事而信, 節用而愛人, 使民以時。"(「學而」篇 第5章)

子曰: "弟子入則孝, 出則弟, 謹而信, 汎愛衆, 而親仁。行有餘力, 則以學文。"(「學而」篇 第6章)

子夏曰: "賢賢易色; 事父母能竭其力; 事君能致其身; 與朋友交, 言而有信。雖曰未學, 吾必謂之學矣!"(「學而」篇 第7章)

子曰: "君子自重, 則不威; 學, 則不固。主忠信, 無友不如己者; 過, 則勿憚改。"(「學而」篇 第8章)

"子以四敎: 文、行、忠、信。"(「述而」篇 第25章)

"子貢問政。子曰: '足食、足兵, 民信之矣。' 子貢曰: '必不得已而去, 於斯三者何先?' 曰: '去兵。' 子貢曰: '必不得已而去, 於斯二者

何先?' 曰: '去食。自古皆有死, 民無信不立。'"(「顏淵」篇 第7章)
"子張問崇德、辨惑。子曰: '主忠信, 徙義, 崇德也。愛之欲其生, 惡之欲其死, 既欲其生, 又欲其死, 是惑也。誠不以富, 亦祇以異。'"(「顏淵」篇 第10章)

주석(注釋)

① 이(而): 접 도리어, 그런데 도리어. 현대 중국어 '卻(què)', '然而卻(ránérquè)'에 해당한다.
② 신(信): 형 신임하다, 믿고 쓰다, 사실로 믿을만하다.
③ 기(其): 대 그, 그가. 현대 중국어 '他(tā)'에 해당한다.
④ 대거(大車): 명 소가 끄는 수레로 무거운 것을 싣는데 그 크기가 큰 까닭에 일컫는 명칭이다.
⑤ 예(輗): 소가 견인하는 큰 수레의 '원(轅)'과 '형(衡)'이 서로 연결된 곳에 두 개의 둥근 구멍을 꿰뚫는 둥근 고리를 가리킨다.
⑥ 소거(小車): 명 말이 끄는 수레로 가벼운 것을 싣는데 그 크기가 작은 까닭에 일컫는 명칭이다.
⑦ 월(軏): 명 말이 견인하는 작은 수레의 '원(轅)'과 '형(衡)'이 서로 연결된 곳에 두 개의 둥근 구멍을 꿰뚫는 둥근 고리를 가리킨다.

석의(析義)

① 인이무신(人而無信):『詩經 · 鄘風 · 相鼠』편,『禮記 · 禮運』편의 '人而無禮'[130]과 같은 문법구조이다.
② 예(輗), 월(軏): 수레 앞의 세로 목을 '원(轅)'이라 부르고 '원(轅)'의 앞머리에 연결된 가로 목을 '형(衡)'이라 부르며 '원(轅)'의 앞머리와 '형(衡)'의 중앙 모두 둥

130『詩經』, 十三經注疏本, 台北: 藝文印書館, 1988, p.18。

근 구멍이 뚫려 있다. 그리고 '원(轅)'과 '형(衡)'이 서로 연결된 곳에 두 개의 둥근 구멍을 꿰뚫는 둥근 고리가 있는 이 고리를 큰 수레는 '예(輗)'라 부르고 작은 수레는 '월(軏)'이라 부른다. 수레가 움직이는 관건이며 '원(轅)'과 '형(衡)'의 움직임이 원활해야 수레가 오르막과 내리막, 왼쪽 회전과 오른쪽 회전할 때 저해를 받지 않는다.

문법구조(文法構造)

전체 원문은 서사성 복합 문장이다. 인용부호 속의 제1구 "人而無信, 不知其可也"는 가설관계로 구성된 장문이다. 가설 단문 '人而無信'의 문법과 「學而」편 제 7장에 언급한 '言而有信'은 같아서 마찬가지로 태도를 표시하는 복합 문장이다. '人'은 주어이고 '而'는 가설을 표시하는 접속사이며 '無信'은 술어이다. 후속결과 단문 '不知其可也'는 한 마디 서사성 복합 문장이고 부사어 '不'의 수식을 받는 '知'는 술어이며 '其可'는 조합식 어휘결합 형태의 목적어로 그 자체가 판단 단문이다.

"大車無輗, 小車無軏, 其何以行之哉" 3구와 '人而無信'은 보충관계인데 '車無輗、軏, 不能行'의 이치로 '人無信, 不可以爲人'을 설명하고 있다. '大車無輗, 小車無軏'은 2구의 유무관계의 단문이고 서로 평행관계로 구성된 장문이며 또한 '其何以行之哉'과 조건관계로 구성된 장문이다. '大車'와 '小車'는 2구 유무관계 단문의 주어이고 '無'는 술어이며 '輗'와 '軏'은 목적어이다. '其何以行之哉' 중의 '其'는 '則'과 같이 쓰여 후속결과 단문 머리에 놓인 것이다. '何以行之'는 서사성 단문인데 '何'는 구실을 대는 보어이고 '以'자는 보어를 술어 앞으로 끌어내는데 사용된 전치사이며 '行之'는 접미사 '之'를 동반한 술어이다. 이 용례는 문어 체의 관례에 비추어보면 구실을 대는 보어가 의문대명사인 까닭에 전치사 앞에 놓은 것이다. 문말 어기조사 '哉'를 사용하여 반문어기를 형성한 이외에 감탄어기를 표현하기 위한 의도로 볼 수 있다.

문장법 분석(文章法分析)

본문 내용은 '서(敍)-보(補)'의 구조를 통한 전개이다. 전체문장은 사람이 되어 도리어 언행이 믿음직하지 않다면 어떻게 자립하여 다른 사람과 교류하는 일과 소나 말이 끄는 수레의 '원(轅)', '월(軏)'이라는 고리가 있어야 운행할 수 있는 도리에 비유한 내용이다. 첫 번째 문장은 '서(敍)'에 속하며 '가설(假設)-사실(事實)'을 포함한 관계이다. 즉 "사람이 되어 도리어 언행이 사실적이고 믿음직하지 않다면 어떻게 자립하여 사람 노릇하고 다른 사람과 사귀어 교류할 수 있을지 모른다"고 말한다. 두 번째 문장은 '보(補)'에 속하는데 '조건(條件)-후속결과(後果)'를 포함한 관계이다. 즉 "소가 끄는 큰 수레가 '원(轅)'이란 세로 목과 '형(衡)'이란 가로 목을 연결하는 '예(輗)'라는 고리가 없고, 말이 끄는 작은 수레가 '원(轅)'이란 세로 목과 '형(衡)'이란 가로 목을 연결하는 '월(軏)'이라는 고리가 없다면 어떻게 수레들이 운행 하겠는가"라고 말한다. 두 번째 문장 3구는 첫 번째 문장 2구에 대해 보충 설명하는 작용을 하는데 사물의 이치로 사람의 도리를 비유하는 방식의 수사법과 반어법을 채택하여 일깨우며 문장을 일단락 짓고 있다. 여기서 기술한 문장법에 내재된 논리를 정리하면 다음 <표-86>과 같다.

<표-86> 내재논리 분석도

구분	항목	사례	내용
서(敍)	가설(假設)		사람이 되어 도리어 언행이 믿음직하지 않다면
	사실(事實)		어떻게 자립하여 타인과 교류할 수 있을지 모름
보(補)	조건(條件)	사례1	소가 끄는 수레가 '원(轅)'을 연결하는 '예(輗)'라는 고리가 없고,
		사례2	말이 끄는 수레가 '원(轅)'을 연결하는 '월(軏)'이라는 고리가 없다면
	후속결과(後果)		어떻게 수레들이 운행하겠는가?(못한다)

신역(信譯)

공자께서 "사람이 되어서 도리어 언행이 믿음이 없다면 어떻게 자립하여 다른 사람과 교류할 수 있을지 모른다. 마치 큰 수레가 세로 목 '원(轅)'과 가로 목 '형(衡)'을 연결하는 '예(輗)'라는 고리가 없고, 작은 수레가 세로 목 '원(轅)'과 가로 목 '형(衡)'을 연결하는 '월(軏)'이라는 고리가 없는 것처럼 어떻게 수레들이 움직여가겠는가?"라고 말씀하셨다.

달역(達譯)

공자께서 "제자들이여 사람이 되어서 도리어 언행이 사실이라는 믿음이 없다면 어떻게 자립하여 사람 노릇하고 다른 사람과 사귀어 교류할 수 있을지 모릅니다. 마치 소가 끄는 큰 수레가 세로 목 '원(轅)'과 가로 목 '형(衡)'을 연결하는 '예(輗)'라는 고리가 없고, 말이 끄는 작은 수레가 세로 목 '원(轅)'과 가로 목 '형(衡)'을 연결하는 '월(軏)'이라는 고리가 없는 것처럼 곧 어떻게 수레들이 운행 하겠습니까?"라고 말씀하셨다.

아역(雅譯)

공자께서 "제자들이여 사람이 되어서 도리어 언행이 사실이라는 믿음이 없다면 어떻게 자립하여 사람 노릇하고 다른 사람과 사귀어 교류할 수 있을지 모릅니다. 마치 소가 끄는 큰 수레가 '원(轅)'이란 세로 목과 '형(衡)'이란 가로 목을 연결하는 '예(輗)'라는 고리가 없거나, 말이 끄는 작은 수레가 '원(轅)'이란 세로 목과 '형(衡)'이란 가로 목을 연결하는 '월(軏)'이라는 고리가 없는 것처럼 바로 어떻게 수레들의 온갖 움직임이 장애를 받지 않으며 원활하게 운행하겠습니까?(운행하지 못합니다)"라고 말씀하셨다.

함축의미 분석도

<표-87> 함축의미 분석도

사람이 되어 도리어 언행이 사실적이고 믿음직하지 않다면 자립하여 타인과 교류할 수 있을지 모름	⇦	마치 소가 끄는 수레가 '원(轅)'을 연결하는 '예(輗)'라는 고리가 없고, 말이 끄는 수레가 '원(轅)'을 연결하는 '월(軏)'이라는 고리가 없는 것처럼 어떻게 수레들이 운행하겠는가?(하지 못함)

생각열기

가짜뉴스가 이미 심각한 사회적 문제로 대두되었다. '변형생성 문법' 학자로 알려진 노암 촘스키(Avram Noam Chomsky, 미국의 언어학자, 철학자, 인지 과학자, 역사가, 사회비평가, 정치운동가, 아나키스트, 저술가, MIT 명예교수)는 거대 자본 세력이 대형 언론사(Legacy Media)를 인수하여 상업화하는데 이를 통해 자신들의 이익 대변에 유리하도록 가짜뉴스 생산을 마다하지 않는다는 것이다. 가짜뉴스는 죄악일까? 그 사회적 폐해는 얼마나 심각한 것일까? 공자께서 "떠도는 정보에 대한 다른 사람의 관점을 믿기 좋아하고 정보가 사실인지 학구적으로 규명하여 자신의 관점 및 견해로 정립하는 객관화, 합리화 과정을 거치지 않고 믿어버리는 사람은 그 폐해가 다른 사람, 자신까지 해치게 되는 역적수준이다(好信, 不好學, 其蔽也賊)"(『論語·陽貨』17.8)라고 말씀하셨다. 가짜 뉴스가 만들어낼 심각한 사회적 문제점을 지적하신 것은 아닐까?

제23장

— 과거, 현재의 예제(禮制)의 계승면모를 자세히 살펴야 미래 계승면모의 윤곽이 짐작됨

子張問: "十世可知也?" 子曰: "殷因於夏禮, 所損益可知也。周因於殷禮, 所損益可知也。其或繼周者, 雖百世可知也。"

zǐzhāngwèn shíshìkězhīyě zǐyuē yīnyīnyúxiàlǐ suǒsūnyìkězhīyě zhōuyīnyúyīnlǐ suǒsūnyìkězhīyě qíhuòjìzhōuzhě suíbǎishìkězhīyě

관련 편장(篇章)

子曰: "述而不作, 信而好古, 竊比於我老彭。" (「述而」篇 第1章)
子曰: "我非生而知之者, 好古敏以求之者也。" (「述而」篇 第20章)

주석(注釋)

① 십세(十世): 명 이후 10개 왕조시대(朝代). 원문에 보이는 하(夏), 은(殷), 주(周) 3개 왕조시대로 미루어 흔히 통칭하는 30년 일대(一代)에 의거한 '300년 십대(十代)' 즉 '수많은 연배시대'의 개념이 아님을 알 수 있다.

② 야(也): ⓔ‘耶’의 용법과 비슷하며 의문을 표시한다.
③ 은(殷): ❸ 청동기시대 이래 왕조시대의 명칭이며 본래 ‘상(商: 기원전 21세기-기원전 17세기)’이라 불렀다.
④ 인(因): ⓓ 이어받다, 계승하다. 현대 중국어 ‘因襲(yīnxí)’, ‘沿襲(yánxí)’, ‘繼承(jìchéng)’에 해당한다.
⑤ 하(夏): ❸ 기원전 21세기 이전 즉 신석기시대에 존재했던 부족공동체 성격으로 규정되는 나라이다.
⑥ 예(禮): 고대의 ‘예’는 모든 법령, 제도, 의식, 규범 및 사회 습속을 포함하는 개념이라 할 수 있다.
⑦ 손익(損益): ‘損’은 감소(減少)하다, 줄이다’는 의미이고 ‘益’은 증가(增加)하다, 늘이다‘는 의미이다.
⑧ 주(周): 기원전 16세기부터 기원전 13세기까지 존재했던 철기시대의 시작을 알린 정식 국가개념의 왕조시대 명칭이다.

석의(析義)

① 세(世): ‘대(代)’자와 같은 개념으로 보통 30년을 가리킨다. 위로부터 아래(즉 조상들로부터 후손들)에 이르는 연배순서를 ‘世’라 부르고 아래로부터 위(즉 후손들로부터 위로 조상들)에 이르는 연배순서를 ‘代’라 부른다.
② 은(殷): 하(夏)나라 말에 탕(湯)이 군사를 일으켜 하나라를 토벌하고 폭군 걸(桀)을 실각시켜 유배 보내며 통일한 나라로 호(亳: 지금의 河南省 商丘縣 西南)에 수도를 정하여 나라 이름을 ‘상(商)’이라 불렀다. 제위가 반경(盤庚)까지 이어져 은(殷: 지금의 하남성 偃師縣 이북)으로 수도를 옮기고 나라 이름을 은이라 고친 까닭에 ‘은’이라 부르기도, 이전 나라 이름을 더해 ‘은상(殷商)’이라 부르기도 하였다.
③ 하(夏): 순(舜)임금이 우(禹)임금에게 양위하고 통일한 나라이며 수도를 안읍(安邑: 지금의 山西省 夏縣 이북)에 정하여 나라 이름을 ‘하’라 불렀다.
④ 주(周): 은상(殷商) 왕조시대 말기에 주왕(紂王)이 국정을 돌보지 않고 인륜의 도리를 저버리자 무왕(武王)이 군사를 일으켜 주왕을 토벌하여 은상(殷商) 왕

조시대를 종식시키며 통일한 나라이다. 수도를 호(鎬: 지금의 陜西省長安縣 서쪽)에 정하고 나라 이름을 '주(周)'라 불렀다. 공자께서는 바로 '주'왕조시대의 춘추시대와 전국시대가 교차하는 시기에 출생하여 활동했던 인물이다.

문법구조(文法構造)

앞 인용부호 속 1구는 판단 복합 문장인데 '子張'은 주어이고 '問'은 목적어이며 '十世可知也'는 목적어이다. '十世'는 '今後十世以下之朝代(현재이후 10대 아래의 왕조시대)'의 생략된 형태로 주어이고 '可知'는 어휘결합 형태의 술어이며 '可知'이하에 본래는 '之朝代' 3자가 있었지만 생략된 까닭에 어휘의 중요성이 제고된 사례이다.

뒤 인용부호 속의 앞 2마디는 평행관계 겸 보충관계로 구성된 장문이며 뒤 1마디는 판단성 복합 문장이다. "殷因於夏禮, 所損益可知也"는 추론관계로 구성된 장문인데 '殷因於夏禮'는 한 마디 서사성 단문이고 주어 '殷'자 뒤에 본래 '禮'자가 있었지만 생략되었다. '因'은 술어이고 '於'는 전치사이며 '夏禮'는 목적어이다. '所損益可知也'는 한 마디 판단 복합 문장이고 '所損益'은 '所損益之禮'의 생략된 형태이며 '所損益'은 접미사 '所'가 더해진 복합어휘로 볼 수 있는데 그 수식제한 부분은 어휘연합 형태이다. 술어 '可知' 뒤에 본래 '之事' 2글자가 생략된 까닭에 어휘의 중요성이 제고된 사례이다. "周因於殷禮, 所損益可知也"는 그 문법이 앞 구와 완전히 같은데 앞뒤 구 사이에 평행관계 겸 보충관계로 구성된 장문이다. 이 장문과 뒤 한 마디는 다른 추론관계로 구성된 장문이다. "其或繼周者, 雖百世可知也"는 한 마디 판단성 복합 문장이다. '其或繼周者'는 어휘조합 형태의 주어이고 '者'자는 '之朝代'와 같고 구조조사 '之'와 중심어 '朝代'가 더해져 이루어진 형태이다. '其或繼周'는 조합식 어휘결합 형태인데 '其'는 주어 '或'은 부정의미를 표시하는 부사어로 현대 중국어 '或許(huòxǔ)'에 해당하며 '繼'는 목적어 '周'를 서술하는 술어이다. '雖百世可知也'는 가설관계로 구성된 장문인데 '雖'자는 현대 중국어 '假使(jiǎshǐ)'에 해당하고 조건 단문의 '百世'는 표면상 어휘조합 형태로 보이지만 앞에 술어 '經'이 생략되어서 1구의 단문으로 간주되며 후속결과 단문의 술어는 '可知'이다. 후속결과 단문의 주어는 '所損益'으로 생략되었으며 그 자체로 판단 복합 문장이다.

문장법 분석(文章法分析)

본문 내용은 '문(問)-답(答)'의 구조를 통한 전개이다. 전체문장은 자장이 당시 10개 조대의 예의제도는 미리 알 수 있는지 묻자 공자께서 은나라 조대는 하나라 조대, 주나라 조대는 은나라 조대의 예의제도를 이어받았기에 그 감소하거나 증가한 면모를 알 수 있듯이 혹여 주나라 조대를 계승한 것이라면 100개 왕조시대 이후 것이라도 역시 미루어 알 수 있는 것이다"라 대답한 내용이다. 첫 번째 문장은 '문(問)'에 속하며 이후 10개 왕조시대의 예의제도 발전변화는 미리 알 수 있는지 물은 것이다. 두 번째 3문장은 '답(答)'에 속하는데 '선(先)-후(後)'를 포함하고 '선(先)'은 다시 '사례1(事一)-사례2(事二)'를 포함한 관계이다. 즉 은나라 조대는 하나라 조대의 예의제도에서 이어받았는데 그중에 감소하거나 증가한 예의제도 모두 알 수 있으며 주나라 조대는 은나라 조대의 예의제도에서 이어받았는데 그중에 감소하거나 증가한 예의제도 모두 알 수 있는 일이라 한다. 그것이 아마 주나라 왕조시대를 계승한 것이라면 가령 이후 100개 왕조시대를 거친 예의제도의 발전변화라도 역시 감소하거나 증가한 예의제도는 미루어 알 수 있는 것이라 한다. 질문에 역사적 선후 사례를 들고 이후 조대의 예의제도 계승발전을 미루어 추정하는 방식을 통해 대답하며 문장을 일단락 짓고 있다. 여기서 기술한 문장법에 내재된 논리를 정리하면 다음 <표-88>과 같다.

<표-88> 내재논리 분석도

문(問)	이후 10개 조대의 예의제도는 미리 알 수 있을까요?		
답(答)	선(先)	사례1	은대는 하대의 예의제도를 이어받았기에 그 감소하거나 증가한 부분을 모두 알 수 있음
	후(後)	사례2	주대는 은대의 예의제도를 이어받았기에 그 감소하거나 증가한 부분을 모두 알 수 있음
	추론(推論)	그것이 혹여 주대를 계승한 것은 가령 이후 100개 조대를 거친 예의제도 역시 미루어 알 수 있는 것	

신역(信譯)

자장이 "10개 조대 이후의 예의제도는 미리 알 수 있을까요"라고 물었다. 공자께서 "은대는 하대의 예의제도를 이어받았기에 줄어들거나 늘어난 예의제도 모두 알 수 있으며 주대는 은대의 예의제도를 이어받았기에 줄어들거나 늘어난 예의제도 모두 알 수 있다. 그것이 혹여 주대를 계승한 것은 가령 100개 조대 이후의 예의제도 역시 미루어 알 수 있는 것이다"라고 말씀하셨다.

달역(達譯)

자장이 "공자께 10개 조대 이후 예의제도의 발전변화는 모두 미루어 알 수 있을까요?"라고 물었다. 공자께서 "은나라 조대는 하나라 조대의 예의제도에서 이어받았기에 그 감소하거나 증가한 예의제도 모두 알 수 있을 것이며 주나라 조대는 은나라 조대의 예의제도에서 이어받았기에 그 감소하거나 증가한 예의제도 모두 알 수 있을 것입니다. 그것이 혹여 주나라 조대를 계승한 것이라면 가령 100개 조대 이후 예의제도의 발전변화라도 역시 감소하거나 증가한 예의제도는 미루어 알 수 있을 것입니다"라고 대답하셨다.

아역(雅譯)

자장이 “공자께 이후 10개 왕조시대를 거친 예의제도의 발전변화는 모두 미루어 알 수 있을까요?”라고 물었다. 공자께서 “은나라 왕조시대는 하나라 왕조시대의 예의제도에서 이어받았는데 그중에 감소시키거나 증가시킨 예의제도 모두 알 수 있는 일이며 주나라 왕조시대는 은나라 왕조시대의 예의제도에서 이어받았는데 그중에 감소시키거나 증가시킨 예의제도는 모두 알 수 있는 일입니다. 그것이 혹시라도 주나라 왕조시대를 계승한 것이라면 가령 이후 100개 왕조시대를 거친 예의제도의 발전변화라도 역시 감소시키거나 증가시킨 예의제도는 미루어 알 수 있을 것입니다”라고 대답하셨다.

함축의미 분석도

<표-89> 함축의미 분석도

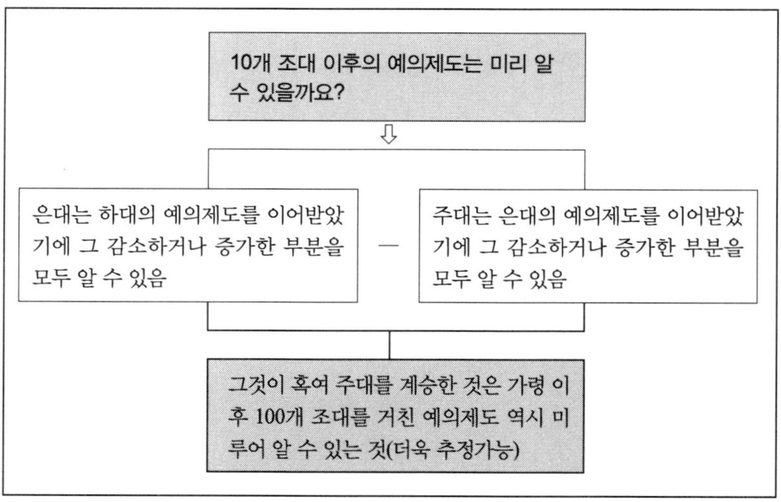

생각열기

전통의 올바른 현대적 계승은 어떤 것일까? 역사는 시공, 양상을 달리한 연속성, 반복성을 띤 사실의 재현일까? 카(Edward Hallett Carr)의『What is history?』에서 언급한 "역사란 과거의 사건과 현재의 사실과의 끊임없는 대화의 과정이다"라는 말과 일맥상통할까?

제24장

— 예의범절에 따라 제사 지내야지 귀신에게 아첨하여 복을 구하려 제사 지내지 말아야

子曰: "非其鬼而祭之, 諂也。見義不爲, 無勇也。"
zǐyuē fēiqíguǐérjìzhī chǎnyě jiànyìbùwéi wúyǒngyě

관련 편장(篇章)

"季氏旅於泰山, 子謂冉有曰: '女(汝)弗能救與?' 對曰: '不能。' 子曰: '嗚呼! 曾謂泰山不如林放乎?。'" (「八佾」篇 第6章)
"季路問事鬼神。子曰: '未能事人, 焉能事鬼?。' 曰: '敢問死。' 曰: '未知生, 焉知死?'" (「先進」篇 第12章)

주석(注釋)

① 비기(非其): 자신의 이미 돌아가신 조상이 아닌 제사를 지내지 않아야 할 대상. 본문의 '其'자는 자기 조상을 가리킨다.
② 귀(鬼): 명 고대에 사람이 죽으면 '귀(鬼)'라 불렀다.
③ 제(祭): 명 상스러운 길(吉)한 제사를 가리키며 제사의 목적이 복을 기원하는 데 있다.

④ 지(之): 대 망자, 돌아가신 조상귀신을 가리킨다.
⑤ 첨(諂): 동 아첨하다, 받들며 아부하다, 힘을 다해 받들며 결탁하다.
⑥ 의(義): 정의로운 일, 바르고 의로운 일.
⑦ 위(爲): 하다, 실행하다.
⑧ 용(勇): 명 용기(勇氣).

석의(析義)

① 귀(鬼): 일반적으로 이미 돌아가신 조상을 가리키지만 어떤 때는 넓은 의미로 귀신을 가리키기도 한다.
② 제(祭): 상서로운 길(吉)한 제사를 가리키는데, 상서롭지 않은 흉(凶)한 제사 즉 '전(奠: 사람이 막 죽었을 때 가족이 제사상 위에 음식을 진설하여 차리고 망자의 혼령을 안정시키는 것을 이름)'과 달리 귀신에게 제사 지내는 목적이 복을 기원하는 데 있다.
③ 견의(見義): 바르고 의로운 일을 목도하다.
④ 불위(不爲): 하려 들지 않다. 실행하려들지 않다, 실행해 가지 않다.

문법구조(文法構造)

전체 원문은 서사성 복합 문장이다. 인용부호 속 "非其鬼而祭之, 諂也"는 한 마디 복합 문장인데 '非其鬼而祭之'는 주어로 한 마디 판단 단문과 한 마디 서사성 단문이 역접관계로 구성된 장문이다. 앞 단문의 '非'는 부정을 표시하는 부사어이고 '其鬼'는 어휘조합 형태의 술어이며 '而'는 현대 중국어 '卻(què)', '反而(fǎnér)'에 해당하는 역접관계를 표시하는 접속사이다. 뒤 단문의 '祭'는 술어이고 뒤 '之'자는 '其鬼'를 가리키는 목적어이며 '諂'은 판단성 복합 문장의 술어로 그 자체가 한 글자의 어휘,

'也'는 어기조사로 현대 중국어 '是'에 해당한다.

"見義不爲, 無勇也" 역시 한 마디 판단성 복합 문장인데 이와 앞 판단성 복합 문장은 단지 연합관계일 뿐이다. 주어 '見義不爲'는 역접관계로 구성된 장문이다. 그 중에 역접관계를 표시하는 접속사 '而'가 생략되었다. '見義'와 '不爲'는 모두 서상성 단문이고 '不爲' 뒤의 목적어가 생략되어 바로 2글자의 문장으로 변화하였다. '無勇'은 어휘결합 형태인데 '無'는 부정 표시하고 '勇'은 '勇氣的'의 의미를 지닌 부사어이며 '見義不爲'의 술어로 사용된 것이다.

문장법 분석(文章法分析)

본문 내용은 '억(抑)-양(揚)'의 구조를 통한 전개이다. 전체문장은 "자기 조상의 귀신이 아니지만 제사 지내려는 것은 아첨이며 바르고 의로운 일을 보고 실행하지 않는 것은 용기 없는 행위이다"라는 내용이다. 첫 번째 문장은 '억(抑)'에 속하며 다시 '가설(假設)-사실(事實)'을 포함한 관계이다. 즉 자기 조상의 귀신이 아니지만 도리어 이를 제사 지내려는 것은 아첨하며 받들어 결탁하려는 행위라 말한다. 부연하자면 마땅히 제사 지내지 않아야 할 자신과 관계없는 귀신에게 제사 지내는 일은 불합리한 것이라 여긴다. 두 번째 문장은 '양(揚)'에 속하며 다시 '가설(假設)-사실(事實)'을 포함한 관계이다. 즉 바르고 의로운 일을 목도하지만 도리어 그 일을 실행하려들지 않는 것은 용기가 없는 행위라 말한다. 부연하자면 마땅히 실행해가야 할 바르고 의로운 일을 실행하려들지 않는 일은 불합리한 것이다. 마땅히 하지 말아야 할 일은 하지 않는 행위와 마땅히 실행해야 할 일을 실행하지 않는 행위 역시 불합리하다 지적하며 일깨우는 문장으로 일단락 짓고 있다. 여기서 기술한 문장법에 내재된 논리를 정리하면 다음 <표-90>과 같다.

<표-90> 내재논리 분석도

구분		내용
억(抑)	가설(假設)	자기 조상의 귀신이 아니지만 이를 제사지내는 것 (부당한 일을 실행함)
	사실(事實)	아첨하고 받들며 결탁하려는 행위
양(揚)	가설(假設)	바르고 의로운 일을 목도하지만 실행하지 않는 것 (마땅한 일을 실행하지 않음)
	사실(事實)	모두 망설이며 방관하는 용기 없는 행위

신역(信譯)

공자께서 "자기 조상의 귀신이 아니지만 도리어 이를 제사 지내려는 것은 아첨하는 행위이며 의로운 일을 목도하지만 도리어 실행하려들지 않는 것은 용기가 없는 행위이다"라고 말씀하셨다.

달역(達譯)

공자께서 "제자들이여 자기 조상의 귀신이 아니지만 도리어 이를 제사 지내려는 것은 아첨하며 받들어 결탁하려는 행위입니다. 바르고 의로운 일을 목도하지만 도리어 그 일을 실행하려들지 않는 것은 용기가 없는 행위입니다"라고 말씀하셨다.

아역(雅譯)

공자께서 "제자들이여 자기 조상의 귀신이 아니어서 마땅하지 않지만 도리어 이를 제사지내려는 것은 아첨하며 받들어 결탁하려는 불합리한 행위입니다. 바르고 의로운 일을 목도하여 마땅하다 여기지만 도리어 그 일을 실행하려들지 않는 것은 망설이며 방관하는 용기가 없는 불합리한 행위입니다"라고 말씀하셨다.

함축의미 분석도

<표-91> 함축의미 분석도

자기 조상의 귀신이 아니지만 이를 제사 지내는 것	⇦	아첨하고 받들며 결탁하려는 행위 (모두 불합리) 어찌할까 망설이는 용기 없는 행위
바르고 의로운 일을 목도하지만 실행하지 않는 것		

생각열기

누구나 자신의 언행에 책임지는 자세가 필요하다. 그 언행의 목적이 순수하지 않다면 추정되는 불편한 결과에 주목하지 않을 수 없다. 그런 이유에서 상식을 벗어난 언행은 그 목적을 의심해야 하지 않을까? 게다가 바른 일을 보고도 실천하지 않고 망설이는 것은 용기 없는 행동 아닐까요?

참고문헌

『論語』8(十三經注疏本), 臺北: 藝文印書館, 1989.
『詩經』2(十三經注疏本), 臺北: 藝文印書館, 1989.
『禮記』5(十三經注疏本), 臺北: 藝文印書館, 1989.
『左傳』6(十三經注疏本), 臺北: 藝文印書館, 1989.
『公羊傳』7(十三經注疏本), 臺北: 藝文印書館, 1989.
『穀梁傳』7(十三經注疏本), 臺北: 藝文印書館, 1989.
『孝經』8(十三經注疏本), 臺北: 藝文印書館, 1989.
『爾雅』8(十三經注疏本), 臺北: 藝文印書館, 1989.
『孟子』8(十三經注疏本), 臺北: 藝文印書館, 1989.
陸德明著·鄧仕樑·黃坤堯校訂索引, 『新校索引經典釋文』(十三經注疏本), 臺北: 學海出版社, 1988.
劉寶楠, 『論語正義』(上)(下), 臺北: 文史哲出版社, 1990.
兪 樾, 『論語平議』(『兪樾記五種』), 臺北: 世界書局, 1984,
許世瑛太師, 『論語二十篇句法硏究』, 臺北: 臺灣開明書店, 1989.
楊伯峻, 『論語譯注』, 臺北: 漢京文化事業有限公司, 1987.
胡志奎, 『論語辨證』, 臺北: 聯經出版事業公司, 1987.
王熙元, 『論語通釋』(上, 下), 臺北: 學生書局, 1988.
程樹德, 『論語集釋』(新編諸子集成本, 一二三四), 北京: 中華書局, 1989.
來可泓, 『論語直解』, 上海: 復旦大學出版社, 1997.
李澤厚, 『論語今讀』, 安徽: 安徽文藝出版社, 1998.
黃懷信主撰, 『論語彙校集釋』(上, 下冊), 上海: 上海古籍出版社, 2008.
李 零, 『喪家狗-我讀論語』, 山西: 山西人民出版社, 2011.
朱 熹, 『四書章句集注』, 臺北: 長安出版社, 1990.
謝冰瑩等, 『四書讀本』, 臺北: 三民書局, 1986.
黃錦鋐恩師等, 『四書導讀』, 臺北: 文津出版社, 1987.
聞人軍, 『考工記譯注』, 上海: 上海古籍出版社, 1993.
陳滿銘, 『篇章結構學』, 臺北: 萬卷樓圖書有限公司, 2005.
丁若鏞, 『論語古今注』(『韓國文集叢刊』本 『與猶堂全書』), 서울: 民族文化推進會, 1993.
『(原本)經書大學·論語·孟子·中庸』, 서울: 古典文學硏究院, ?.
諸橋轍次, 『掌中論語の講義』, 東京: 大修館書店, 1969.
吉川幸次郞, 『吉川幸次郞全集』(第四卷), 東京: 筑摩書房, 1984.
武內義雄, 『武內義雄全集』第1卷, 東京: 角川書店, 1978.
武內義雄, 『論語之硏究』, 東京: 岩波書店, 1939.

津田左右吉,『論語と孔子の思想』, 東京: 岩波書店, 1946.

宮崎市定),『論語の新研究』, 東京: 岩波書店, 1974.

木村英一,『孔子と論語』, 東京: 創文社, 1971.

E. Bruce Brooks and A. Taeko Brooks, The Original Analects Analects『論語辨』, N. Y.: Columbia University Press, 1988.

강성조(姜聲調)

- 원광대학교 중어중문학과 졸업(학사)
- 臺灣私立東吳大學中文硏究所 졸업(석사)
- 臺灣國立臺灣師範大學國文硏究所 졸업(박사)
- 원광대학교 한의학전문대학원 Pdst-Doc
- 현임 원광대학교 교육대학원 중국어교육전공 교수
- 現任中國上海華東師範大學先秦諸子硏究中心與上海古籍出版社合編
  『諸子學刊』(名列爲150篇中文社會科學引文索引CSSCI來源期刊、核心期刊)
  論文審核委員兼編輯委員

전공소개

- 중국문학(고전산문) - 老子, 莊子, 蘇軾의 학술사상
- 經典注疏學
- 韓中諸子學 및 新子學
- 중국어교육

저서

- 『蘇軾的莊子學』(1999)
- 『실용 중국어 어법』(2005)
- 『입학사정관제에 대한 준거집단의 의식 연구』(공저, 2014)
- 『現代 중국어 교과교육론』(2020)
- 『現代 중국어 논리 및 논술』(2021)
- 老子·莊子·蘇軾 학술사상, 經典注疏學, 韓中諸子學 및 新子學 등 관련 논문 수십 편
- 中國語偏誤問題, 中國語·中國語學概論敎材 개발 및 편찬에 대한 제언, 韓中 '在'字句的 語序類型及習得, 莊子思的特殊敎育觀 등 중국어문 교육 관련 논문 수편

경전 주소학 관련 논문

- 「『春秋』'及宋人盟於宿'辨義」(『書目季刊』, 臺北: 學生書局, 1998.6)
- 「『莊子』'建之以常無有, 主之以太一'」(『中國學術年刊』, 臺北: 臺灣師範大學國文硏究所,1999.3)
- 「『論語·學而』篇第一章析論」(『孔孟月刊』, 臺北: 孔孟月刊社, 2003. 7)
- 「關於潘岳'悼亡詩'第一首頭兩句注解的商榷」(韓國中國學會, 『國際中國學硏究』第8輯, 2005. 12)
- 「『莊子·養生主』편 자구분석」(中國人文學會, 『中國人文科學』, 2008. 12)

- 「『莊子·養生主』편 “爲善無近名, 爲惡無近刑”句辨義」(中國語文硏究會,『中國語文論叢』第43輯, 2009.12)
- 「『莊子·養生主』篇綜論」(『慶祝黃金鋐教授九秩嵩壽論文集』, 臺北; 洪葉文化事業有限公司, 2011.6)
- 「跨學科的莊子學硏究-以宋人對『莊子·養生主』篇‘庖丁解牛’寓言的跨學科接受爲中心」(中國語文硏究會,『中國語文論叢』第60輯, 2013.12)
- 「教學“漢文講讀”教科所面臨的疑義問題-以王念孫解釋“學而不思, 則罔; 思而不學, 則殆”二句的考辨爲中心」(中國語文硏究會,『中國語文論叢』第89輯, 2018.10)
- 「再論教學“漢文講讀”教科所面臨的疑義問題-以『論語·學而』篇“行有餘力, 則以學文”二句辨義爲中心」(中國語文硏究會,『中國語文論叢』第95輯, 2019.10)
- 「『莊子·養生主』“指窮於爲薪, 火傳也, 不知其盡也”析論」(韓國中國學會,『中國學報』, 第94輯, 2020.11)
- 「關於『論語』“己所不欲, 勿施於人”一語的議論及其辨義」(中國語文硏究會,『中國語文論叢』第110輯, 2022.7)

새로 읽는 논어 1 – 심층분석

초판 1쇄 발행 _ 2022년 9월 15일

편 저 · 강 성 조
발 행 인 · 정 현 걸
발 행 · 신 아 사
인 쇄 · 대명프린팅
출판등록 · 1956년 1월 5일 (제9–52호)
주 소 · 서울시 은평구 통일로 59길 4(2F)
전 화 · 02)382–6411 · 팩스 02)382–6401
홈페이지 · www.shinasa.co.kr
E–MAIL · shinasa@daum.net

ISBN 979–11–92428–34–5 (93820)

정가 16,000원